Friedrich Wilhelm Nietzsche

JENSEITS VON GUT UND BÖSE

尼采

趙千帆——譯

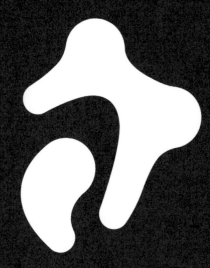

善惡的彼岸

一個未來哲學的序曲

善惡的彼岸：一個未來哲學的序曲
Jenseits von Gut und Böse

作者：尼采（Friedrich Wilhelm Nietzsche）
譯者：趙千帆
責任編輯：宋宜真
編輯協力：郭純靜
校對：魏秋綢
封面設計：井十二
排版：林佩樺
行銷企畫：陳詩韻
總編輯：賴淑玲
出版者：大家出版／遠足文化事業股份有限公司
發行：遠足文化事業股份有限公司（讀書共和國出版集團）
231 新北市新店區民權路 108-3 號 8 樓
電話 (02)2218-1417　傳真 (02)8667-1851
劃撥帳號 19504465
戶名：遠足文化事業有限公司
法律顧問：華洋法律事務所　蘇文生律師
定價：400 元
初版一刷　二〇一五年十二月
初版十六刷　二〇二四年四月

國家圖書館出版品預行編目 (CIP) 資料

善惡的彼岸：一個未來哲學的序曲／尼采 (Friedrich W. Nietzsche) 著；趙千帆譯。— 初版 —新北市：大家：遠足文化發行，2015.12 面；公分

譯自：Jenseits von Gut und Böse
ISBN 978-986-6179-98-3（精裝）
1. 尼采 (Nietzsche, Friedrich Wilhelm, 1844-1900)
2. 學術思想　3. 哲學

147.66　　104010820

本書根據

Friedrich Nietzsche
Sämtliche Werke, Kritische Studienausgabe in 15 Bänden
KSA 5: Jenseits von Gut und Böse Zur Genealogie der Moral
Herausgegeben von Giorgio Colli und Mazzino Montinari
2. durchgesehene Auflage 1988

譯出

中文版凡例

一、本書正文根據科利／蒙提那里編輯的十五卷本考訂研究版《尼采全集》（Sämtliche Werke, Kritische Studienausgabe in 15 Bänden，學界標準縮寫 KSA，簡稱「科利版」）第5卷（KSA5：Jenseits von Gut und Böse／Zur Genealogie der Moral）第9～243頁譯出。

二、中文版力求嚴格對應於原版。原版正文疏排體（Sperrung）部分在中文版中以重點號標示。編注中涉及異文時出現的各式符號均予以保留。其中需要特別說明的有：

／：表示分行。

[]：表示作者所刪去者。

〈〉：表示編者對文字遺缺部分的補全。

「」：表示作者所加者

[—]：表示一個無法釋讀的詞。

[——]表示兩個無法釋讀的詞。

[———]：表示三個或三個以上無法釋讀的詞。

————：表示不完整的句子

唯在標點符號上，如引號的運用，稍有變動，以合乎現代漢語的習慣用法。

三、文中注釋分為「編注」「譯注」和「譯按」三種。編注根據「科利版」14卷第345—382頁（對科利版第5卷的注解）譯出，作為當頁注移置到正文相應文字下。注釋中，出自尼采筆下的文字比其餘略大。編注一律以句號「。」表示結束。

四、「編注」中出現的對本書本內的文獻指引，中文版以原版頁碼標識。由於中文版把原版單獨成卷的編注改為當頁注腳，故已沒有必要標出原版為方便注釋而作的行號。相應地，「編注」中行號說明也予以放棄，而改為如下形式：×××……」。表明該「編注」指涉範圍從×××到該「編注」號碼所標記之處。

五、中譯本採取最大漢化原則。原版編注中對尼采本人著作的文獻指引（包括不同版本的文集、單行本）均以縮寫形式標示，在中文版中一概還原為中文完整譯名；原版編注中對科利版《尼采著作全集》諸卷的文獻指引，中文版以中文簡寫形式「科利版第××卷」的方式標示；原版編注中對尼采不同時期手稿和筆記的文獻指引，以原稿種類（如「打字稿」「手稿」或「筆記本」）加編號（如「M III 4」）標示，書後附上「尼采手稿和筆記編號示意表」；原版編注中對其他文獻的徵引，亦據科利版第15卷的「總索引」，將其人名、地名、書名、機構名稱還原為中文名稱。

六、所涉及專有名詞之譯名，除有特殊的學術考量或特定慣例之外，盡量遵從維基百科中文簡體版（至二〇一二年二月）詞條名，以便讀者檢索；譯名首次出現時，均以括弧附原文於其後，全書不另附譯名對照表。

七、原版中出現的兩門歐洲古典語言（古希臘文、拉丁文）詞句，除個別已融入現代德語成為慣用語的之外，均在中文版中先列出原文，再以括弧（）標出相應的譯文；作者有意引用例舉的其餘非德文詞句亦然。其餘則不標出原文，而多加注說明。需要特別標出的德文詞語，中文版以括弧（）表示。

譯注凡例

一、譯者所加注釋包括「譯注」與「譯按」。譯注是對正文的疏解，並排於「編注」；譯按是對編注的校釋，以「【】」號標示於編注相應位置。

二、譯注添加循以下規則：

1. 沿用編注之例，原著行文中參引他書之處出注；

2. 沿用編注之例，原著行文中有雙關或用典之處（尤其是作者加引號或以疏排體著重標示的詞句）出注；

3. 有文化史、哲學史上的特別寓意或與上下文論旨相關的專有名詞出注，解釋盡量簡要，以有助讀者理解原文為度；譯名除有特殊的學術考慮之外，盡量遵從維基百科中文簡體版（至二〇一二年二月）詞條名。

4. 因為德語、漢語之差異而未能以譯文直達原著文意者，或因曲附原著文意而有乖常例者出注。

三、需要引證其他著作者，皆依學界常例出注，外文皆譯為中文，辭書對應於詞條，不另標頁碼；相關詳細資訊可參見附錄「外文參考文獻」。

四、參證其他譯本（或版本）之處，皆列上責任人之名，以「據某某」標明；相關詳細資訊可參見附錄「外文參考文獻」。

思想的午後——《善惡的彼岸》導讀

以深不可測的自負鎮定生活著；始終立於彼岸——《善惡的彼岸》284節

一

一八八五年，尼采離開巴塞爾，從一個前途無量的正教授變成居無定所的精神漫遊者已經有六年，距他最後意識崩潰還有四年。在這之前，在他作為自由哲學作者的流浪生涯中途，剛剛誕生了無與倫比的《查拉圖斯特拉如是說》，他登上了自己詩性創作的高峰。這是一次眩暈和狂喜的攀登——因而總是伴隨克服下落的危險時那種欣幸的戰慄和解脱的疲倦。確實，在尼采這裡，攀登的堅毅和快意從未完全壓倒疲倦、彷徨和回顧：恣肆灑脱的詩總是伴隨著滯重迂迴的思考，猶如霞光需要雲影的折射，烈日需要樹蔭的披離。在《查拉圖斯特拉如是說》之後寫就的《善惡的彼岸》（及其姊妹篇《論道德的系譜》）就是他在雲影與樹蔭下對自己偉大而孤獨的旅程本身所作的回視與校驗。

所以他會說，在這本書中結晶的那些思想，對他「起了休養的作用，彷彿是在一次承擔了無限風險和責任的唐突行動當中所作的自我審問和自我辯護[1]」。

這樣的「自我審問和自我辯護」其實從一八八一年（那一年他開始寫作《曙光》，並發現了他晚年創作的福地，上茵加登的西爾斯—馬利亞）以來就伴隨著尼采，並跟他一起，在登臨絕頂的過程中，發生了審問者和辯護者自己亦無法控制的變化。在完成《查拉圖斯特拉如是說》之後，先知和偽經式的詩體實驗告一段落，尼采轉而回到沉著頓挫的概念性思考。他本想把《人性的，太人性的》重寫一遍，以更新他的整個哲學，但很快放棄了這個計畫。這證明了他自己那個暗含悖謬的反思結論：反思本身無法給出一個前後一致的整體；思想有它自己的邏輯，不依賴於思想者的自我意識而自行在生長和重構。

尼采是一個筆記型的創作者，在閱讀和思考時隨手寫下大量的劄記、草稿和提綱，然後反覆修正、重寫、穿插、揉合。這種寫法看似散漫，實則需要極強的毅力和專注，來把奔放的想像、多層次的思路和起伏不定的情緒澆鑄為一個整體，一本書。撰述《善惡的彼岸》時所運用的材料，從現有科利版的編輯成果來看（讀者也可以從正文與編注的

1 參見《善惡的彼岸》標題編注。

異文對比中讀到），是他此前四五年間攢下的筆記，許多想法在寫作《快樂的科學》和《查拉圖斯特拉如是說》時已經產生，但彼時尚未找到合適的位置。現在，經過長久的「反芻」之後，才迫使作者把它們重新組合結晶成一部新的獨立作品。在偉大旅程發端處已然產生和發聲的那些思想，現在，跟旅行者一道，正變得「更成熟、更明亮、更強健和更完滿」[2]。

作者此時剛過四十歲，「四十日強」，青春已遠（注意31節和〈終曲〉中對青春的反諷式懷想），健康倒還處在他後期最好的狀態，歷經內心的劇烈衝突、人際關係的破裂和身體的長期病痛，終究還能保持反思的強韌與節制。把《善惡的彼岸》與《論道德的系譜》跟他此前和此後作品的對照就可以看出這一點，用科利的話說就是，這兩部作品「沒有變形、沒有亢奮，激昂被控制住了。這其中人們也看到了一種特定的疲憊，幾乎是一種過分饜足。」[3]

「疲憊」與「饜足」正是雲影和樹蔭的氛圍，也是中年和「午後」的氛圍：思考和感受的力量消耗於某種內向的自我辯難，辯難並沒有給出最終的澄清，因為清晨——提出問題時的驚喜昂揚——和正午——詩和查拉圖斯特拉到來的時刻——已然逝去，思考在回答的過程中改

2 參見《論道德的系譜》序言第2節。

3 科利版全集第5卷後記。

變了自身，也改變了問題，它現在不願再返回問題本身，只想要越過問題，活下去，迎接那個「陰森莫測」（這是尼采最喜愛的形容詞之一）的後繼時段。

這種午後的思考交織著緊張激越與疲憊蕭索，與傳統哲學家的冷靜明達（如柏拉圖所謂的求知之愛、亞里斯多德的靜觀或中國古人所謂的「沖漠無朕，萬象森然」）完全不同，但並非全然沒有親緣關係——尼采相信，一切哲學概念皆有親緣（20節）。這種思想氣質所託身的格言體，也完全不同於通常的哲學文字，但不能就此以詩歌或隨想視之。尼采毫不含糊地稱這部作品為「哲學」，他固然以其寫作方式自傲，但我們不該受其誤導——或者哪怕是他在有意誘導——以為這裡是一個「詩人哲學家」在發言。這個流傳甚廣的稱謂其實並不像人們以為的那樣適用於尼采。

我們不妨從最後一節看起：既然作者一再強調我們要敢於和善於轉換視角，不要被慣常的前臺／前景與後臺／後景之間的固定關係羈絆住，那麼這種讀法應當可行。作者在結束此書時話鋒一轉，說本書思想「新鮮已經消退」了，正處在它們的「午後」。他全部文字的努力「許多斑斕的輕柔，五十種黃、灰、綠和紅」（295節），不過是為優待遲來的故人才特意佈置的舊日玫瑰。他想引領我們去的，不是青春的美與熱力，而是「灰茫的冰川」，「幽渺的深淵般的遠方」（〈終曲〉）。所以，善讀此書者，或許要有足夠的耐心和謹慎來扛住詩的銳利與張狂，不要著迷於書中思想「佈滿棘刺、散發祕香」的一面，卻要在它們「將欲枯萎、氣味漸淡」的時候，回憶追尋它們的來歷。

在嘗試幫助讀者用這種方法來解讀本書之前，我先想引用德語詩人里爾克的著名詩句以為序曲。這當然不是因為他跟尼采都喜歡過同一個女人。這個傳記學意義上的事實，在兩位皆以語言為本質的作者這裡，不值得太多關注。露．莎樂美的個人魅力，跟《杜伊諾哀歌》開篇與本書主旨之間的親密關係（尤見於本書最後一節）相比，只是一個很次要的偶然事件，遠不能如後者那樣有力地證明了詩人與哲學家之間互古的爭鬥與呼應：

如果我哭喊，
各級天使中間有誰聽得見我？
即使其中一位突然把我擁向心頭；
我也會由於他的更強健的存在而喪亡。

因為美無非是我們恰巧能夠忍受的恐怖之開端，
我們之所以驚羨它，
則因為它寧靜得不屑於摧毀我們。[4]

二

從結構上看，《善惡的彼岸》與「人性的，太人性的」（第一卷）有明顯的相似之處：都分為九章，前後各一篇前言和尾聲，論題和思路亦相似。它之所以是一部新作品，是因為尼采在這裡以一種更加徹底、明晰和肯定方式提出他的哲學方案：完全倒轉柏拉圖主義和西方兩千年形而上學的基本立場，提出視角主義和權力意志概念（〈哲學家的成見〉），反駁自蘇格拉底與柏拉圖發端、經基督教而濫觴的傳統道德學說（〈宗教造物〉、〈道德的自然史〉），肅清後者在政治和文化領域的影響（〈我們學者〉、〈民眾與祖國〉），並就新的思考方式和行動方式的可能性（〈未來哲學家和藝術家〉）給出自己的方案（〈自由的精神〉、〈何為高貴〉）。

對於這樣一部偉大的作品，個人深入不舍的閱讀是唯一與之相稱的

---

4 《杜伊諾哀歌》第一首，綠原譯。

方式。筆者在此無意給出一個全方面的導讀，唯願基於專業基礎和翻譯心得，略給出在基本論題方面的一些線索和論點，讀者或許可以由此跟隨這位「承擔了無限風險和責任的唐突行動」的作者一起去經歷他為這次行動給出的「自我審問和自我辯護」，在這片「最遙遠的冰和岩的國度之間」，做一次既激昂又疲憊的狩獵。

但在講述尼采哲學之義理時，我們首先要面臨一個悖論，即義理本身可能是思與行的障礙（詳見下文）。換言之，在閱讀尼采時，義理之重要性不完全在於義理本身，毋寧在於對我們（在今日流於輕浮操切）的思考與閱讀的約制和阻滯：尤其面對這樣一位不同尋常的作者，面對文辭的跳蕩奔放，思路的起伏宕跌，意見的偏激刻露，若無義理線索之節制，讀者極易迷失而隨之俯仰蕩漾，讀之方悦，思之彌淺，進而斷章襲義，玩弄意態，未受其啟發，徒隨之憤悱。這種閱讀方式，在八〇年代中國的尼采接受中至為常見，譯者不揣淺陋，深願以此導讀加上正文中的注釋，使後來讀者不蹈此覆轍。為此則首先必須先專注於尼采基本的思辯主題和概念。

思辯和概念當然難免抽象。但不妨把這種抽象感受為某種藥劑或鍛煉的苦澀：它可以阻滯閱讀者——作為某種攝食者（第36節即把「理解」解為包括「攝食、排泄和新陳代謝」的有機過程）——的情緒投射，而調動思考的抗力，迫使他們更加悠緩和吃力地面對那些文本，接受文本的拉扯、擠壓、撞擊，對它們產生反應同時又咀嚼和校驗這些反應，從而盡量拉長我們思考的呼吸節奏（參看247節尼采對「呼吸短促」的現代人的譏嘲）。

本書理論之核心，約而言之，即全盤推翻西方——其實大概是古往今來絕大部分——道德形而上學的起始觀點，否定自我認識以及通過自我認識（求真）而展開實踐（向善）的所有可能性和必要性。古今道德學說，大抵皆以自知其知、並擴充推極此知以通達踐行於世界為人類求真向善之始基。尼采則言，我們不可能亦不必認識自己，更不可能亦不必認識到自己應當求真而向善；凡所謂「自知」、「良知」、「愛真理」、「性本善」、「自明誠」者，皆為人類在「事後」對自己的某種慰解乃至偽飾（第1、2、16、17節）。

首先我願提醒讀者注意，此說雖與古代的懷疑論或厚黑學有相似之處，但有重要區別，不應混淆。持懷疑論者不蹈成說，多聞闕疑，不輕言已知，究其本意仍是以偽為惡，以虛為妄，所以他們只願享受「懸置不決」的寧靜，但這種「寧靜」是否是偽造的寧靜，或竟只是一種疲軟，則又在他們懷疑的視野之外。踐行厚黑學者不求自洽，只管利己，但正因為處處要藏其所是而飾其所非，所以看似混濁得自在，實則精明得勉強，正如善造偽幣者必精研真幣，竟促使真幣「真」得更繁瑣、更累贅。就此而言，他們都不曾完全拋棄他們所不相信（或不願相信）的真理尺度和是非標準，相反，或者還被更深地受了這些尺度和標準的蒙蔽與拖累。

在尼采看來，無論是經反省去抉真辯善，還是假借真善以售私利，所得都必然是幻相。立足幻相而力行（如各大宗教之苦修者或傳統學者與科學家），固是自欺欺人；心知其為幻而又忸於暴露，不得不矯飾以自安，也是一種虛弱與氣餒。不但如此，事情詭譎之處乃在於，二者甚至可能只是同一種病變的兩個症狀，表面相反，實則「相親附、相關聯和相勾結，也許甚至本質上相同」（2節）。勇於懷疑、折節自省的苦修士或哲學家，其實恰恰是在不自覺地（可能是自己對自己）掩蓋最深處的陰私，是忘記自己在偽裝的偽裝者（第4、5、27節）；而「心達而險、順非而澤」[5]的權謀家，在忘我表演時每每會異化為最希望達到真誠的真誠者（194節）。這兩種相反又相似的行為，都是意志衰歇的結果，都可名之為虛無主義（10、55、208節）。

---

5 語出《荀子·宥坐》。

所以，尼采反對傳統道德哲學，既不是為真理提供一個更真的版本，也不是像要教人知白守黑、激濁揚清。在尼采看來，追求真理，止於至善，這根本不是人類所應當為自己設立的目標。一切設立這種目標的做法，無論堅貞還是虛偽，都是在陶醉於「自己可以設立這個目標」的自明性妄想之中。求真和行善，只是人類從一個臨時和片面的視角出發而又往而不返的盲目行為，因而只能讓人類虛耗其力量與勇氣（〈序言〉中將道德形而上學與占星術同列為人類才華的巨大浪費），甚至導致他們疲軟、猶疑、自怨自傷（262節描繪了人類種群由武功時代進入道德與哲學時代之後的衰敗）。我們要做的是從根本上拋棄真實與虛假、善與惡之類的既定目標，而僅僅將之當作一個暫時的視角，並有勇氣看到和站到這個視角之外去——書題「善惡的彼岸」蓋由此而來。

這樣的觀點，大概自從人類軸心時代以來即間或有之。但說到論斷之分明，表述之激進，態度之嚴肅，影響之深遠，則未有能與尼采比肩者。如果我們不只是以一時之孤憤意氣視之，那尼采的做法無異於完全拆毀人類道德文明的既有根基。事實上，他由此出發的文化批判，比如對於同情之鄙夷，對民主、平等和公共福祉的譏嘲，對苦難與刑罰之正當性的認可，對強權、強人和等級制的推崇，對主人道德與奴隸道德之區分，皆完全背離了啟蒙時代以來從歐洲擴展至全球的人類文明共識（44節中尼采明確承認了這一點），二十世紀更為納粹及其他形式的強權或種族主義[6]所張目，至今餘毒未盡。尼采自己亦深知這種思想的毀滅力量，所以他一再強調，這是一次最大的冒險（第1、2節），所面臨的是怪獸與深淵（146、289節），但這也是我們「生命的最偉大的關頭」（116節）。尤其值得注意的是，在203節，尼采甚至預言了依其主張卻必然陷於失敗或「蛻變」的領袖。

在這樣一種根本的顛覆面前，讀者不禁會有一種暈眩和迷醉之感，好像腳下原本堅實的地基一下被抽空；加之尼采善用種種危言卮辭，雋語卓識，動人耳目而沁人心脾，能令篤厚者膽寒，輕狂者耳熱。這時，如我之前所提醒的那樣，我們應該先屏住種種情緒上的反應，按照作者本人所提倡的那種「謹慎」與「強硬」（對這兩種思想者之難得品質的論述可參見19節、257節），去深究他的論證細節：他何以能得出這樣一個近乎人類公敵的結論？

6 從希區考克的電影《奪魂索》（1946年）可知尼采哲學之負面影響在二十世紀前半葉不但盛行德國，亦及於其時的所謂「自由國家」。

三

為簡單起見，我們可以試著把本書整個論證的邏輯起點放在他對「自身確知」的反駁上（16、17、34節）。人從自身內心出發，對於自己所作所為有清醒的、不依傍於旁人的直接意識，這是一種對於自身善惡真偽有著直接區分能力的意識——關於人類意識的「自明性」和「良知」概念，很久以來在東西方都成為道德學說的基石。這裡不必追溯古代的蘇格拉底、孟子，或近代的康德、王陽明在這方面的精深論述，單看今日雜誌或網路上各界意見領袖如何勸導人要「真誠面對自己的內心」，一如師長敦促孩子要「知道自己所做的對錯」，我們就大致可以斷定，在日常生活幾乎須臾離不開這種根本的「真誠性」前提。

「自我反思的真誠性」是西方現代哲學中的基本命題之一。其中最著名的論證來自笛卡兒和康德，尼采對兩者都做了反駁，其中尤以對笛卡兒著名的「我思故我在」的反證（15、16節）最為直接中肯。他的論據簡而言之就是：我們根本無法判斷我們是不是在「知道」。當我們認為自己是在「知道」、在「思考」的時候，這只是在一個更長時間段的身心過程（此身心過程又是特定社會和歷史狀態的結果）的瞬間，當我們在另一個瞬間（兩個瞬間可能前後相依）把這個瞬間回指（參見16節「回涉」注）為「知」的是時候，其實並沒有切實的根據，卻只是一種自我暗示而已。這個自我暗示本身是什麼，我們是全然沒有合乎邏輯的把握的。

這個反駁在哲學史上其實並非創見，尼采的激進在於，他在打開這樣一個缺口之後，便斷然摒棄了「我思」和以之為基礎的「良知」學說，不再堅持從這種思辯的自明性和真誠的內在思考活動出發，來考慮我們的身心和實踐活動。在拆解掉「能夠自明的理性」這個邏輯假說之後，他斷然把意志和情緒視為精神更根本的過程。

其實日常生活中我們也能看到類似的調整。在面臨生活之疑難時，人們——尼采所謂「民眾」者——有時會強調「真誠面對自己」，「想清楚自己到底要什麼」；有時又會說「不要想太多，要大膽去做」，「愛是比理性更偉大的力量」，「你到底是怎樣的人，要在做了之後知道」，等等。兩者同為心靈雞湯療癒系和成功學教科書中常見的論調。但是，一般人或許可以隨時遷移，因勢利導地調整生活準則，此一時宣揚理性，彼一時崇尚意氣，再一時又說要在兩者間保持平衡，如風轉舵，不守一端；在嚴肅的哲學家那裡，卻必須把他認定的原則「確乎不可拔」地貫穿終始，證諸天地萬物。所以尼采才處處提醒我們，這是一個風險極大的選擇。一旦放棄「自明性」原則，就不得同時拋棄與之相關的許多熟悉的道德準則與慣例，結果便是「會像苦於暈船病一樣，苦於他的判斷所導致的那樣一種指向」（23節）。

我們接著來看，何以將人類生命訴諸意志與情緒竟會令人暈眩。正如我們無法在當下確定我們是否知道，其實我們同樣也無法確定，我們是不是真的在憑自己的意志行事。尼采之所以激烈地否定基督教的「自由意志」概念，就是因為它還在把意志歸諸「我」之所有。尼采則追隨叔本華的見解，不把「意志」看作我們所擁有的品性，相反，「非我們（作為主體的人）所能擁有」，這才是意志之定義。意志是超出人認識和掌控之外，自在之存在（參見17節對「我意願」和「它思」的分析）。

不過，叔本華認為，意志固然自在，卻必然要在人類主觀精神中表達自身，唯此表達（「表象」）乃成就人類的知識和審美。此成就純是意志之自在表達，非人類奮其私智所可以求取者。每當人類對自己的「表象」施以智術、託以情懷，終不免陷於失望。偶有所成，多出僥倖；我們所能做的最好的事，只是靜觀覽賞，以片刻之清明為佇世之常在。尼采早年極服膺叔本華的見解，但這時他認為如此還是在把意志神祕化（注意16、19節對叔本華的批評）。

所謂神祕化，是以鮮明的外觀（如種種知識、善行或美麗的景象）來妝點那個其實我們根本不知其為何物的事體。例如當人們驚歎某項偉大的事業或某個崇高的人格，常會隨口說這些表現了某人或某個群體的「意志力」、「毅力」或「精神力」云云。但這其間到底發生了什麼事，「意志力」到底從何而來，則語焉不詳，徑直將之當作「我們真正、完全、不多不少地認識的東西」，甚至進而把人類意志的成就歸於天命或神恩。此類做法尼采皆稱為「成見」。他發現，他私淑的老師亦難逃此習氣。

那應該怎樣才不至走向神祕化——或用哲學的術語說，「先驗化」、「形而上學化」——的道路呢？尼采主張更加具體切實地理解意志。意志不是空洞抽象的，意志有其具體的社會歷史內容，此內容就是「權力」。意志是貫穿我們一切身心的感知、情緒、思考、動作和行為的多層次複合過程，但無論如何繁雜，其間總是伴隨著權力的運作和對此運作的情緒性感受，此乃意志的最鮮明而普遍的表達，人人可證諸其肢體運動、情緒反應乃至社會關係（19節）。推而言之，我們的生命及其所處的世界，無時無刻不受權力態勢的根本支配，我們生活世界一切前因後果、作用效果，可以看作「諸種權力主張在霸道而無所顧慮地、毫不留情地貫徹著」（22節），因此：

> 我們必須做這樣的嘗試，將意志的因果關係假定為唯一的因果關係。「意志」當然只能作用於「意志」——而不能作用於「質料」（比如不能作用於「神經」——）：〔……〕凡是認可有「作用」之處，〔……〕一切機械過程，只要某種力在其中活動，皆是意志之力，意志之作用。〔……〕把我們所有的衝動生活解釋為意志（照我的命題來說，也就是權力意志）唯一基本形式的外化和分化；〔……〕把一切有機機能追溯到那個權力意志，〔……〕把一切起作用的力皆明白無誤地確定為：權力意志。（**36**節）

立足於這樣權力意志的基本立場，再來回顧基於「我思」和「良知」的傳統道德學說，尼采發現，這些學說本身亦只是權力意志「一時」、「一地」或某種語言體系下的體現而已。在權力意志的生長與擴張中，必定會有種種不同的力量彼此爭鬥交織，每種力量都有自己特殊的表達角度，就人類的感知而言，即表現為種種透視角度，一如畫家取景，高低俯仰，隨時變化（2、10節）。進入道德時代（尼采認為在西方歷史的「道德紀」自蘇格拉底始，見32節）以來，人類皆禁錮於傳統道德學說的透視角度，即真─偽、善─惡的二元對立。這個視角指引著他們在知識和道德上的一切努力，一度被人類視為「自在」的、毋庸置疑的至理，但實則是權力意志在某個階段狹隘、局促和歪曲的表達──對於這樣一種表達的原因，尼采從政治、宗教、文化甚至生理層面，做了種種可歸在「道德的自然史」名下的考察，而這也是本書影響最廣、爭議最大的部分。

尼采以為，從自然史的長時期眼光來看，傳統以為永恆的善惡視角將來必然被權力意志所拋棄，而代之以更加符合權力意志之本性（「自然」）的視角。在這個視角下，人們超越善惡之分，「把憎恨、嫉妒、求擁有和求統治等情緒完全當作生命的條件，當作生命大家園中原則上和本質上必須要有的、因而只要生命該當增強它就必然還會增強的某種東西」（23節）。全面闡述這樣一種未來哲學，是尼采為自己定下的最後哲學計畫，他在晚期的筆記中名之為「權力意志：重估一切價值」。《善惡的彼岸》則是這樣一種未來哲學的「序曲」。它的用處是，在人們有能力遠航之前，先學會克服對「此岸」的依賴與眷念，就像水手克服暈船病那樣。「序曲」即是一次「試航」。

四

——因此，尼采在這本書中的姿態不完全是攻擊性的，毋寧有種深沉的與痛斥和自嘲相伴隨的呼喚與期許，正如邪魅的酒神也會展開「阿爾庫俄涅般靜穆的笑容」(295節)。我願再次強調，讀者切莫把尼采的反道德論看作憤世之語。他不把自己看作「憤激之人，那種總是用自己的牙齒把自己(或作為替代物，把世界、上帝或者社會)撕咬個粉碎的人」。後者仍然沒有越出善惡二分之畛域，故其越惡偽善而愛真真，則越固縮於狹隘的角度而不自知，攻其一點，不及其餘。所以尼采會說，越憤激，則越善於說謊(26節)。其典型有二，一為各種宗教中的厭世棄世學說；二為民主社會在報刊與議會上常見的議論攻訐。

另一方面，也不要以為尼采就推崇強人專制，悍然以強權為公義。誠然，在後期尼采的著作中，我們能見到大量稱頌貴族政治和主人道德的文字，它們也曾經在某個時候讓威權主義者或精英主義者引為知音。但偉大哲學家總是在關鍵之處留有伏筆——「每一種哲學都還隱藏著一種哲學」(289節)。在第九章「何為高尚」，在關於「主人道德」

和「奴隸道德」的聲名狼藉的論述之後，尼采突然說到「虛榮」：

一個高尚的人也許最難以領會的事物當中，就有虛榮（……）虛榮者對所聽到的關於自己的每一個好評都感到高興（完全不考慮這個評價的有用性，亦不論其真假），而對每個惡評也同樣感到難過：因為他屈服於這兩者，出於他身上發作的那種最古老的屈服本能，他感覺自己已屈服於它們。（**261**節）

這一點大概適用於古往今來一切僭主與暴君——他們最厭惡清流之「憤激」，厭惡報刊自由和議會民主，但他們自己所依賴的新聞審查和鎮壓異見的政策都表明，他們跟他們所藐視者一樣，亦深錮於善惡二分之視域——以一種更盲目的方式屈服於他人的好評與惡評。

細讀這一節，我們會發現深刻的弔詭（在懷疑論和厚黑學的相反相似上我們已經體會到這種弔詭）：專制主人身上可能更深地潛伏著奴隸外媚內忍的習氣，而得以在公共空間馳騁的民主奴隸卻受了原本屬於主人的高尚渴求的推動，自由地宣揚競逐自己之所好。兩者互為天敵，但都一樣的「不自由」，一樣的意志軟弱。就此而言，民粹議員的

「憤激」和黨委書記的「霸氣」其實都是——自欺。

讀破這一層，我們就可以明白，為何尼采一再強調唯有居於「善惡的彼岸」才能有真正開創性的、自由的視角。善惡之分既已摒除，如同重力與摩擦的消失，我們的價值評估本能突然失去方向，如同人突然失去平衡後渾身肌肉關節的失控。發現真偽本為幻相，善惡共屬一體，賊即是父，父即是賊，當此之時，難免弱者喪氣，強者欣幸，廉士憤恚，奸雄放肆。凡此種種，按傳統眼光有善惡曲直之分，在尼采看來，其實皆是我們自身所深植的傳統道德視域在受到挑戰之後，種種情緒的擾動，同時經過馴化的本能——這種本能他有時稱之為「歷史感」（224節）——又在猶豫和抵抗，猶如驟臨深淵時的爽然驚顫。

尼采無意安慰處在這種錯亂失重狀態下的精神。在他看來，我們就應該在「陷於險境」之時才「登上福地」（224節）。我之所以說尼采在此書中有一種呼喚和期許，就是因為，他一方面嘲笑人類因其人性而柔化、弱化，另一方面又期望人的這種陷落或不妨視為其奮起之前的蓄勢（讀第280條格言可知）。尼采反覆騰挪的筆鋒或者暗示他對人類的最終發展亦尚未有真正的判斷。人類既可能日趨平庸、柔弱，亦可能「更強健，更邪惡也更深刻」。而能夠率先做到這一點的，尼采願稱之為「自由的精神」。再比如44節等其他地方，尼采對於這種他有時又稱為「新哲學家」、「好歐洲人」的新類型，做了複雜細緻的描繪。

但凡讀過一兩種尼采傳記的讀者，在這些描繪裡大概也能看到尼采自己的影子。這本來也不違背他對哲人要盡可能「深沉」和有多張「面具」的認可。但縱然尼采在這裡極盡他對德語語調的變化之能事，剛柔起伏，曲盡萬端，從學理上看，依然處處見到歧義、搖擺和自相矛盾。這種分裂，毫無疑問，是像尼采這樣的哲學家不得不承受的責難。以這樣一種惡意的細緻來讀他，應該也是這位「老語文學家」也樂意迎戰的吧。這裡我不想剝奪讀者與一位偉大而活潑的思想家較勁的樂趣，只想指出一點：這也是後世對尼采思想矛盾常見的指摘。

這個矛盾其實仍舊可以歸結為「自明性」難題。簡單地說，就是尼采如此反覆叮嚀要我們避開的自明性陷阱，他自己可能沒有完全躲開。他所謂的「正直」——自由精神當躬行的美德（227節）——是不是也回歸到「真誠」上去了呢？他所謂的「勇氣、洞見、同感和孤獨」（284節）跟他攻擊的隱修士們，到底區別何在呢？如果一切只是「它思」，在這裡，我們所讀到的、我們自己從中想到的，到底當歸於何處呢？

「自明性」疑難，從哲學史上看，在尼采之後仍舊構成推動哲學發展（如果有發展的話）的基本動力，尼采克服它的嘗試，在後世也引起長久的回響。二十世紀初的分析哲學對「説謊者悖論」的重新研討，現象學對於「意向性」和「直觀」概念的重新立義，都是在回應這個疑難。佛洛依德對無意識的分析，海德格對他自己早期「此在」理論的修正，霍克海默和阿多諾的「啟蒙辯證法」，都可以看到尼采的批判方案的影響。

五

尼采自己，以他哲學家的「正直」，當然不會不知道或不敢承認這裏的困境。所以他在結尾時，説我們的思想一旦被「我們的手」抓住，就像不能飛翔的鳥一樣喪失了活力，成為「疲乏、酥軟的事物」。思想只可能是午後的思想，沒有人能完全復原他們早晨時活潑的樣子。失去自明性的映照，午後的思想終將陷入黃昏。但是，尼采不認為，這意味著我們——像他的詩人兄弟所寫的那樣——要朝向「天使」哭喊。他更願意「歡笑」，樂意冒險接受那個「更強健的存在」（不是里爾克的天使，而是他的酒神）的擁抱，微笑著面對陌生人的到來。黃昏，作為白晝的另一面，是我們進入生活的另一面、迎接另一個他人和另一個自己的時刻。這個時候，詩人和哲學家看到同一樣東西：美、恐怖和寧靜。可把上引里爾克段落的最後三句——

因為美無非是我們恰巧能夠忍受的恐怖之開端，
我們之所以驚羨它，
則因為它寧靜得不屑於摧毀我們。

跟尼采在最後一節對酒神的轉述並讀：

「對我來說，人是一種可愛、勇敢而善於發明的動物，在大地上無與倫比，他在所有迷宮中都找得到路。我跟他處得很好：我經常考慮，怎樣提升他，使他比他所是的更強健、更邪惡和更深刻。」——「更強健、更邪惡和更深刻？」我驚恐地問道。「是的」，他又說了一遍，「更強健，更邪惡也更深沉；也更美」——說著，這位蠱惑之神展開他那阿爾庫俄涅般靜穆的笑容，彷彿他剛剛吐出的是一句迷人得體的話。

對於「自明性」的破除，一個關鍵的節點是對「他者」（有所不同者）、對於不自明的陌生者的開放——這可以說是尼采哲學中留到今日最為積極的遺產。傳統的自明性論證之所以不可靠，就因為忽視了被壓抑的那「另一個」與我們相關者（〈終曲〉）。《善惡的彼岸》中處處可見對「有所不同」（44、214節）的期望、對「遙遠和陌生」的歡悅（41節）、「對陌生事物的欽慕」和「貪婪索求」（224節），皆表明尼采所謂「始終立於彼岸」、能夠接受「有所不同者」和「另一種可能性」的自負姿態，這正是要「斯人」（參見188節末注）在「此岸」中看到超越和拓展的維度。他所謂的培育新物種，與其說是再造新人，不如說是讓舊人向自己追問：

我是不是另一個人？是不是對自己也變陌生？是不是從自己這裡躍出？（〈終曲〉）

到這裡，我想冒昧用一個源自古代中國的美好禮俗來為尼采的姿態作個補證，儘管他不止一次半開玩笑地説中國人是人類最糟糕結局的預演。我把這個嘗試放到本文最後，是希望盡量減輕以客凌主和穿鑿的印象。因為這個呼應，在我看來，確實驚人地一致，比黑格爾的名言「米娜娃之梟在黃昏才起飛」更能證明尼采於「午後的思想」的期望於人類的「自然」和「禮教」是多麼的合理。

中國古人正把婚禮首先定義為同異在的他者的結合：「夫昏禮，萬世之始也。取於異姓，所以附遠厚別也」[7]；他們深知這種結合的困難而規定了漫長的預備，其高潮則是一日中的黃昏：

> 士娶妻之禮。以昏為期。因以名焉。必以昏者，陽往而陰來。[8]

黃昏的幽暗和寒涼，因為迎接他者的熱忱，反而顯示出更深沉的生命氣息。在後人的附會中，連「冰」這樣冷硬僵固的比喻，都可以溫暖地解讀為融合陰陽的期許：「君在冰上與冰下人語，為陽語陰，媒介事也。」[9] 由是觀之，尼采在冰川上的召喚，或者正不如理解為「為陽語陰」的偉大媒介——哲學家最古老的譬喻——的傳響：

> 時間到了，時間到了。
> 現在世界歡笑，灰幕已經拉開，
> 光明與幽暗的婚禮，已經到來……

如果真理是個女人（〈序言〉），或竟是我們的老情人（296節），那

---

7 《禮記．郊特牲》

8 段玉裁《說文解字注》

9 古媒人又可稱冰人，據漢語大辭典引《晉書．藝術列傳．索紞》：「孝廉令狐策夢立冰上，與冰下人語。紞曰：『冰上為陽，冰下為陰，陰陽事也。士如歸妻，迨冰未泮，婚姻事也。君在冰上與冰下人語，為陽語陰，媒介事也。君當為人作媒，冰泮而婚成。』」

麼她正是「他者」和「陌生人」的象徵，她給人類製造的麻煩，正表明人類可能自己都無法承擔自己的天賦和行為（109、239節）。我們（包括尼采？）之貶低真理與女人，亦是在恐懼我們自己身上陌生和幽暗之事。

午後的思想，像任何一個現代成年人所知道的那樣，深知與他者結合的叵測命運，卻仍然在幽昧清冷的時分做著熱忱喧嘩的準備。尼采未盡言明的期望是，受到這些思想邀請的我們，雖未知後事如何，卻至少願意一同加入，在光明與幽暗交織、「陽往而陰來」之際，「出於崖涘，觀於大海」[10]，一同「慶祝節日中的節日」，迎接那個正在從彼岸到來的客人中的客人，一起去成為我們中的我們。

趙千帆　二〇一五年十一月　中國上海同濟大學

10 《莊子·秋水》

善惡的彼岸——一個未來哲學的序曲[1]

在一八八六年夏天到秋天，為尚未完成的《善惡的彼岸》第二卷所寫的前言（後來被用於《人性的、太人性的》第二卷的前言）中，尼采對《善惡的彼岸》在其寫作中所占的位置作了明確描述：「它的基礎、各樣想法，第一次以種種方式寫下或草創的東西，乃屬於我的過去：即那段誕生了《查拉圖斯特拉如是說》的謎一樣的時期。它們是同時發生的，從這一點或許便可以得到一些有用的指點，去理解剛才提到的這部困難的作品。尤其是去理解它的產生過程，那可是頗有意思的事。當時，這類想法對我起了休養的作用，彷彿是在一次承擔了無限風險和責任的唐突行動中，所作的自我審問和自我辯護：願人們是出於一個類似目的而使用這本從這些想法中生長起來的書！或者把它當作一條重重盤匝的小徑，它總是一再悄悄引向那片火山活動的危險地帶，剛才提到的查拉圖斯特拉福音的發源地。這部『未來哲學的序曲』當然不是、也不該是對查拉圖斯特拉談話的評論，也許倒是暫時性的術語彙編，在其中，那部書——一部在任何文獻中都沒有模範、沒有先例、無與倫比的書——在概念上和價值上做出了最重要更新，總算一度出現並且獲得了命名。」

從時間順序看，《善惡的彼岸》中最早的部分可追溯到《快樂的科學》出版前夕，因為有一些格言是尼采從編號M Ⅲ 1和M Ⅲ 4a的筆記本（一八八一年春／秋）中補上的。「箴言和間奏」則出自編號Z Ⅰ 1和Z Ⅰ 2的手稿彙編，就在查拉圖斯特拉第一部（一八八二年秋到八三年的冬季）即將寫成之際，其他格言則出自編號M Ⅲ 4b（一八八三年春／夏，撰寫查拉圖斯特拉第二部前不久）。編號W Ⅰ 1和W Ⅰ 2的筆記本（一八八四年春到秋季）中的某些筆記亦被用於《善惡的彼岸》。一八八五年（《查拉圖斯特拉如是說》第四部面世後）除了多項計畫之外，籌畫中的《人性的、太人性的》新版具有特殊的意義（尼采本想收回並銷毀當時尚存書冊；見一八八六年一月二十四日致加斯特的信）。這一嘗試的受挫促使尼采動筆寫一部新作品，即《善惡的彼岸》，一八八五到一八八六年的冬季完成了打字稿，其中利用的除了上述早先筆記本之外，還有一八八五年的筆記：編號W Ⅰ 3、W Ⅰ 4、W Ⅰ 5、W Ⅰ 6、W Ⅰ 7以及編號N Ⅶ 1、N Ⅶ 2、N Ⅶ 3（少部分）和編號Mp XVI 1的散頁。這段成書歷史表明，《善惡的彼岸》不是從《權力意志》的素材中剝離而出。它其實是準備工作，某部本該出現卻沒有——至少沒有作為《權力意志》——出現的書的序曲（參見第六卷注釋開始的部分相關敘述）。該書於一八八六年五月底到八月間印出，尼采和彼得．加斯特（Peter Gast）一起讀了校樣（今不存）。《善惡的彼岸：一門未來哲學的序曲》，萊比錫一八八六年，卡．古．瑙曼印刷和出版社（簡寫作JGB），尼采自費出版。在前述手稿之外，還有他親自打出的打字稿以及有他記錄的自用樣書保存了下來。

關於題目，參見科利版第11卷，25[238,490,500]；26[426]；34[1]；35[84]；36[1，66]；40[45，48]；41[1]。——編注

序言[2]

假定，真理是個女人——怎麼？這個猜疑沒有根據嗎：所有哲學家，只要是教條論者[3]，難道不是全都不善於對付女人嗎？迄今為止，他們撲向真理時慣有的那種嚇人的嚴肅和彆扭的糾纏，對於占有一個娘兒們來說，難道不正是既不機靈又不得體的手段嗎？當然，真理沒有讓自己被占有。如今任何一種教條論都灰心喪氣地站在一旁——如果它們還站得住的話！因為有人嘲笑說，它們已經倒掉了，所有教條論都塌倒在地了，甚至，所有教條論都快斷氣了。嚴肅地說，人們滿有理由指望，哲學中的一切教條學說，儘管都曾經做出一切均已是篤定之論的莊嚴姿態，很可能卻不過是一種高貴的幼稚和粗淺。這樣的時代也許很近了，屆時人們將一次又一次明白過來，要給教條論者們迄今所建造的這些崇高的、絕對的哲學家大廈打上基石，所需者其實無非是什麼——只需隨便哪種從遠古時代傳下來的民眾迷信（如對靈魂的迷信，至今它仍然以對主體的迷信和對自我的迷信的形式為害不止），也許是隨便哪種言語遊戲，某種語法上的誘導，或者是對那些非常狹隘、非常人性且太人性的事實所作的某種魯莽的普遍概括。但

---

2 《序言》參見科利版第11卷，35[35]；38[3]。——編注

3 「教條論者」（Dogmatiker）又可譯為「教義學者」，所持「教條論」（Dogmatik）本指神學之一科，對宗教信條的系統總結，通譯當為「教義學」，在這個意義上又可用於一般科學，如法律教義學（Rechtsdogmatik）是對法條法典的系統整理。在哲學中，康德曾用來指從先天原則出發下論斷的作法（或譯為「獨斷論的」），將之與「教條主義」（Dogmatismus，即未經批判的獨斷論）區分開來（《純粹理性批判》b xxxv）。尼采譏諷「教義學者」，但又不是在「教條主義者」或「獨斷論者」的意義上，姑譯為「教條論者」。——譯注

願，教條論哲學只是一個綿延千載的許諾，就像更早些時候的占星術，花費在這項術業上的勞動、金錢、鋭識和耐心，可能比迄今花費在任何一門實際科學上的都要多：亞洲和埃及建築藝術的偉大風格可歸功於占星術及其「超出大地之上」[4]的希求。看來，一切偉大事物，為了將自己載入人類心靈以求永恆，首先必須化身為龐大而令人驚怖的怪相以超出大地之上：此類怪相之一就是教條論哲學，例如亞洲的吠檀多[5]學說，歐洲的柏拉圖主義。即使我們對教條論哲學不無感激，也確實必須承認，迄今為止，一切謬誤中最惡劣、最乏味和最危險者，乃是一個教條論的謬誤，即柏拉圖對純粹精神和自在之善[6]的發明[7]。不過，從今而後，當這個謬誤被克服，當歐洲從這場夢魘下緩過氣來，得以享受一次至少更加健康的睡眠之際，我們（**保持清醒本身即是我們的使命**）將是反對這一謬誤的鬥爭所培育壯大的全部力量的後裔。誠然，像柏拉圖那樣去談論精神和善，就意味著顛倒真相，意味著自己拒絕**所透視者**[8]，拒絕一切生命的這個基本條件；人們甚且大可以像醫生那樣問道：「柏拉圖，這個古代所生的最好材質，是怎麼患上這種病的？他確是被邪惡的蘇格拉底敗壞的嗎？莫非蘇格拉底確是敗壞青年的人？莫非他該吞那杯毒酒？」——而這場反對

4 「超出大地之上」，原文 überirdisch，此為直譯，通譯為「超凡的、非塵世的」。——譯注

5 吠檀多 Vedanta，由《奧義書》而來的婆羅門教學說。——譯注

6 「自在之善」，又可譯為「善自身」，後又有「自在之書」（第52節）、「自在之道德」（第202節）、「自在之女」（第231節），皆是對康德「自在之物」（物自身）的戲仿，取後者「超出我們知識界限之外」的意思。——譯注

7 「發明」，原文為 Erfindung，又有「杜撰、虛構」的義項，也是此處尼采之意；動詞形式為 erfinden，源自 finden（發現），尼采多處將兩者進行對比。——譯注

8 「所透視者」，原文為 das Perspektiv-

柏拉圖的鬥爭，或者說得更好理解、讓「民眾」[9]聽得懂——因為基督教就是適合於民眾的柏拉圖主義[10]——這場反對基督教義及教會千年壓迫的鬥爭，已經在歐洲造成了壯觀的精神緊張，大地上似乎從來沒有出現過的緊張：從今而後，用這樣一張拉緊的弓，人們可以射向最遠的目標了。誠然，歐洲的人類將這個緊張感受為窘境[11]，而且人們已經兩次大規模地嘗試過放鬆這張弓了，一次是通過耶穌會，第二次是通過民主啟蒙：——後者實際上大底是借著出版自由和報刊閱讀的幫助，讓精神不再容易將自己感受為「窘迫」！（德意志人還是有些發明天分的——向他們致敬！可是又把它抵銷掉了——他們發明了印刷機。）但是我們，我們既不是耶穌會士，也不是民主派，甚至做德意志人也還不夠，我們這些好歐洲人，這些自由的、非常自由的精神，——我們還擁有它，擁有精神的十足窘迫和精神之弓的十足緊張！可能也還擁有箭，擁有使命，誰知道呢？擁有那個目標[12]……

西爾斯—馬里亞（Sils-Maria），瑞士上恩加丁山谷

一八八五年六月

---

ische，字面義即「基於特定視角所見者」。此處「透視」並不是指標準透視，而是指「基於某一視點而視」，當與抽身事外的「靜觀」相對。——譯注

9 「民眾」，原文為 Volk。通譯為「人民」或「民族」。起源當與 viel（眾）相關，指不處於領導地位的大多數人（或近於古所謂「國人」者），此亦尼采的主要用法。「人民」或「國族」「民族」含義經浪漫派提倡至尼采作此書時已大為通行，尼采顯然是賦予它不合時宜的貶義。且民族觀念興起在歐洲意味著貴胄與民眾區別的消泯，這過程恰恰表現在 Volk 一詞的轉義中，此亦尼采所究心者。為譯文一致起見，一律譯作「民眾」。該詞與「民族」（Nation）、「種族」（Rasse）的區別可參見第251節尼采的用法，其近一般所謂「民族」的用法，可參見第268節。——譯注

10 給民眾的柏拉圖主義」據打字稿：「群氓化了的柏拉圖主義」。——編注

11 「窘境」，原文為 Nothstandth-stand，亦有「緊急狀態」之義。與下文的「窘迫」（Noth）和後面常出現的「Nötig」

（在此語境下譯為「迫切需要」，通譯「亟需」「必需」）和「Nötwendigkeit」（必然性）同根。——譯注

但是我們……〕打字稿：「例如巴斯卡就將之感受為一種『窘迫』：這個現代最深刻的人從他可怕的緊張中發明了那種殺人的笑，藉此對當時的耶穌會士笑得要死。也許他只要有個健康的身體並再多活個十年——或者，說得道德些，只要有一片南方的天空，而非皇港上空的烏雲——便可以對自己的基督教信仰笑得要死了。」——編注

【譯按】「皇港」（Port-Royal）指「德·尚普皇港修道院」（Port-Royal des Chamns Abbey），又譯為「波羅雅爾修道院」，創建於十三世紀，十七世紀巴斯卡主持講壇時臻於極盛，為啟蒙早期思想重鎮，頗為教廷所忌，十八世紀遂遭關閉。

12 「目標」，原文 Ziel，據朗佩爾（14頁），亦有「標靶」之義。——譯注

第一章　論哲學家的成見

1[1]

求真理的意志，這個還在誘使我們作些冒險的意志，這個著名的、迄今所有哲學家都恭敬地談及到過的真誠：就是這個求真理的意志，已經為我們擺出了怎樣一些問題啊！多麼奇妙、嚴重大而值得一問的問題！這已經出現有一段很長的一段歷史了，——可又真像是才剛剛開始？如果最終我們突然變得不信任、沒耐心，不耐煩地掉頭而去，從斯芬克斯那裡，我們學著也在我們這方面去提問，這有什麼好奇怪的呢？究竟是誰在這裡向我們提問呢？在我們內部，究竟是什麼在意願「真理」呢？——事實上，我們已在意志的原因這個問題上逗留了許久，——直到最後在一個更徹底的問題面前完全止步不前。我們問這個問題的價值。假定，我們意願真理：為什麼不寧願要不真之理？不寧願要未知狀態？甚至無知[2]？真理的價值問題來到我們面前，——或者，是我們來到這個問題面前？在這裡，我們當中誰是伊底帕斯？誰是斯芬克斯？看來，這是問題和問號的一次幽會。——而人們可曾相信：據我們的總結，這個問題竟似乎未曾提起，——它似乎是首度在這裡被我們看見、親眼目睹並且冒險一問的？因為這就是冒險，而且可能沒有比這更大的冒險了。

1　準備稿（筆記本W I 7中的第一稿）：對真理的熱望沒有將我引向那些不加思索的道路，它時時向我提醒那個在所有問題中最值得一問的問題：在對這一熱切想望的隱蔽原因的追問面前，我曾逗留得最久，最終我卻停留在對那個熱望的價值的追問上。真誠問題出現在我面前：人們可曾相信，據我看來，它彷彿是第一次被提出來、被看到、被冒險一問的？另一處準備稿（筆記本W I 5）：*Alea jacta est*（骰子已經擲下）。——這個將要誘使我作些冒險的「求真理的意志」——它向我擺出了多麼少見的問題啊（，多麼嚴重的、值得一問的問題！最終我不信任地轉過身去，在這個斯芬克斯面前學習從自己這裡發問，這有什麼好奇怪的呢？這裡究竟是誰在向我提問呢？）！多麼重大的、值得一問的問題！這已有一段很長的歷史了：我最終變得對它不信任，沒耐心，不耐煩地轉過身去；我在這個斯芬克斯面前學習從自己這裡也提個問題：這有什麼好奇怪的呢？究竟是誰在這裡向我提問呢？在我這裡究竟是什麼「對真理」有「意願」呢？。——編注

2　「未知狀態」，原文為 Ungewissenheit，通譯為「不確定性」。此譯意在體現它與「無知」（Unwissenheit）的同根關係。——譯注

2

「某種東西如何**可能**產生於它的反面？比如，真理出自謬誤？或者求真理的意志出自求欺騙的意志？或者無我的行為出於自私自利？或者智者純潔的、陽光般的觀照出自貪婪？諸如此類的產生是不可能的，誰對此存有夢想，就是傻子，甚至比傻子更糟。最高價值物必定有另外的、**自己特有**的起源，——從這個速朽的、誘惑人的、欺騙人的渺小世界裡，從這團妄想和欲望的亂麻裡，是推導不出它們的！毋寧是在存在的懷抱裡，在不朽之物中，在隱蔽的上帝那裡，在『自在之物』裡——它們的根據必定在**這些地方**，此外別無他處。」[3] ——上面這類判斷方式，造成了那種典型的成見，從中可以反覆識別出一切時代的形而上學家；這類價值評估處於他們所有邏輯步驟的後臺；他們是從他們這種「相信」出發，努力追求他們的「知道」，追求某個最終將堂皇地受洗賜名為「真理」的東西。形而上學家的基本信念就是**相信價值的相互對立**。即令他們之中最謹慎者，甚至在他們自許「de omnibus dubitandum」（懷疑一切）的時候，也未曾想到，這裡在源頭處已有待懷疑，才最亟需懷疑。也就是說，人們盡可以懷疑，首先，對立究竟是否存在，其次，形而上學家們蓋章核准了的廣受民眾喜歡

3　此外別無他處！」準備稿（筆記本W I 7）：此外別無他處！說得更堅決些：最高等級的事物和狀態決不能是產生出來的，——「生成」（werden）或許配不上它們，唯有它們存在（存在者），唯有上帝存在——他們是上帝。——編注

的價值評估和價值對立，也許莫非只是一種前臺評估[4]，只是暫時採取的透視方法，而且也許還是從一個角度出發，也許是從下往上，就像——借用畫家常用的說法——仰角透視[5]那樣？有可能，雖然真實者、真誠者和無私者[6]理應有其價值，但對所有生命來說更高級、更基本的價值，卻必然歸於求欺騙的意志、自私和欲望。甚至還有可能，那些受崇拜的好事物，其價值之處恰恰在於，它們以棘手的方式跟那些惡劣的、表面上與之相對立的事物相親附、相關聯和相勾結，甚至本質上相同。也許！——然而誰願去操心這樣一些危險的也許呢！為此，人們必須等候一個新種類的哲學家到來，這個種類的哲學家必定具有某種跟迄今為止的哲學家所具有者相異趣、相顛倒的趣味與偏好，——從一切方面操心那些危險的也許的哲學家。——十分嚴肅地說：我看見這樣的新哲學家出現了。[7]

3

我從字裡行間揣摩和審視哲學家們夠久了，之後我對自己說：必須把絕大部分有意識的思考算作本能活動，甚至對於哲學思考也是；這裡人們必須學會變通，就像在關於遺傳和「天生」的問題上已經學到

4　「前臺評估」，原文為 Vordergrunds-Schätzungen。其中 Vordergrund（通譯「前景」）和「透視法」（Perspektive）、「幽微變化」（Nuance）、「仰角透視」（Froschperspektive）、「色度」（valeurs）一樣，屬於尼采從繪畫術語中借用的一套概念，故該短語亦可譯為「位於前景的評估」。為統一譯文起見，本書中 Vordergrund 譯為「前臺」，相同語境下的 Hintergrund（通譯「後景」「背景」）則相應地譯為「後臺」。——譯注

5　「仰角透視」（Froschperspektive）德文字面義為「按青蛙的視角」，亦有「拘泥於個人狹隘眼界」的貶義。在繪畫中，仰角透視多用於教堂中的穹頂壁畫，以使人物場景看來如同高懸於天空一般。——譯注

6　真實者……無私者〕準備稿（筆記本W I 5）：真理、真誠、被稱為無私的行為，藝術直觀中「大海的寂靜」（Meersstille）。——編注

7　十分嚴肅地說……〕準備稿（筆記本W I 5）：⑴最終或竟有這樣的可能——

的那樣。如果說，出生這個環節在遺傳的整個前後相繼的過程中，是很少受關注的：那麼同樣地，「意識」也很少會在某種決定性的意義上與本能相對立。——一位哲學家大部分的有意識思考，已暗中受到他本能的引導了，已受它強制而循於特定的軌道了。在這個運動的所有邏輯和表面上的獨斷專行的背後，仍然是各種價值評估，更確切來說，是旨在保存某個特定種類的生命的諸種生理學要求。比如說，已確定之物比未確定之物更有價值，顯像（Schein）不如「真理」有價值：諸如此類的評估，儘管對於我們有其範導性[8]的意義，卻可能確實只是前臺評估，是一種特殊的、為了照我們之所是去保護我們的本質而可能恰恰是必需的愚昧[9]。也就是說，假定，「萬物的尺度」並不完全是人類……[10]

4

對我們來說，一個判斷[11]之為假，還不是反對它的藉口；在這裡，我們的新語言聽起來也許最陌生。問題在於，這個判斷在何種程度上是推進生命和保存生命的，是保存物種、甚至是培養物種的；我們從根本上傾向於聲稱，最虛假的[12]判斷[13]（先驗綜合判斷即屬此類）對於我

而我（我也相信這一點）竟也願意信奉它！——即，那些第一受讚揚的事物之所以有價值，恰恰是憑著這一點：從根本上且無所回避地來看，它們不是什麼別的，恰恰就是那些表面上跟它們相對立的事物（其名譽迄今為止被形而上學家敗壞得如此糟糕，——其榮譽且尚未有誰來「拯救」）和狀態。但誰有勇氣毫無遮攔地看這個「真理」呢？也許，在這樣的問題和可能性面前也有一種得到許可的守貞。——(2)這是我的信念！也許（還要糟糕得多）必須把懷疑再向前推一步——我已經這樣做過了——：也就是說，甚至有這樣的可能，那些好的、可敬的事物之所以有其價值，恰恰在於，它們自己是以某種險惡的方式跟那些惡劣的、表面上與之相對立的事物有親緣關係，緊密的親緣關係，甚且還不止這樣？(a)但是，誰（有興趣）願意去關心這樣的也許啊！如果真理開始變得這般不體面，如果真理就這樣撕下她的面紗、罔顧一切善意的羞恥的話，那可是有悖於好趣味、首先有悖於美德呢：在這樣一個娘兒面前，不是該忠告人們要謹慎嗎？(b)也許！但誰會願意關心這個危險的「也許」呢！這有悖於好趣味，你們會對我說，有

們來說是最不可或缺的判斷，而且，如果不經由某些邏輯假說的批准生效，不以一個由絕對之物、自身相等之物構成的純粹是發明出來的世界來衡量現實，不用數（Zahl）去持續偽造世界，人類便將不能生存，——放棄假判斷乃是放棄生命，否定生命。坦承不真之理是生命條件：這，當然，會以一種危險的方式反對那些已習以為常的價值感覺；而一種敢於如此的哲學單憑其如此，便已超然自立於善惡的彼岸。

5 [14]

所有哲學家都招來半是疑慮、半是嘲諷的目光，這並非因為人們一而再、再而三地發覺哲學家們多麼無辜——他們多麼經常而又輕易地錯解和迷失，簡而言之，不是因為他們的幼稚和孩子氣——而是因為他們不夠正直：在剛要觸及真誠問題的時候，全體便立即發出頗具美德的喧嘩。他們全都在裝模作樣，彷彿他們是經過某種冷靜、純粹、神一般無憂無慮的辯證法揭示並達到自己的觀點（這有別於任何級別的神祕主義者，後者更實誠，更蠢，——他們還在談論「靈感」）：歸根到柢卻是，某條事先擬定的命題，某個念頭，某次「靈光一閃」，大多數時候是某個由被抽象地擬定和篩選出來的心願，被由他們用事

悖於〔美德本身〕〔貞潔〕美德。如果真理開始變得這般不體面，如果這個毫不顧慮的娘兒竟到了這樣的地步，丟了她的面紗，開始不顧一切〔善意的〕羞恥的話：滾，滾開，這個迷人精！讓她今後走自己的路去吧！對著這樣一個娘兒，人們不可能有多謹慎！「寧可，你們眨巴著眼對我說，陪著一個溫和的、會害羞的謬誤、一個乖巧的小謊言一起蹓躂呢。——」——編注

8　「範導性」，原文為「regulativen」，通譯為「規則性的」，此譯意在體現該詞在康德哲學中的淵源。亦參見第14節「範導性假說」譯注。——譯注

9　「愚昧」原文為法語，Niaiserie，考夫曼曾說其為尼采最愛用的法語詞之一。——譯注

10　是一種特殊的、……〕準備稿：因為這個，權力意志貫徹了某個特定種類的造物（這些造物必須對一切東西作容易的、就近的、確定的、可計算的看，即根本上在邏輯的透視法下去看——）。——編注

11　判斷〕據謄清稿：概念。——編注

後找到的根據加以辯護：——他們全是不肯稱為被叫作律師的律師，而且大多數甚至是在為自己的成見（他們將之施洗賜名為真理）狡辯，——這與離那種良知的勇敢天差地得相當遠，良知會向自己坦白，是什麼就是什麼；這離與那種勇敢的好趣味天差地得相當遠，勇敢也會讓人知道這一點，若非為了警告某個敵人或朋友，就是出於得意而藉以自嘲。老康德那種又是生硬又是端莊的偽善（他便是用這個把我們誘上辯證法的祕徑，將我們引導、準確地說是誤導進他的「絕對律令」），那種表演讓我們這些挑剔者發笑，在審查老道德主義者和道德布道者的巧妙算計方面，我們了無樂趣。或者乾脆是那種數學形式的戲法，用那種形式，斯賓諾莎把他的哲學——若要準確而方便地解釋這個詞，到最後便是「對他的智慧的愛」——包裹裝扮起來，如同裹上鐵甲一般，為的是事先嚇破侵犯者的膽，倘若他們膽敢正眼看看這位不可征服的女郎、這位雅典娜的話：——一個遁世的病人這樣打扮，正洩露出他自己是多麼膽怯、多麼易於侵犯呵！

6

我逐漸明白，迄今種種偉大哲學為何物：是其締造者的自我表白，

---

12 最虛假的〕謄清稿：最虛假的亦即最古老的。——編注

13 判斷〕據謄清稿：概念。——編注

14 準備稿（N VII 2）第一稿：讓我不信任哲學家的，不是因為我看出，他們多麼經常而又輕易地錯解和迷失，而是因為我從來沒在他們身上發現足夠的坦誠：他們全都假裝已經通過辯證法揭示和達到某件事情了，歸根到柢卻是，某條事先擬定的命題被他們用某種證據加以捍衛：他們是自己的成見的說客，且沒有足夠坦誠地承認和事先亮明這一點。老康德在尋找通向「絕〈對〉律令」的祕徑時那種偽善令人發笑。要麼便是數學式的外觀，斯賓諾莎即由此〈賦予〉他那些心願以一種堡壘式的特徵，某種應該以似乎不容反抗的方式嚇跑侵犯者的東西。——編注

一種無意為之和未加注意的回憶[15]；我還逐漸明白，每一種哲學中是道德（或不道德）的觀點才構成了真正的生長胚芽，並依此從中總是會長出整株植物。事實上，為了說清某派哲學中那些最冷僻的形而上學論題到底是如何形成的，人們總是先自問：它意願（他意願——）從哪一種道德出發？這種作法很好（而且很聰明）。同樣相應地我也不相信，某種「認識衝動[16]」會是哲學的父親，而是認為，和往常一樣，乃是由某種另外的衝動不過像利用工具那樣利用了認識（以及錯誤認識！）。如果有誰從這方面去看人類的基本衝動，看到這些衝動多麼喜歡在此作為賦靈[17]的守護神（或者惡魔和妖精）驅動它們的遊戲，他就會發現，它們都曾經一度驅動[18]了哲學，——而且它們中的每一個都亟欲表現出自己就是此在[19]的最終目標，是其他所有衝動理所當然的主人。因為每種衝動都有統治欲：它就是這樣去試著做哲學的。——誠然：在那些學者、那些其實是從事科學的人們那裡，情況可能有所不同——如果願意，可以說是「更好」——，因為可能真的有某種像是知識衝動的東西，如像一架獨立的小時鐘，上足了發條，撲到知識上猛幹，而這個學者的其他所有衝動在這裡並未起到本質性作用。於是，一如往常，這個學者的真正興趣照例完全在其他地方，大抵是家庭，

---

15 「回憶」原文為 mémoires。——譯注

16 「衝動」，原文為 Trieb，本義為「本能的、身體性的欲望或渴望」。——譯注

17 「賦靈」，原文為 inspirirend，通義為「賦予靈感」「啟迪」。——譯注

18 「驅動」原文為 treiben，可視為 Trieb（衝動）的動詞形式，本義為「驅趕、推動」。——譯注

19 「此在」，原文為 Dasein，現代德語中是個並不抽象的常用詞，表示「存在」「生存」「生活」等，此照哲學界通常譯法譯之。——譯注

或是賺錢，或是政治；他這架小機器是放在科學的這個還是那個位置，這個「很有希望」的青年勞動者會成為一個優秀的語文學家、菌類專家還是化學家，倒是沒什麼區別的：——他身上沒有要成為這個還是那個的標誌。相反，在哲學家這裡，完全不存在非個人的東西；特別是他的道德會給出一個已決定了的和決定性的證據，說明他是誰——即，他本性中那些最內在的衝動彼此處在怎樣的等級順序上。

7

哲學家可以壞到什麼地步啊！我還沒見過比伊比鳩魯[20]對柏拉圖和柏拉圖主義者妄加之譏諷更為惡毒的東西：他稱他們為Dionysiokolax，這個詞在字面上最醒目的意思是「狄奧尼修斯的諂媚者」，即僭主的嬖人，佞臣。除此之外，它還要表明「無非是些戲子，沒什麼實在東西」（因為Dionysokolax〔酒神諂媚者〕曾是戲子的流行標誌）。[21]後面這個意思，其實是伊比鳩魯給柏拉圖潑的髒水：惹惱他的是那副大模大樣、把自己置於舞臺之上的姿態，柏拉圖和他的所有學生皆擅長此道，——伊比鳩魯卻不擅長！他這個來自薩莫斯島的學園老師，坐在雅典的小花園[22]裡靜悄悄地寫了三百本書，誰知道呢？也許是出

20 「伊比鳩魯」阿里格蒂（Arrighetti）編《殘篇》93，18～19。——編注

21 「Dionysiokolax〔狄奧尼修斯諂媚者〕」與「Dyonysokolax〔酒神諂媚者〕」皆希臘語的拉丁拼法，共同的字尾 kolax（或寫成 colax，「諂媚者」），是希臘喜劇中的固定角色，以討好、奉承為業。後者字面義指專事討好酒神狄奧尼修斯者；前者則為伊比鳩魯生造的雙關語，將酒神之名 Dionysos 衍作 Dionysios，即柏拉圖曾結交的敘拉古僭主狄奧尼修斯父子之姓（朗佩特，《施特勞斯與尼采》，田立年、賀志剛等譯，上海三聯書店，二〇〇五年，第52～53頁）。——譯注

22 伊比鳩魯在雅典時授課於花園中，因此又有「花園學派」之稱。可參見25節關於花園和戲子的段落。——譯注

於怒氣和功名之心而反對柏拉圖？——伊比鳩魯，這尊花園裡的神祇是誰，希臘弄明白這一點需要幾百年的時間。——弄明白了嗎？

8[23]

每一種哲學中都有一個點，該哲學家的「證明」即在這個點上登臺亮相：或者，用一齣古老神祕劇的話說：

「那隻驢子來了，
又漂亮又強壯。」[24]

9

你們願意「適應自然」[25]而生活嗎？哦，你們這些高貴的斯多葛主義者，要這種言辭的花招！你們設想自然如一個造物，無限漫汗、無限淡漠，沒有目標和顧慮，沒有憐憫和公正，可怕、荒蕪而又不確定，你們將這種無差別本身設想為權力——你們怎麼能夠適應這種無差別而生？生命——它難道不就是一種跟這樣的自然具備有所不同的意願嗎？生命，難道不就是評判、優選、不公平、有界限，不就是對差別的意願嗎？假定，你們「適應自然而生活」的律令與「適應生命而生

注 23 參見科利版第11卷，26［466］。——編注

24 引自格·克·利希滕貝格（G. Chr. Lichtenberg），《雜編》（Vermischte Schriften），哥廷根，一八六七年，V：327，尼采圖書遺藏。——編注

該歌詞原文為拉丁語，出於十二世紀的拉丁語歌曲《從東邊來了》（Orientis Partibus），屬於半世俗化的孔杜克圖斯（Conductus）音樂，歌頌馱載聖母聖嬰逃往埃及的驢子，後來也在愚人節和狂歡節等節慶演唱。參見〔佚名〕，《古代與近代關於丑角的禮俗》，柏林一八〇六年，第224頁以下；另，據《新約》（《馬太福音》21：1～11；《馬可福音》11：1～11；《路加福音》19：28～40；《約翰福音》12：

活」根本上是同等的意思——那麼你們怎麼可能不這樣呢？從你們自己所是和必須是之處的東西那裡造出一個原則，圖的是什麼呀？——其實別有內情：你們興高采烈地假裝從自然中讀出你們假定的法典，通過這個，你們想要的是某種相反的東西，你們這些了不起的戲子和自欺者喲！你們的自負要將你們的道德、你們的理想指定給自然（竟然是給自然），使之合為一體，你們要求它是「適應斯多葛」的自然，並想讓一切此在只按照你們自己的形象存在——使之成為對斯多葛主義宏大而永恆的稱頌和普遍化！你們帶著全部對智慧的愛，虛假地、也就是以斯多葛的方式看待自然，如此長久，如此堅持不懈，受到催眠一樣地如此堅定，直到你們再也不能以其他方式來看待它，——不知哪來的極端傲慢，在最後還給你們以精神病人般的希望，希望因為你們擅長作自己的霸主——斯多葛主義乃是對自身的霸道——，所以也讓自然對自己施以霸道：斯多葛主義者不就是自然的一個片段嗎？……這是一個古老永恆的故事：一旦某種哲學開始信仰自己，當年在斯多葛主義者身上發生的，今天就還會發生。哲學總是按它的形象創造世界，不會別的；哲學就是這個橫行霸道的衝動本身，是求權力、求「創造世界」、求 causa prima〔第一因〕最具精神性的意志。

12～19），耶穌也騎驢進入耶路撒冷，今人考證路線為自東門入，正與當時猶太人救世主將從東門入的預言相合。——譯注

25 「自然」，原文為 Natur，同時指外在的自然和內在的「本性」，故亦可解作「適應本性而生」。——譯注

10

今日的歐洲到處都在纏著那個「關於現實世界和顯像世界」的問題不放，追問時的那份熱切和精細，我甚至想說，那種狡獪，頗值得思考和聆聽；若有誰在這裡只聽出背後那有個「求真理的意志」，此外無他而別無所聞，他的耳朵肯定不是最敏銳的。在某些個別罕見的例子裡，倒可能真的有一種這樣的求真意志起了作用，某種越軌和冒險的氣勢，某種收回失地的形而上學家的功名心，這種求真意志最終總是偏愛手裡的一撮「已知」[26]甚於一大車漂亮的「可能」；甚至還可能有清教徒般狂熱信仰良知的人們，與其為一個未知的什麼東西，他們更願意為一個可靠的「無」赴死。但，這是虛無主義，是疲乏欲死的絕望靈魂的標記：無論這樣一種美德能夠作出多麼英勇的姿態。[27]在更為強大、生命力更飽滿、還渴望期待生活的思想家那裡，事情似乎是另一個樣子：他們採取*反對*顯像的立場，早已高傲地說出「透視」[28]這個詞，並且貶低自己身體的可信度，以為它跟那種以為「地球是靜止的」視覺顯像[29]一樣不可信，由此，他們似乎高高興興任由這些最可靠（因為現在的人們還會把什麼東西看得比他的身體更*可靠*呢）的所有物從手裡溜掉。誰知道呢，他們是否根本就沒想過要收復人們曾經更可靠

26　「已知」原文為Gewissheit，通義為「確定（性）」。參見16節「當下已知」譯注。——譯注

27　無論這樣……）據打字稿：因為凡是其美德以此方式越出常軌之處，皆涉及死亡和毀滅。——編注

28　「透視」，原文為perspektivisch，直譯為「以透視法去看」，亦兼含「忠於個人視角」和「著眼於未來遠景」之意，後者或暗指下文出現的與「收復」舊理念相反的那種前瞻姿態。——譯注

29　「視覺顯像」（Augenschein）為直譯，

地擁有過的某種東西？是否並沒有想從從前的信仰那裡收復一塊老根據地，若非或是「不死的靈魂」，或是「古老的神」，簡而言之，他們是否根本不想收復那些理念，比起「現代理念」來，那些理念曾經支持過更好的、也就是更有力和更明朗的生活。在他們那裡，既有對這些現代理念的疑慮，有對昨日和今日所建立的所有東西的不相信；或許還混合著一種淡淡的厭倦和嘲弄，再也無法忍受那個所謂的實證主義向市場所推出的來源各異的概念小玩意兒，也有挑剔的趣味在所有這些冒牌現實哲學家們[30]年終集市般的斑斕和雜碎面前生出的一種噁心，除了這種斑斕，他們再沒有什麼新穎和實在的東西了。在此，鄙意以為，人們應該承認當今那些心存懷疑的反現實者和認識的微觀者[31]是對的[32]：他們的本能，那種把他們推出現代之現實的本能，並沒有被駁倒，——至於他們從哪條祕道折回現實，於我們又有什麼相干呢！對他們來說本質性的問題不是他們意願「回去」：而是他們——意願離開。意願更多一些的力量、飛躍、氣勢、藝術：他們也許是意願出去，——而不是回去！——

通譯為「親眼所見」。——譯注

30 冒牌現實哲學家」影射歐根·杜林（Eugen Karl Dühring）。——編注

【譯按】杜林於一八六五年發表《生命的價值》；一八七五年《哲學教程》，一八九五年改名為《現實哲學》。恩格斯在《反杜林論》（一八七八）中亦曾諷稱之為「我們的現實哲學家」。

31 「認識的微觀者」，原文為Erkenntniss-Mikroskopiker，按字面可直譯為「用顯微鏡來看認識的人」。按：弗雷格在一八七九年發表的《概念文字》中正把他要創建的邏輯語言與日常語言的差別比作顯微鏡與眼睛的差別。——譯注

11[33]

在我看來，人們現在正到處努力不去注意康德對德意志哲學施加的真正影響，尤其聰明地把視線從他自己所承認的那種價值上滑開。康德首先最為自負的就是他的範疇表，他手持這張表說：「這是為了形而上學之故能夠被承擔之事中之最困難者的。」[34]——但願人們理解了這個「能夠被」！他自負的是，揭示了人身上一個新的能力[35]，先驗綜合判斷的能力。假定，這裡他是在欺騙自己：但是德意志哲學的發展和騰飛依賴於這種自負，依賴於所有年輕一輩為了盡可能揭示讓人再自負一些的東西——每一次都是「新的能力」！——而展開的競爭。但是我們且考慮一下：到時候了。先驗綜合判斷是如何可能的？康德問，——他到底是如何回答的？因能力而可能：不過可惜的是，他不是用三個詞回答，而是用那樣繁瑣而可敬的方式，耗費如許多德意志式深刻而曲折的思索，以至於人們沒有發覺，藏匿在這樣回答中有趣的日爾曼式愚鈍[36]。人們甚至在這個新能力面前情不自禁、高聲歡呼，彷彿康德在人類身上又補充揭示出了一種道德能力：——因為，當時德意志人還是道德的人，還完全不是「現實政治」[37]的人。——德意志哲學的蜜月到來了；圖賓根神學院[38]所有的青年神學生一下就鑽進

---

32 ：）打字稿中此冒號前還有：「（：所有這些康德、謝林、黑格爾和叔本華以及從他們中重新長出來的貨色）」。——編注

33 參見科利版第11卷，25［303］；26［412］；30［10］；34［62、79、82、185］；38［7］編號N VII 1的筆記本中第一稿作：「先驗綜〈合〉判斷何以可能？」——因為某個能力，即回答如下：它是可能的，它就在那裡，我們能夠作出它。但是這個問題問的是「何以」（Wie）？即康德確認的是「如此」（daß），卻沒有就此給出解釋。最終這個「能力」是一種假說性力量，一種跟認為在鴉片裡有催眠成分屬同一種類的假設。我的見解是：「因果關係」，絕對之物，靈魂、存在、質料、精神，所有這些理念——這些概念是出於一種在邏輯上很糟糕的方式，即，正如詞源學讓人認識到的，同一種特徵被用來標記多種相像的事物。隨著感官和注意力越來越敏銳，這種相像性會逐漸越來越不受認可：精神便為了對某件事物作內在標誌而圍繞著由一系列認識記號組成的再認識記號兜圈子：它以此來抓住事物，把握（begriff）它，這裡是一種握（Greifen）和抓（Fassen）。（參

了灌木叢裡，——都在尋找「能力」。有什麼是人們找不到的啊——在德意志精神那個無辜、豐富而尚且年輕的時代，浪漫主義這個邪惡女妖，趁人們還不知如何區別「發現」和「發明」的時候，往這個時代裡吹著氣，哼著歌！首先找到的是一種「超感性」的能力：謝林將它命名為知性直觀[39]，以此迎合了根本上渴望虔誠的德意志同胞們最真心渴望。對於這場運動，這一場得意之極、如癡如醉、當時如此莽撞地把自己偽裝進那些白髮蒼蒼的老概念中去卻還是年輕的運動，人們最不公正的作法莫過於嚴肅地看待它，以道德的憤激對待它；夠了，人們老了，——夢境消失了。一個要拍拍腦門兒想想的時代到來了：人們今天還在拍著。夢是已經做過了，頭一個做的是——老康德。「因為能力而可能」——他這樣說過了，至少這樣想過了。但是這竟然是——一個答案嗎？一個說明？或者充其量只是一次對問題的重複？這劑鴉片是怎麼幫助睡眠的呀？「因為能力而可能」，即因為 virtus dormitiva（催眠功能），——莫里哀筆下的那個醫生回答說：

> 因為它具有催眠功能，
> 所以它的藥性會讓感官安睡。[40]

見科利版第11卷，38［14］。——編注

34 引文見《未來形而上學導論》的導言（《康德全集》第四卷，普魯士皇家科學院編，一九一一年，260頁）；康德原文中的「這」，指的是對「源於純粹知性」的諸概念的演繹過程（Deduktion），非範疇表本身。——譯注

35 「能力」（Vermögen）或譯為「機能」。康德視「理性」「知性」「感性」均為人的先天機能。——譯注

36 日爾曼愚鈍，原文為法語，niaiserie allemande，尼采提到過法國人對德國人素有的蔑視和誤解，參見209節。——譯注

37 「現實政治」（real-politisch）之名起於十九世紀中期（如羅豪（Rochau）反思一八四八年革命的《現實政治原則》），指不拘泥於純粹理想或理念、而著眼於現實局勢因勢利導地推行政治的作法。後多被用於描述俾斯麥的政治實踐。——譯注

38 圖賓根神學院（Tübinger Stift），直譯當為「圖賓根寄宿學校」，是一個由教會為學生提供資助的教學機構，從十六世紀到

但是像這樣的答案應該出現在喜劇裡，現在時候終於到了，該把康德「先驗綜合判斷何以可能」的問題換成另一個問題：「為什麼相信這樣的判斷是*必需的*？」——或者也可這樣來理解這個問題：為了保存我們這個物種的本質，這些判斷必須被信以為真，因此這些判斷當然也可能是*虛假的*！或者，用更清楚的、粗暴而徹底的話說：「先驗綜合判斷」根本不應該「是可能的」：我們沒有權利下這種判斷，這個判斷從我們的口中說出完全是假判斷。倒不如說，對此判斷的真實信念，作為一種前臺—信念和視覺顯像（它們屬於生命的透視法），才是必需的。——且最後再懷念一下「德意志哲學」——人們會如我所希望的那樣理解這個嗎：它有資格用引號——在全歐洲產生的巨大影響，人們該不懷疑這一點了：這裡有一種特定的催眠功能在起作用。那些高貴的懶人、頗具美德的人、神祕主義者、藝術家、四分之三的基督徒和所有國家的政治黑手，個個歡欣鼓舞，多虧德意志哲學，才有了解毒劑，可以對抗從上個世紀一直漫到這個世紀來的聲勢浩大的感官主義，簡單地說——才能「讓感官安睡」……

十九世紀末，該學院人才輩出，包括黑格爾和謝林。——譯注

39 「知性直觀」，原文為 die intellektuelle Anschauung，或譯「理智直觀」，此概念實本欲克服康德直觀—理智二分法的費希特，指精神直接在行動中把握和創造自己的物件的直觀活動，亦等同於「自我」。參見謝林，《先驗唯心論體系》，梁志學等譯，商務印書館，一九八三年，34頁。——譯注

40 引文為法語，出自莫里哀《無病呻吟》，參見《莫里哀喜劇選》下卷，人民文學版社，一九五九年，第404頁。劇中一位醫學學士以此問答通過考試成為一名醫師。孔德曾引用這個細節說明科學中存在的形而上學習氣：以實體或人格化的抽象物來解釋自然的傾向（孔德，《論實證精神》（一八四四年），黃建華譯，商務印書館，二〇〇一年，第6～7頁）。——譯注

12[41]

關於唯物主義原子論：這可以算現存爭議最大的問題了；當今歐洲學者可能不會再那樣不學無術，若非因為隨手可用且私下用起來方便（也就是說當作一種便捷的表達手段）之外還嚴肅地重視它——首先感謝那個波蘭人博斯科維奇[42]，他和波蘭人哥白尼皆是視覺顯像迄今最偉大、最成功的對手。哥白尼說服我們相信，與一切感官感受相反，地球**不是**穩定不動的，而博斯科維奇則教人棄絕對地球上最後的「穩定不動」之物的信念，即對「材料」、「物質」、作為地球零餘物[43]的顆粒狀原子的信念：這是大地上迄今取得的對於感官的最大勝利。——不過人們還必須再前進，再對那總會引起後人危險效仿的「原子論需求」宣戰，同時也對那個更著名的「形而上學需求」[44]，在無人知曉的戰場上，發動一場毫不留情的白刃戰：——人們首先還要除掉另外一種影響深遠的原子論，基督教最成功和最長久地教授過的**靈魂原子論**。用這個術語或許可以表示那種信念，它把靈魂當作某種抹殺不掉的東西、永恆之物、不可分之物，當作單子和Atomon（原子）：這種信念，人們應該從科學中清除出去！在這裡，我們私底下說說，完全沒有必要把「靈魂」本身丟開，沒有必要放棄一個最古老、最值得尊敬的假

---

41 參見科利版第10卷，15［21］；第11卷，26［302、410、432］。——編注

42 路哥羅・居塞普・博斯科維奇（Ruggiero Giuseppe Boscovich）不是波蘭人，而是達爾馬提亞人。尼采在巴塞爾讀到他（1873年，參見科利版第7卷）的《匯出關於自然中實存的諸種力量的單一法則的自然哲學理論》，維也納，一七六九年。——編注

【譯按】博斯科維奇現應算克羅埃西亞人，十八世紀的耶穌會士和學者，屬於最後一批行跡遍歐洲、用拉丁語寫作的百科全書式學者。在上引書中，他試圖在牛頓的萬有引力模式和萊布尼茨的單子模式之外，不是從質料而是從相互作用的角度來理解原子，並最早設想宏觀和微觀世界中事物的作用力是一致的。

43 「地球零餘物」，原文Erdenrest，其中「零餘物」（rest）源出商人用語，指與整數相對而言的「零料」或「餘數」。——譯注

說：自然主義者之呆板即經常落到這個地步，他們幾乎還沒碰到「靈魂」就失去了它。關於靈魂假說仍然有重新論述和精雕細琢的餘地：諸如「會死的靈魂」「作為主體多樣性的靈魂」和「作為諸衝動和諸情緒的社會建築（Gesellschaftsbau）的靈魂」之類的概念，均有意在今後的科學中獲得公民權。**新**心理學家，因為打算要了結這種迄今如熱帶叢林般圍繞著靈魂想像而繁茂地蔓生開來的迷信，當然就像是自行放逐到一片新的荒蕪、一種新的疑慮裡去——很有可能，那些舊心理學家過得更加愜意，更加有趣——：但他最終知道，正是因此他才注定要去**發明**——誰知道呢，也許是去**發現**呢。——

13

生理學家可能考慮過，把保存自身的衝動設定為有機生物的核心衝動。某種生命體首先意願的是**釋放**它的力量——生命本身是求權力的意志——：自身保存只是它間接的、最常見的**後果**之一。簡言之，在這裡和在其他所有地方一樣，要警惕**多餘**的目的論原理！——自身保存之衝動就是這樣一種目的論原則（這要歸功於斯賓諾莎的前後不一致[45]——）。這樣也就要求採用那種在本質上必定吝於使用原理的

44 據法伯爾（Marion Faber），參見叔本華《作為意志與表象的世界》第二部分，第一章17節。——譯注

45 據法伯爾，可參見斯賓諾莎《倫理

方法。

14

現在也許有五六個頭腦朦朧意識到這一點了：物理學也只不過是一種對世界的解說與編排[46]（在我們看來！姑且允許這樣說），而**不是**對世界的說明[47]：不過，只要物理學還立足於對感官的信念，它就會被當作更有效者，並且必然在長時期內還會越發有效，也就是說，會被當作說明。物理學有自己的眼和手，有自己的視覺顯像和把捉手感[48]：在一個有著平民的初級趣味的時代，這是令人迷惑、口服且**心服**的，——永遠投合民眾口味的感官主義所奉持的真實性圭臬，其最自然的後果正是如此。什麼是明白的，什麼是「說明」？首先是那種看得見、摸得著的東西，——必須把每個問題都推到這樣的程度。柏拉圖式思維的魔力，恰恰在於**針對**這種感官明覺[49]的抗拒，這是一種**高尚**的思維，——也許它就存在於那些人當中，他們比我們當代人擁有更為強大和更加苛求的感官，卻知道在保持對這些感官的統治中找到更高明的勝利喜悅：而做到這一點，憑藉的是那些撒在五彩斑斕的感官漩渦——感官群氓，如柏拉圖所說[50]——之上的蒼白、冰冷、灰暗

學》第四部分。按，尤參見命題三與命題四。——譯注

46 「對世界的解說與編排」，原文為 Welt-Auslegung und -Zurechtlegung。Auslegung（解說）通譯為「注解、注釋」，同時也有「布置、陳放」的意思。Zurechtlegung（編排）在德語多以動詞形式「zurechtlegen」出現，與第22節的「編造」（Zurechtmachung）意義相近，皆既有「安排停當、準備好」，又有「虛構、捏造」的意思。——譯注

47 「對世界的說明」，原文為 Welt-Erklärung；則與下文的「klar」（明白的）以及「啟蒙」（Aufklärung，參見第80節）同根。——譯注

48 「把捉手感」，原文 Handgreiflichkeit 有兩義：「明白可見」「動手、動武」。字面義是「用手把捉（得到）的狀態」。「視覺顯像」（字面義是「親眼所見之像」）與「把捉手感」即下所云「看得見、摸得

的概念之網。以柏拉圖的手法制服世界和安排世界，曾經帶來一種別樣的享受，不同於今日之物理學家（及類似的生理學勞動者中的達爾文主義者和反目的論者）以他們的「最省力」原理和最傻瓜原理[51]提供給我們的那種享受。「在沒什麼可看和沒什麼可摸的地方，人類是再也沒有什麼可尋找的了」——這誠然是與柏拉圖式律令不同的律令，但對於由機械師和橋樑建築師（他們不得不攬下十足的粗活）組成的粗壯而勤勞的未來族群來說，或許恰恰是合適的律令。

15 [52]

為了心安理得地從事生理學，人們必須記住一點，感覺器官不是唯心主義哲學所講的現象（Erscheinung）：作為現象它們便不可能是原因了！因此，感官主義如果不是啟發性原理，至少也是範導性假說。[53]——怎麼？有人要說了，外部世界是我們的器官所加工的作品。那麼，這樣一來，我們的身體作為外部世界的一個片段，豈不是我們器官的作品嗎！而這樣一來，我們的器官本身豈不也是——我們的器官的作品！在我看來，這是一個嚴密的歸謬論證：假定，causa sui（自因）概念是某種徹底的謬論。由此可知，外部世界不是我們器官的

著」。——譯注

49 「感官明覺」，原文為Sinnenfälligkeit，或為尼采所生造。德語中一般只說「sinnfällig（很明顯的）」。——譯注

50 如柏拉圖所說）見《法律篇》689 a～b。——編注

【譯按】柏拉圖提到「……靈魂中最廣泛的要素（這一要素感受著快樂和痛苦，與一個國家的最廣泛部分即一般人民相對應）」，參見柏拉圖，《法律篇》（689 a～b），張智仁等譯，上海人民出版社，二〇〇一年，第88頁。

51 「『最省力』原理和最傻瓜原理」，原文為Princip der "kleinstmöglichen Kraft" und der grösstmöglichen Dummheit，直譯為「『用最小的力量』和最大的愚蠢的原理」。或影射物理學界在十八世紀中期總結的「最小作用量原理」，即物理世界一切變化過程中，作用量（品質、速度與距離之乘積）皆趨於所有可能中的最小值。另據法伯爾，此為影射達爾文理論，其斷言單個有機體的至微變化可長期演進為巨大變

作品——？

16

總是還有一些無邪的自我觀察者，他們相信確有「當下已知」[54]，比如「我思」，或者如叔本華迷信的，「我意願」：彷彿認識在此得以純粹而赤裸地將其物件（作為「自在之物」）抓住，且無論在主體還是客體方面都不會有假。然而「當下已知」，正如「絕對認識」和「自在之物」，其本身包含一種 contradictio in adjecto（形容詞矛盾）[55]，這點我會重複一百次：人們最終應該擺脫這種詞語的誘導！且讓民眾去相信，認識是一種最終之識[56]，哲學家則必須對自己說：「如果我把『我思』這個命題所表達的那個過程拆散的話，便會得到一系列魯莽的推斷，對它們的論證是困難的，也許是不可能的，——比方說如下推斷：**我**是那個在思考的東西；說到底必然存在某種在思考的東西；**思**可歸於某個造物的某種活動和作用，該造物則可看作原因；是有一個『自我』在；最後得出結論，用思所標指的那個東西已經是確定的了；——我**知道**，何為思。可假如我沒有在自己這裡已經做出決定，那我應該拿什麼尺度去確定，所發生的事就不可能是『意願』或者『感

異。要之，尼采所強調的是，這類理論對「感官明覺」所不能掌握的變化進程，進行的簡單解釋。——譯注

52 準備稿：要從事心理學，人們必須相信，感覺器官不僅僅是現象：作為現象它們便不是原因了。於是：感官主義是範導性假說：我們在生活中如何擁有它們。沒有人會把一塊牛排當作一個現象。——編注

53 「啟發性原理」（heuristisches Princip）指從物件甲得出一套原理，以此原理去理解物件乙，而知其未必為物件乙本身所實有；「範導性假說」（regulative Hypothese）則指尚不構成關於客體之知識的假說，它只是作為主體為自身所定的規則以調節認識者的認識方式或實踐者的行為方式。「啟發性的」與「範導性的」在康德那裡有時並用，以表明理性的界限。——譯注

54 「當下已知」（unmittelbare Gewissheit）通譯為「直接確定性」。此譯一來意在體現該詞與 Gewissen（良知，字面義為「已知者」）、Wissen（知道）以及第1節

覺』呢？」算了吧，那個「我思」的前提是，我把自己的瞬時狀態和從自己這裡辨認出來的其他狀態相比較，從而確定這個狀態是什麼：由於有這種指向其他狀態的「知道」的回涉[57]，我對這個狀態就無論如何沒有直接的「確知」。——以此方式，哲學家沒有得到民眾在這種情況下所可能相信的那種「直接確知」，卻得到一系列關於形而上學的問題，這些問題才是知性所提真正的良知問題[58]，它們問道：「我從哪裡得到思這個概念的？為什麼我會相信原因和作用？是什麼讓我有權利去談論一個自我，竟去談論一個作為原因的自我，最後還去談論一個作為思之原因的自我？」誰如果敢訴諸某種認識直覺而對這些形而上學問題作出即刻的答覆，像某人那樣，說「我在思考，我知道，至少這一點是真實的、確實的、肯定的」——則他今日在某位哲學家那裡可要碰上一聲嗤笑和兩個問號。「這位先生，」哲學家也許會提示他：「您幾乎不可能沒弄錯：不過，為什麼非要真理不可呢[59]？」

17

關於邏輯學家的迷信：在此我不願費勁去一再強調一個微小的事實，這些迷信的人所不樂意承認的事實，——即，一種思想之出現，

出現的「Ungewissenheit」（未知狀態，不確定性）等概念的同根關係，二在體現下文所說的「形容詞矛盾」：既為「當下」，何來「已知」。——譯注

55 拉丁修辭學術語，指一個名詞被加上一個與它的含義相悖的形容詞，如「黑的光」。——譯注

56 據法伯爾，「最終之識」（zu Ende-Kennen）乃對德語「認識」（erkennen、erkenntnis）一詞的首碼「er-」的發微，該首碼常表明某動作的完成。——譯注

57 「回涉」，原文為Rückbeziehung，字面義為「向回關涉」，蓋借自法學（今《德國民法典》159條，法學界通譯為「溯及既往」），其義為：條件成就後發生的（法律）效果，本應僅對將來發生效力，卻（因為某種約定）被適用於條件成就之前，就如條件於此前成立時那樣。——譯注

58 「良知問題」（Gewissensfragen）字面意思為「關於已知的東西的問題」。——譯注

59 不過，……）這段是在打字稿中添上

是當「它意願」之時，而非「我意願」之時。[60]因而，說主語「我」是謂語「思」的條件，是在偽造事實要件[61]。它思[62]：不過，要說它就是那個古老和著名的「自我」，這只是——說得客氣點——一個假想，一個推斷，至少不是「當下已知」。這個「它思」後來已經被作了太多手腳：這個「它」已經包括了對於思之過程的編排，其本身並不屬於這個過程。[63]在這裡人們是按照語法習慣推定，「思乃是一項活動，每一項活動都可歸於一個活動者，由此可知——」。大致按照同一圖式，老式的原子論曾經給作用「力」尋找那種團粒狀的物質，力就在那裡面向外面起作用，那就是原子；更嚴格的頭腦最終將學會，不用這種「大地零餘物」也能行，有朝一日人們也許還會習慣，即使對於邏輯學家，不用那個小小的「它」（那個實誠的老自我已經悄悄化身為它了）也行。

18 [64]

對一門理論來說這可真是不小的魅力：它是可以駁倒的：它正是靠這個吸引著更精細的頭腦。看來，已經駁倒一百次的「自由意志」理論之所以延續下來，得歸功於這種魅力——：總是不斷會有人出來，覺得自己強大得足以駁倒它了。

的。——編注

60 「一種思想……」參見叔本華，《附錄和補遺》（Parerga）第2卷，54頁；以及讓·雅克·盧梭，《懺悔錄》，第四章：「理念是在它們高興時到來的，而非在我高興的時候來的。」（Les idées viennent quand il leur plaît, non quand il me plaît）。——編注

【譯按】叔本華所記蓋為：「也就是說，思想就和客人一樣：我們並不可以隨時隨心所欲傳喚他們，而只能靜候他們的光臨。」參見《叔本華美學隨筆》，韋啟昌譯，上海人民出版社，二〇〇四年，第7頁。所引盧梭參見《懺悔錄》第一部，黎星譯，人民文學出版社，一九八〇年，第200頁。

61 「事實要件」，原文Tatbestand，或譯「實際情況」；此詞在日常德語中實較少用，故此處取法學上的譯法，意在突出尼采對「客觀性」的質疑以及他對刑法發生史的關注。該詞作為對拉丁詞Corpus delicti（犯罪實情）的翻譯，在十八世紀末開始首用於刑法學，表示確定某行為之為罪行的關鍵事實構成，法學界譯為「構成要件」，

19

哲學家習慣於這樣談論意志，彷彿它是世界上最為人所知的事情，叔本華曾經提示，唯有意志是我們真正、完全、不多不少地認識的東西。而鄙意向來以為，叔本華在這件事上並未脱去哲學家的習氣：他繼承並且誇大了民眾成見。在我看來，意志首先是某種複合物，某種只是作為詞語才是一個單一體的東西，——而即使在單個詞語中也包含著民眾成見，這成見壓倒了哲學家向來稀缺的謹慎。那麼且讓我們再謹慎一些，且讓我們「不哲學」——，我們要說：在每個意志中首先是一種感覺的雜多，也就是說，對離某處而去的狀態的感覺，對自某處而來的狀態的感覺，對這種「去」和「來」本身的感覺，然後還有一種相伴隨的肌肉感覺，一旦我們有所「意願」，還不用我們將「胳膊和腿」推入運動，那種肌肉感便憑某種習慣而開始活動。其次，則正如應該認可意志中摻合著感覺，確切説是多種多樣的感覺成分，思考亦然：每個意志行動中都有一個思想在發布指令；——人們不該相信，能夠把這個思想從「意志」中分出去，好像之後意志還會剩下來似的！第三點，意志不只是感覺和思考的雜合體，首先卻還是一種情緒：確切説是下指令的情緒[65]。被稱為「自由意志」的東西從本質

其本身即包括對「行為、因果關係、責任判定」等主觀認識，故此處可云「偽造」。參見徐雨衡：《兩大法系犯罪構成的核心概念：Tatbestand與actus reus mens rea——兼評兩大法系的犯罪構成理論》，載陳興良編，《刑事法評論》（第13卷），中國政法大學出版社，二〇〇三年。——譯注

62 「它思」，原文為「es denkt」，其中「es」（它）是占位主語，沒有實際意思，此為直譯，故頗顯彆扭，符合漢語習慣的譯法是：「想來……」「據認為……」。——譯注

63 此説亦本利希滕貝格：「人們應該説，想來（es denkt），正如他們説：『來閃電了』（es blitzt）。一説cogito（我思），人們一用我想（Ich denke）來翻譯它，便已太多。假設和設定這個我，是出於實踐需要。」亦見利希滕貝格《雜編》。尼采曾在此段話上畫線，見馬丁·斯廷格林，《尼采和利希滕貝格》，載於馬丁·斯廷格林，《尼采對利希滕貝格的閱讀，在語言批判與歷史批判之間的張力場中》，慕尼克一九九六年。後來海涅在評論費希特時也用過類似

上說，就是考慮到必須服從的那一方時的優越情緒：「我是自由的，『他』必須服從」——在每個意志中都包含這種意識，還有那種注意力的貫注，那種目不轉睛盯住一點的直勾勾的目光，那種絕對的價值評估（現在亟需的是這個而不是其他任何事），那種內在的確知（確知將被服從，命令者許可權之內的一切都將被服從）。一個有所意願的人——，是對自己內部某個服從於他、或者他相信服從於他的東西下命令的。不過現在要注意，在意志這裡——在這個民眾只有一個詞來形容的多層次事物裡，最奇妙之處在於：上述情況下，我們同時是命令者和服從者，並作為服從者而覺察到那些通常緊隨意志行為之後的強制、推擠、按壓、抵抗、運動等感覺；而且，我們在另一方面又養成習慣，借助「自我」這個綜合概念而得以讓自己越過、把自己騙過這種雙重性；因此，這個意願便附著上一整串謬誤推論，以及由此推出的對於該意願本身的虛假價值評估，——以這種方式，這個意願者將信心十足地相信，意願足以行動。因為在最普遍的情況下，只有在可以期待命令的作用——即順從，亦即行動——之際，才會有所意願，於是假象便自行轉換為感覺，彷彿真有一種作用的必然性似的；夠了，意願者以相當程度的把握相信，意志和行動總歸是同一個東西——，

的比喻，把「來閃電了」「想來」與「我思」的比較，與尼采此處說法幾乎相同。參見亨利希·海涅，《論德國宗教和哲學的歷史》，海安譯，北京：商務印書館二〇〇〇年，第119頁。——譯注

64 參見科利版第10卷，4[72]；5[1]24；12[1]156。——編注

65 「情緒」，原文Affekt，源於拉丁語詞af-ficere（作用、刺激、影響），指「受外部刺激而起的心情動盪」，實比漢語詞「情緒」所表達者更為強烈、急促；但漢語中「情緒化」「鬧情緒」等與這個德語詞所包含的「受刺激」「情不自禁」之義近似。德語有「在情緒中做事」（im Affekt handeln）的表達，近乎中文所言「情急之下」或「應激反應」。「下指令的情緒」亦將情緒與「緊急狀態」、即「指令」（Commando）所暗示的戰爭狀態聯繫起來。據考夫曼注引巴德溫（James Mark Baldwin），該詞可追溯至斯賓諾莎所用的affectus，而阿奎納則用以翻譯希臘詞pathé，即pathos（激昂）。——譯注

他將意願的成功和實施歸於意志本身，從中享受所有成功都會帶來的那種權力感的一陣膨脹。「自由意志」——這個詞說的是意願者多層次的快樂狀態，他既下命令，同時又把自己與實施者設為一體——作為這個一體，他跟著一起享受戰勝反抗的喜悅，同時還對自己判斷說，真正克服反抗的乃是他的意志本身。以這種方式，意願者把那些有用的實施工具、那些為之效勞的「下等意志」和下等靈魂（我們的身體只不過是多種靈魂的一個群體構成）所具有的快樂感覺添加到他身為命令者的快樂感覺上。朕即效果[66]：這裡發生的，正是在每個成長良好的幸運的公共體[67]中都會發生的事情，即執政階級使自己等同於公共體的成就。所有意志都無一例外地關係到命令和服從，其基礎，如前所述，則是某種由多個「靈魂」組成的群體構成：因此，一位哲學家該有這樣的權利，就要在道德視野之下把捉到自在之意願（Wollen an sich）：也就是說，把道德理解為關於統治關係的學說，「生命」現象就是在這一關係下產生的。——[68]

20

個別的哲學概念決不是任意的東西，決不是自顧自生長起來的東西，

66 「朕即效果」，原文為法語，L'effet c'est moi，蓋戲擬路易十四語「朕即國家」（L'etat c'est moi）；effet（效應，效果）源於拉丁語 ef-ficere，與 Affekt 亦同源。——譯注

67 「公共體」，原文為 Gemeinwesen，特指政治性集體，今有以此翻譯拉丁語中的 res publica（共和國）者。此譯借取日語譯名。第258節將之與「王國」並列。——譯注

68 如前所述……〕據打字稿：某種由諸種衝動和情緒組成的社會構成：人們或會原諒我在哲學術語上的創新，只要知道，在

而是從彼此的關聯和親緣中生長出來的；即使它們看起來是如此突然而任意地登上思想的歷史，也正如一塊大陸上生物種群的所有成員那樣，屬於一個系統：最終透露出這一點的是，連那些差別最大的哲學家，也肯定是在反覆填充著由諸種可能的哲學所組成的特定基本圖型。他們總是在看不見的魔咒之下，把同一個環形軌道重新走一遍：他們還喜歡順著其批判的意願或者構建體系的意願而感覺到，他們彼此是不相干的：在其中引導他們的，按照既定順序把他們一個接一個推出來的，卻終歸是概念所具有的那種天生的體系性和親緣性。他們的思考其實遠算不上揭示，毋寧說是一種重新認識、重新回憶，向一個遙遠而古老的靈魂大家園的回程和返鄉，那些概念就是從這個家庭裡成長起來的：——就此而言，做哲學是一種最高等級的返祖遺傳。印度、希臘和德意志的所有哲學作法中那種奇異的家族相似性本身就足以解釋這一點了。有語言親緣性在先，下面這一點便根本無可避免：借助於共通的語法哲學——我指的是相同語法功能的無意識統領和引導，從一開始一切就準備好了，將讓哲學體系有一個類同的發展和進階：與此相同的是，通向詮釋世界（Welt-Ausdeutung）的其他一些特定可能性的道路，看來也從一開始便遭阻斷。很有可能，烏拉爾—阿勒泰

我這裡「意志」本身是作為一個道德現象被納入考慮的。——編注

語系地區（在這裡主體概念發展得最差）的哲學家將用跟印度－日爾曼人或穆斯林不同的眼光「朝世界裡面」[69]看且將走上另外一條路：特定語法功能的魔咒歸根到柢就是生理學之價值判斷和種族條件的魔咒。——為了駁斥洛克對觀念來源的膚淺見解，就說這麼多。

21

Causa sui（自因）是迄今人類所想出最自相矛盾的東西，是邏輯上的強姦和反常：但人類過分的自大就把事情搞到這一步，使他自己偏偏與這種胡說深入而驚恐地纏繞在一起。那個形而上學的最高知性（Superlativ-Verstande）——可惜的是它總是只占據那些一知半解的頭腦——中對於「意志自由」的指望，指望自己為其行為承擔那份完全的、最終的責任，而卸去上帝、世界、祖先、偶然、社會的擔子，這個指望差不多就是要成為自因，要以一種比明希豪森[70]更甚的魯莽抓著自己的頭髮把自己從虛無的泥潭中拔出來，放到此在中。假定，有人已經以這種方式看穿「自由意志」這個著名概念背後那份農夫式的單純，並把它從頭腦裡抹去，那麼我現在還要請求他，把他的「啟蒙」再往前推進一步，把「自由意志」這個謬念（Unbegriff）的反面也抹

69　「朝世界裡面」（in die Welt）或亦暗示其眼光與印歐形而上學的超出世界之外的眼光不一樣。——譯注

70　明希豪森（Münchhausen），十八世紀德國男爵，德國民間故事「吹牛大王歷險記」的主角，其中他自敘曾抓自己頭髮將自己拉出泥潭。——譯注

掉：我指的是「不自由的意志」，它導致對原因和作用[71]的濫用。人們不應該像那些自然研究者（以及今天那些跟他們一樣思維已自然主義化了的人們——）那樣，照著盛行的機械主義蠢勁（它讓人對著原因又摋又敲，直到它們「起作用」[72]），把「原因」和「作用」不無錯舛地物化了；人們應該把「原因」和「作用」當作純粹的概念來利用，這就是說，當成為了標識和理解而不是為了解釋而作的合乎習慣的虛構。在「自在」中，沒有什麼「因果聯繫」「必然性」「心理學上的不自由」，那裡並非「先有原因後有作用」，那裡沒有「規律」在制約。原因、此先彼後（Nacheinander）、此為彼故（Für-einander）、相關性（Relativität）、強制、數、規律、自由、根據、目的：把這些獨一無二地編撰出來的，就是我們；而當我們認這個記號世界（Zeichen-Welt）為「自在」，而將之編撰進、摻雜進事物之中的時候，便是在按照向來的搞法，即以神話的方式，把事情再搞一遍。「意志不自由」乃是神話：現實生命只關乎意志之強與弱。——如果一位思想家已經從所有「因果紐帶」和「心理學上的必然性」中感覺到某種強制、逼迫、必須遵從（Folgen-Müssen）、壓力、不自由，那麼這幾乎就是他自己意志不足的一種症狀了：如此這般的感覺就在暴露，——暴露出這個

---

71 「作用」，原文為Wirkung，與「原因」相對時通譯當為「結果」或「效果」。此譯意在體現其與Werk「作品、作為、工作」的同根關係，以及尼采的用意：反對將「因果關係」物化，而強調始終是意志本身「起作用」，參見36節「起作用」譯注。——譯注

72 照著……〕據打字稿：實證主義者也在此例之列。——編注

個人[73]。說到底，如果我觀察正確的話，人們既是從兩個完全對立的方面又是按照一種在深處是個人的方式把「意志不自由」看成問題：有些人無論如何不願放走他們的「責任」、他們對自身的信念和對他們功業的居功自得（虛榮的種族即屬此類——）；有些人則相反，願意沒有責任、無所虧欠，從一種內在的自身蔑視出發，指望能夠自己把自身卸到什麼地方去。後一種人在今天，在他們寫書的時候，通常更關心罪犯；某種社會主義式的同情是他們最喜歡的外衣。而事實上，意志虛弱者的宿命論會令人吃驚地美化自己，把自己理解為「人類苦難的宗教」[74]：這是它的「好趣味」[75]。[76]

22

人們該會原諒我，作為一個老語文學家，忍不住要惡意指摘一下低劣的闡釋伎倆：你們這些物理學家那麼自負而煞有介事地談論的那個「自然的合規律性」——它多虧了你們的詮釋和低劣的「語文學」才得以延續——並不是事實要件，不是「文本」，毋寧只是一種天真而人道的編造和曲解，由此你們盡情迎合了那些現代靈魂的民主本能！「規律面前一切平等，——自然在這一點上也沒有不同和優越於我們之

---

73 「個人」，原文為Person，形容詞為persönlich（即下句的「個人的」）。它與Mensch（人、人類）均可譯為「人」，但意義不同。Person源於神學上的「位格」，偏重指有具體個別的特性或需求的人，也有「角色、人物」的意思，有時還作對女人的貶稱；法律上的「（自然／法）人」也用它。Mensch則指人類，與動物和神——上帝相對。——譯注

74 據《尼采頻道》，參見保羅．布林葉，《愛的罪行》，巴黎，一八八六年，298～299頁：「他感到有種東西剛剛在他心中誕生了，他常能夠用這種東西為生活與行動找到理由：人類苦難的宗教。」——譯注

75 「好趣味」，原文為dem guten Geschmack，語帶雙關：它在德語中一般指道德行為的規則，下文多次出現的「有悖於（好）趣味」的表達通常當譯為「不得體」或「不禮貌」；此為直譯，意在表明尼采在此暗示的對道德準則的非道德理解方式，通譯當為「（這是它的）禮貌」。——譯注

76 而事實上……）據打字稿：——這又是已經說過的了：「負責任」概念伸不到物

處」：好一番乖巧的盤算，其中卻又一度偽裝著對於一切有特權者和有主見者的群氓式的敵意，偽裝著間接的、更精細的無神論。「沒有上帝，沒有主人」[77]——你們也有這樣的願望：因此，「自然規律萬歲」！——不是嗎？但是，正如前面說過的，這是闡釋，不是文本。可能會出現某個人，他善於以相反的目的和闡釋藝術，從同一個自然之中，著眼於相同的現象，卻恰恰理解到，諸種權力主張[78]在霸道而無所顧慮、毫不留情地貫徹著，——會出現一個闡釋者，他讓你們親眼看到所有「權力意志」都是無例外和無條件的，你們將看得如此親切，以至於看上去幾乎所有詞語、甚至連「霸道」[79]這個詞最終都不適用於它，或者只是讓它的意思削弱和溫和下來的——太人性的——隱喻；不過，這個闡釋者最終仍然會對這個世界做出跟你們一樣的主張，也就是，會說它是一個「必然的」和「可計算的」進程，但不是因為其中有規律在統治它，而是因為絕對無規律可循，因為每個權力都在隨時得出其最新的後果。假定，這也只是闡釋——你們是不是變得足夠熱心，要來反駁這個闡釋了呢？——那就更好了。——

的自在裡面去——後者根本不是概念。——編注

77 引文原文為法語：Ni dieu, ni maître。一八八〇年布朗基（Louis-Auguste Blanqui）以之為名創辦了一份社會主義雜誌，後常用為社會主義者和無政府主義者的口號。——譯注

78 權力主張（Machtansprüchen），即主張自己擁有對某項權力的權利，可參見203節「權利主張」注。——譯注

79 「霸道」，原文為Tyrannei，蓋源自希臘語týrannos（統治者），初指「僭主政治」，指依仗暴力而不受合法節制的統治，或譯為「暴政」，然其原義並非指統治本身「殘暴」。此詞當與此節中所談的「規律」（Gesetz，亦可解為「法律」）相參看。——譯注

23

迄今為止，整個心理學一直附著於道德成見和道德憂思之上：它不敢深究。把這門學科領會為**權力意志**的形態學和**發展學說**，照我那對它的領會那樣——還沒有人在其思想中對此哪怕稍微觸及一下：也就是說姑且允許，在迄今已書諸文字者當中，去認識迄今隱瞞未書者的某種症狀。在那個精神性的、表面上最冷漠和最不設前提的世界裡，已經深深滲透了道德成見的暴力——而且，不言而喻，這滲透同時也是損害、阻礙、炫惑、歪曲。一種真正的生理—心理學則不得不與[80]其研究者心靈中的無意識矛盾作鬥爭，它令那顆「心靈」反對自己：一種關於「善良」衝動和「惡劣」衝動[81]相互制約的學說，作為較為精細的非道德性[82]，已經讓還有力且有心的良知感到窘迫和厭煩，——一種認為所有善良衝動都可以從惡劣衝動中推導出來的學說就更不用說了。不過假定，有人把憎恨、嫉妒、求擁有和求統治等情緒完全當作生命的條件，當作生命大家園中原則上和本質上必須要有、因而只要生命該當增強它就必然還會增強的某種東西，——則此人會像苦於暈船病一樣，苦於他的判斷所導致的那樣一種指向[83]。而在這個由危險知識所組成的深不可測、幾乎全新的王國裡，比上述假說更叫人難

---

80 暴力——……〕據謄清稿：道德成見的領地已經強有力地延伸到人的內部裡去了，比心理學家們迄今所能夢想的更深：還根本不必談那種霍布斯式的天真，它——。——編注

81 此處「（善）良／（惡）劣」（gut/schlimm）之對比不同於傳統道德的「善—惡」對比。參見《論道德的系譜》第一篇標題譯注。——譯注

82 「非道德性」，原文為Immoralität，此處應是「對道德法則無動於衷」之意；此系直譯，以見出與下文「道德性」的對應。——譯注

堪和茫然的假說還有的是：——事實上，每個人都有一百個好理由疏遠這個人，——這個能夠這樣做的人！從另一方面想：萬一有人隨著他的船漂到這裡了，那麼！來吧！現在咬緊牙關！睜大眼睛！把緊船舵！——我們越過道德，直接行駛開去；也許就這樣，因為我們把船開過去了，因為我們敢於這樣做，所以我們壓垮了、搗碎了自己剩餘的道德性，——而這跟我們又有什麼相干呢？前所未有地，一個被洞察到的更深邃的世界向果決的旅行者和冒險家打開了：而那種以此種方式「獻上犧牲」的心理學家——這不是在犧牲理智[84]，恰恰相反！——將至少被允許提出這樣的要求：再次認可心理學是科學的女主人，其他諸科學都是為了給她提供服務和準備。因為從現在起，心理學又成為通向基本問題的道路了。

83 「那樣一種指向」即指上述關於善良與惡劣衝動的學說。——譯注

84 「犧牲理智」，原文為義大利語，Sacrifizio dell"intelletto，原指教會內人士對教廷決議的無條件遵奉，後泛指捨己見以服從更高的指示。據法伯爾，耶穌會嘗奉以為「順從」之圭臬——譯注

第二章　自由的精神

24[1]

O, sancta simplicitas（哦，神聖的單純）[2]！人生活在多麼奇特的簡化和偽造當中啊！如果人們一開始就用自己的眼睛看過這件奇事，他們是不會驚奇個沒完的！我們是怎樣把自己周遭的一切弄得明亮、自由、輕易和簡單的！我們是怎麼知道，給我們的感官一張通行證，好讓它們通向一切膚淺之物，我們是怎麼知道，給我們的思考一份神聖的飢渴，讓它作出種種故意的跳躍和錯解！——我們怎麼從一開始，為了一種幾乎不可理喻的生命的自由，為了毫不遲疑、不假思索和熱烈歡快地生活，為了享受生命，就知道保持我們的無知！只有在這個從此打得穩固和堅實的無知的基礎上，科學知識才屹立到如今，求知意志的基礎是一種強悍得多的意志，是求不知、求無知和求不真的意志！前者不是後者的對立面，而是——它的精細化！也就是說在這裡和在別處一樣，或許連諸種語言也不能超出它們的詘訥而更進一步，在只有等級和若干精細程度的地方談論對立之物；或許我們這些求知者根子裡的道德偽善（這偽善現在是我們不可克服的「肉和血」的一部分了）同樣會將我們自己的話語顛倒曲解：儘管如此，我們也會不時知悉並且嘲笑這種情形：多麼湊巧啊，最好的科學，竟然是想把我

注

1 參見科利版第9卷，15［1］。——編

2 語出早期拉丁聖經譯者聖傑羅姆的書信（St. Jerome, Epistulae 57,12），形容《新約》中的質樸童言；後波希米亞的宗教改革家胡斯（Jan Hus）受火刑時，當一位老婦人往其火堆上添柴時說了這句話。歌德的《浮士德》第一部第7場「街道」中梅菲斯特則引用此語以嘲諷浮士德的過於較真，並接著說：「只要證明，不必知道許多。」——譯注

們最好地固定在這個簡單化了的、徹徹底底人為的、編撰好和偽造好了的世界上；它竟然如此既不自願又自願地愛著這個謬誤，因為它，這個有生命的東西，——愛著生命！

25

在這樣一個愉快的開場白之後，有句嚴肅的話我不想漏掉：它是對最嚴肅的人說的。注意了，你們這些哲學家和認識之友，謹防殉道！謹防「為求真理」而受難！甚至謹防為自己辯護。這些會敗壞你們良知的所有無辜和它精細的中立，會讓你們頑固地反對異議和挑釁，會使你們發傻、發狠、發狂，就在你們跟危險、誹謗、嫌疑、驅逐以及敵意所引起的那些更嚴重後果做鬥爭，最後簡直必須作為大地上的真理辯護者而大加表演的時候：彷彿「真理」是那樣一個詘訥無邪而亟需辯護者的人兒！而且需要的正好就是你們，你們這些面容最憂愁的騎士[3]，倘佯於角落的先生們[4]和精神蜘蛛們！最終你們也清楚知道，你們是否碰巧正確是不應該有什麼關係的，況且，迄今也沒有哲學家正確過；你們還知道，在你們加在自己常掛嘴邊的詞語和所鍾愛的學說後面（偶爾也加在你們自己後面）的每一個小問號當中，猶如在辯

---

3 「面容最憂愁的騎士」（Ritter von der traurigsten Gestalt），出自「愁容騎士」（Ritter vob traurigen Gestalt），德語中慣指堂・吉訶德。——譯注

4 「倘佯於角落的先生們」，原文[Her-

方於控方和法庭座前所用的一切莊嚴手勢和手段當中，都可以放上一份該得獎賞的真誠！你們寧願靠邊走！逃到隱蔽中去！還要帶上你們的面具和精細用心，讓人們把你們弄混！或者對你們有點兒害怕！別給我忘了那個花園，圍著金色格柵的花園！讓你們被眾人包圍，人群就像花園，——或者像是夜晚時分的水上音樂，當白日剛剛成為回憶：——你們選出好的孤獨，那種自由、故意、輕鬆的孤獨，這孤獨還給你們理由，讓自己無論在哪種意義上始終是好的！每一次不肯訴諸公開暴力的戰鬥，讓你們變得多麼惡毒、狡詐，變得多麼壞！長期的恐懼，長期對敵意、可能的敵意的關注，讓你們變得多麼個人！最後，或許是在這場最精神性的化妝舞會的背後，而且或許他們自己對此並不知情，這些被驅逐出社會的人們，這些受到長期跟蹤、峻急追索的人們——還有那些強制隱修[5]者，那些斯賓諾莎們和喬達諾·布魯諾們——總是變成機巧的尋仇者和投毒者（人們說不定還真的一度撬鬆了斯賓諾莎的倫理學和神學基礎哩！）——還根本不必提及那種道德憤激的蠢勁，對於一位哲學家來說，這蠢勁是個錯不了的標記，表明他已經跟不上哲學的幽默了。[6]哲學家的殉道，他的「為真理獻身」，迫使潛藏在他們身上的宣傳家和戲子成分暴露出來；假定，迄今

---

m] Eckensteher，字面意思是「站在角落裡的人」，最初指在城市街角以搬運或巡邏為生計者，後從中誕生出打諢取樂的民間詼諧人物，十九世紀尤為有名，參見《皮埃爾辭典》一八五八年版；亦指閒逛浪遊者；或以為指那些專營一隅、囿於一孔之見者，參見保羅·範·通葛蘭等編，《尼采辭典》，柏林／紐約，二〇〇五年，第683頁。尼采固然譏諷專營一角的精神蜘蛛，但也在他們身上看出「宣傳家和戲子的成分」（見本節下文）或「尖銳的觀察家」（第262節），故上引二義在此或是兼而用之。——譯注

5 「強制隱修者」（Zwangs-Einsiedler），「強制」讀為「強制勞動」之「強制」。——譯注

6 對於……）打字稿：這笨拙是個錯不了的標記，表明一個人已經敗壞為哲學家了。——編注

人們只是帶著一種看雜耍的好奇心看著他們，那麼誠然可以理解，對於有的哲學家，人們還懷著危險的願望，想看一看他蛻變（蛻變成為「殉道者」，成為舞臺和看臺上的鼓噪者）中的樣子。但願懷著這樣一種願望的人們自己清楚，在這裡必將看到的是什麼：——不過是一齣薩蒂爾劇[7]，不過是一段劇後打諢，不過是持續不斷地證明，一齣漫長的悲劇結束了：暫且假定，每種哲學在其形成過程中都是一齣漫長的悲劇。——

26[8]

每個特選的人都本能地追求自己的堡壘和祕密，在那裡，他脫略[9]於群眾、多數和絕大多數之外，在那裡，他作為例外可以忘記「人」這個常規：——唯一被當作例外的個案：他，在偉大者和例外者意義上的認識者，受一種尚且強大本能的驅趕，直接觸犯了這個常規。在與人類交往的過程中，誰若不曾時不時顯出各種應急色，在噁心、厭煩、同感、陰鬱、孤僻的時候，一會兒發青，一會兒發灰，那他肯定不是一個趣味更高的人；不過假定，如果他並非自願自行承擔所有這些負擔和無趣，他總是躲避它們，始終——如前所述——靜謐而自負地隱

---

7 薩蒂爾劇（Satyrspiel），又譯為「羊人劇」，古希臘在三幕悲劇後常上演由同一作者寫的小喜劇。在希臘神話中，薩蒂爾是酒神的跟班，羊足人形，時有獸尾，常以縱飲狎戲的嬉鬧形象出現。——譯注

8 參見準備稿（筆記本W I 4）：論克服噁心。——更高等的人，例外的人，倘若他已被預先確定要成為偉大者意義上的認識者的話，必定勉強去研究常規，我指的是，研究平均人：這免不了會有點兒噁心。這項研究困難而繁瑣，因為平均人把自己裹在胡說八道和美麗的辭句裡；如果撞上這麼一個傢伙，他直截了當地承認自己就是動物，庸人，或者常規，同時他們的修養和騷癢也達到那樣的程度，竟強迫他們犬儒般地談論自己和同類，並像在自己的糞堆上那樣打滾，那可就算是尋找者的頭等發現了：犬儒主義是平庸靈魂接近

匿於他的堡壘中，那麼，有一點是肯定的：他不是被造就得、被預定為要去認識的。因為，作為後者他或許總有一天要說：「我的好趣味可真討厭！常規竟總是比例外更有趣，——比如我這個例外！」——他或許會向下走，首先是「向內」走。對那種平均之人[10]的研究，將漫長而嚴肅，為了這個目標而多加偽裝、自制、保密並且跟壞人打交道——除了跟他同類之外的一切往來都是在跟壞人打交道——：這些便構成每位哲學家的生活故事的必要一節，可能是最彆扭、最臭哄哄和最讓人失望的一節。不過如果他運氣好，那麼，一如認識的幸運兒所應得的，他會發現他的任務著實減少和減輕了，——我指的是，如果他研究的是所謂的犬儒主義者，也就是這樣一些人，他們直截了當地認可自己為動物，為平庸，為「常規」，同時他們的精神狀態和騷癢還達到那樣的程度，還一定要在見證人面前[11]談論自己及其同類：——有時候甚至在他們的書本裡自得地打滾，就像在自己那堆糞上一樣。[12]平庸的靈魂若要跟正直點的東西沾上邊，犬儒主義是唯一的形式了；更高等的人則會豎起耳朵聽著每一種較粗魯和較精細的犬儒主義，每當哪個不知羞恥的丑角或者科學的薩蒂爾恰好在他跟前露出馬腳，他就該祝自己好運了。甚至有這樣的例子，噁心中夾雜魅力：這種時候，

誠實正直的唯一形式。夠了，對更高等的人來說，粗鄙的犬儒主義的一切形式都是他得學習和豎起耳朵傾聽的對象；當這個不正經的薩蒂爾、這個丑角開始說話的時候，他就祝自己好運。甚至有這樣的例子，他們差點把他給蠱惑了：一個這樣的例子是佩托尼奧，還有上個世紀的加里安尼神父；這時，「精神」，甚至是「天才」被安到了猿猴身上。越來越常見的是，「科〈學的〉」腦袋被安在一個猿猴身體之上，一個超常的知性被安在一個平庸靈魂的常規之上，——在醫生中間人們遇到過不少這樣的聯合體。而只要一個人不帶怨氣、寧願溫和地談論人類，就像談論一個除了虛榮、性的欲望和對吃飯問題的操心之外再不受其他任何推動的造物，在這個時候，更高等的人應該用心聽了：簡而言之，凡是犬儒主義者不憤慨地談論的時候：——因為憤慨的犬儒主義者，所有用自己的牙齒把自己或者「世界」或者上帝或者社會撕咬個粉碎的人，已經有更高等和更稀有的出身了——比起一隻罹受其動物性之病患的動物來說。——編注

【譯按】佩托尼奧（Petronius），約活動於

因自然的一時興起，天才被安到一隻莽撞的公羊和猿猴身上，就像加里安尼神父[13]的情形，他是他那個世紀裡最深刻、最尖銳、或許也是最污濁的人——他比伏爾泰深刻得多，所以也沉默得多。如前所述，越來越常見的是，科學的腦袋被安在一個猿猴身體之上，一個精細的例外的理智被安在一個平庸靈魂之上，——在醫生和道德生理學家中尤其不乏此類事情。而只要一個人不怨不怒、寧願溫和地談論人類，就像談論一個有兩種需要的胃和一顆有一種需要的腦袋；凡是某個人只看到、只尋找飢餓、性欲、虛榮的時候，凡是他總是意願只看到這些，彷彿這些就是人類行為真正的、唯一的發條的時候；簡而言之，如果人們只是把人類說得「壞」——連惡劣[14]還算不上——，那麼這時候，認識愛好者應該用心聽個仔細了，他特別應該諦聽那些不憤激的談論。因為，憤激之人，那種總是用自己的牙齒把自己（或作為替代物，把世界、上帝或者社會）撕咬個粉碎的人，雖然從道德上計算，可能勝過那種笑嘻嘻、自鳴得意的薩蒂爾，但是，在此外所有意義上，他屬於更稀鬆平常、更無關緊要和更沒有教育意義的一類。而且沒有人會像憤激者那樣，說那麼多的謊。——

西元一世紀的羅馬貴族，作有諷刺小說《薩蒂利孔》（Satyricon）。

9 「脫略」，原文erlöst，通譯為「救贖」或「拯救」。——譯注

10 「平均人」，原文為des durchschnittlichen Mensch，本書有時又拼為「Durchschnittsmensch」（皆譯為「平均人」），通義為「普通人、正常人」。——譯注

11 「在見證人面前」，原文為vor Zeugen，此系直譯；它同時還有「當眾（犯罪）」的意思。——譯注

12 「在自己那堆糞上」：auf ihrem eignen Miste。此處語帶雙關。德語中有兩句相關俚語：「公雞踩糞」（Wie den Hahn auf dem Mist）有譏諷驕傲之義；「這又不是從他自己那堆糞裡長出來的」（ewt. ist nichts auf seinen Mist gewachst）又有「這不是他自己搞出來」的意思。——譯注

13 加里安尼神父（Ferdinand Galiani），十八世紀義大利啟蒙主義者，關於價值問題有論述。——譯注

27[15]

被理解是困難的：尤其如果有人在純屬人類的人群之中 gangasrotogati（如恒河奔騰地）思考和生活；後者的思考和生活則不一樣，是 kurmagati（如烏龜爬行），或者在最好的情況下，「如青蛙撲騰」，mandeikagati——我這麼寫，是為了盡量難以被理解嗎！[16]——對於想解釋得更精細的善良意願，本來總該致以衷心的謝意。不過，對於那些「好朋友」，對於那些總是太舒坦，並且相信正是作為朋友而有權享受舒坦的人們：恰當的作法是，事先給他們讓出一個遊戲空間和玩耍場地，以供誤解：——這樣還會好一些；——或者跟他們、跟這些好朋友們完全斷交，——這樣也很好！[17]

28[18]

當一種語言譯為另一種語言，譯得最差的就是該語言風格的節奏：文體之基礎在於種族性格，用更合乎生理學的方式講，在於種族「新陳代謝」的平均節奏。有些用心可嘉而幾近偽造的翻譯，無意中將原文平庸化了，原因僅僅是沒能連帶譯出原文果敢而歡快的節奏，這節奏騰越於、並且幫助人們越出詞與物間的一切險境之上。德意志人在

---

14 「壞」（schlecht）與「惡劣」（schlimm）通常被視為同義詞，在尼采這裡則以不同的方式與 gut（善、好、優良）相對。schlecht（壞），起源於「平直」；schlimm（惡劣）則或與中古高地德語 slim[p]（歪、斜）相關。細究起來，schlimm 中「（與肉體感官相關的）下流」和「（表示處境）艱難、棘手」這兩個意義是 schlecht 沒有的。——譯注

15 參見卷12，1[182]；3[18]。準備稿：我是很難理解的；倘若我沒有給我的朋友們一些可供誤解的遊戲空間，卻感激〈於〉想作些自由解釋的良好用心，那我便是一個丑角（我作好這樣的準備了）。——編注

16 「gangasrotogati」，「kurmagati」，「mandeikagati」均為梵語，拼法與現行正字法略有不同並略去了注音符；三詞皆尾碼「gati」（步伐、步態），直譯分別是：「以恒河的步態」，「以烏龜的步態」，「以青蛙的步態」。——譯注

17 據《尼采頻道》，參見尤利斯．約里，《東印度之旅．四．加爾各答》，載於《德

其語言中對於急板[19]幾乎無能為力：即，平心而論，那些自由的、精神上自由不羈的思想中，許多最悅人和最果決的幽微變化[20]，德意志人是無能為力的。從身體方面到良知方面，歌劇丑角和薩蒂爾對於他們都是如此之陌生，亞里斯多芬和佩托尼奧是如此之不可翻譯。所有的厚重、黏滯、莊嚴著的臃腫，所有漫長而枯燥的風格文體，在德意志人這裡都發展出極其繁複的花樣，——人們或許會原諒我提到這個事實：連歌德的散文也不例外，它兼具僵硬與纖巧，堪稱它所處的那個「往日的美好時代」的一面鏡子，德意志趣味的表達，在那個時代，還是有某種「德意志趣味」可言的：in moribus et artibus（在道德和才藝方面）[21]，那都是一種洛可可趣味。例外的是萊辛，多虧他的戲子天性，這個多識多才的人：不愧是拜爾[22]的譯者，他喜歡逃身於狄德羅和伏爾泰近旁，尤喜逃身於羅馬的喜劇詩人之列：在節奏上萊辛也喜歡精神之自由不羈，喜歡逃逸出德意志之外。可是，即便在某個萊辛所奏的急板裡，德意志語言又怎麼能夠模仿到馬基維利的節奏呢？他讓佛羅倫斯的乾躁空氣吹拂在他的《君主論》之中，偏要用按捺不住的快板[23]講述最嚴肅的事體：這也許是不可小覷的，藝人對所要冒險玩弄的對立之物的邪惡感覺[24]——思想，長的、重的、硬的、危險

意志周覽》，40卷，一八八四年七月至九月。按，尤利斯．約里（Julius Jolly），印度學家，尤精古印席法律研究，與尼采友人杜森俱為德國東方學之開拓者。——譯注

18 參見科利版第11卷，34［102］。——編注

19 「急板」（Presto），義大利語音樂術語，音樂速度的最高級。——譯注

20 「幽微變化」，原文為Nuance，意為色彩光影的微小而有層次的變化，源於拉丁語「Nubes」（雲、霾）。——譯注

21 此蓋暗引拉丁語格言：「Qui prof cit in art bus et def cit in mor bus, plus def cit, quam prof cit」（若才藝日進而道德日損，則得不償失），具體出處未詳。尼采多處以道德和藝術並舉，此語又在第223節中出現；第188節有「諸門藝術與諸般德教（Sittlichkeiten）」，第244節說「諸藝術與諸禮教（Sitten）」，意皆相類。——譯注

22 皮埃爾．拜爾（Pierre Bayle），啟蒙運動早期的代表，著有《歷史批判辭典》等。

的思想，和飛馳的節奏，最快活和最戲謔的情緒下的節奏。誰最終竟敢用德語翻譯佩托尼奧，他就超出迄今任何一位偉大音樂家，在發明、靈光一閃和遣辭造句方面，他就是急板的大師：——最終，當人們像他一樣，邁著風也似的腳步，嘘吸吐納，鼓蕩起一陣解放萬物的嘲諷之風（那種讓萬物奔跑從而健康的風），這時，這個生病的惡劣世界的整個泥潭，又有什麼關係呢？至於亞里斯多芬，那個增飾光華和彌補虧缺的精靈，人們正是因為他而原諒了整個希臘氣質，原諒它曾經那樣存在過，假定人們已經從最深處理解了，這裡需要原諒、需要潤飾的都是些什麼：——所以，我知道，能讓我在夢中見到柏拉圖的隱祕勾當和他那斯芬克斯式本性的，莫過於這個倖存下來的小事實[25]：人們臨終時在臥榻枕下摸到的不是「聖經」，不是埃及的、畢達哥拉斯的、柏拉圖的東西，——而是亞里斯多芬的東西。倘若沒有一個亞里斯多芬——即使是一個柏拉圖，又怎麼能忍受生活——一種他所拒絕的希臘生活呢！——

29

獨立，這是最少數人的事情：——是強者的特權。誰若嘗試獨立，

據法伯爾，尼采關於萊辛譯過拜爾的說法不確。——譯注

23 「快板」（Allegrissimo）亦為義大利語音樂術語，通譯「很快的快板」，屬於「快板」（Allegro）中最快者，但比「急板」慢。——譯注

24 「藝人[……]的邪惡感覺」，原文為boshaftes Artisten-Gefühl。「Artist」（藝人）源自中古拉丁語「artista」，本指廣義的手藝人，後在其他歐洲語系中多表「藝術家」，在德語中則特指從事馬戲雜技的雜耍藝人。——譯注

25 「小事實」，原文為法語，petit fait。——譯注

並且是在有最正當權利這樣做又並非**必須**這樣做的情況下去嘗試，那麼他便以此證明，他可能不只是強大，而且是果決而至於恣肆了。他進入迷宮了，他把生命本身已經造成的危險增加了一千倍；在這些危險裡有一個不算最小的危險是，沒有人會親眼看到，他如何以及在何處迷路，陷入孤獨，並且被穴居於良知中的某個米諾陶一片片撕碎。[26]假定，有個這樣的人毀滅了，這樣的事件距離人類的理解力如此之遠，以至於他們對之沒有感覺，沒有同感：——而他是再也回不去了！他甚至再也回不到人類的同情中了！[27]——

30

[28]我們的最高洞見，如果那些並非為此而養成、為此而預定的人們未經許可便得與聞，則必定——而且應該！——聽起來像犯傻，有時或許像犯罪。未受祕傳者和受祕傳者，正如早先對哲學家的區分，在印度人，亦正如在希臘人、波斯人和穆斯林那裡，簡而言之，在一切相信等級差別而**不**相信平等和權利平等的地方，——兩者並非一內一外那樣相互映襯的，即未受祕傳者居於外部，從外部而不是從內部[29]進行觀看、評估、量度和判斷：更為本質的是，他是從下往上觀看事物

---

26 他如何……〕據打字稿：當然也不會有人知道，他是如何出軌、蛻變、散裂和破碎的———。——編注

27 假定……〕據打字稿：他自己看見這些，並不覺得需要在這裡被看見，甚至不再覺得需要再回到人類的同情中去。——編注

28 參見科利版第11卷，40〔66〕。準備稿（筆記本W I 5）之第一稿：我們的最高洞見，如果，那些並非為此而培育和預定的人們未經許可便得與聞，則必定——而且應該！——聽起來像犯罪。「未受祕傳」者和「受祕傳」者，正如早先對哲學家的區分，在印度人，亦如在希臘人和穆斯林那裡，簡而言之，在一切相信等級差別而不信「神面前的平等」的地方，——兩者

的，——受祕傳者卻是從上往下看的！靈魂有其高度，由此高度看去，甚至悲劇都不再悲哀；而且，統觀世界上的一切痛苦，誰敢肯定，他的觀感是不是就必然誘導和強制出同情，並以此方式使痛苦加倍？……為人類的高等種類供作飲食之物，對於一個截然不同的較渺小的種類必近於毒藥。平庸男人的美德在一位哲學家身上也許意味著惡習和弱點；假定某種生就高等的人類亦曾經蛻變和毀滅，則很可能，他只有如此方得以擁有諸般特性，在他所下降到的低等世界上，人們亟需為了這些特性而將他當作聖徒來崇拜。有些書籍，依據使用者靈魂之低等或高等、生命力之萎靡或強悍，乃對於靈魂和健康有相反的價值：對於前者，這是危險的書，是將人摧折消溶的書，對於後者則是宣諭者的召喚，喚起最勇敢的人們去履行屬於他們的勇敢。通俗之書永遠是發臭的書：附著著小人物氣味。民眾的吃喝場所，甚至他們的崇拜場所，經常是臭哄哄的。人們不應該去教堂，如果他們想呼吸純淨空氣的話。[30]——

31 31

年輕時，人們在尊崇或鄙夷之際還不講究那種幽微變化的藝術，這

之差異，並不在於一個是「從外觀看者」，一個是「從內觀看者」，而更多的是在「從下往上看」還是——從上往下之間！為高等種類供作食物或飲品的，對於一個截然不同的、較低下的種類必近於毒藥。庸人的美德在一位哲學家身上或許反而意味著惡習和缺陷；如果他生了一次病，爽然自失，大概便會察覺到，他是怎樣在自己病態的價值評估中接近了小人物及其美德的。亦有些書籍，依據使用者的靈魂和健康之低等或高等而對於它們有兩般意義。對於小人物是福音、補品和最好的靈魂慰藉的，對那些有某種更高級感官的人們則不可能有此效果。最著名的那些書有小人物氣味附著著。「民眾」的崇拜場所是臭哄哄的。人們不應該去教堂，如果他們想呼吸純淨的空氣的話：可不是每個人都有權利呼吸「純淨的空氣」。——編注

29 「未受祕傳者」（das Exoterische）和「受祕傳者」（das Esoteische）分別源於希臘語的「ex terikós」和「es terikós」，其本義分別為「外部的」和「內部的」。——譯注

藝術會帶來生命最好的收穫；他們必定會因為以如此這般地貿然臧否人類和事物而受到公道而強硬的懲罰。其時一切皆將導致人類所有趣味中最壞的那種趣味，對絕對之物的趣味，遭到殘酷的愚弄和濫用，直到他學會讓感覺具有某種藝術，學會冒險嘗試一下做作[32]：就像那些真正的生活藝人所做的那樣。青春所特有的憤怒和敬畏，在把人類和事物偽造得適合衝其發洩之前，似乎總是不肯安寧的：青春本身即已是某種偽造者和欺騙者了。之後，當這年輕的靈魂歷經徹底失望的磨難，終於狐疑地回過頭來自己反對自己，這時，即使在他的狐疑和良知之愧疚裡，他也仍舊總是熾熱而狂野：他是那樣地生自己的氣，那樣不耐煩地撕碎自己，對自己長久的自我蒙蔽進行那樣的報復，就好像他當初竟是一個任性的瞎子似的！在這個過渡時期，人們用對自己感覺的嫌猜來懲罰自己；人們用懷疑拷問自己的激動，乃至感到心安理得是一種危險，彷彿是那種更精細的正直在遮掩自己，陷於疲乏。尤其是，人們將站在，徹底站在反對「青春」的立場上。——十年之後：人們明白過來，就連這一切也還是——曾經的青春！

---

30 附著……〕準備稿：附著著一切氣味中最黏滯不散的氣味。民眾的吃喝場所，甚至他們的崇拜場所，是臭哄哄的：這既不是反對他們的食品〈也不是〉反對他們的崇拜的藉口。如果人們不應該到比如說教堂去，如果他們想要呼吸純淨的空氣的話：不過只有很少人有權利呼吸「純淨的空氣」：他們沒有純淨的空氣就會毀滅。說這些是為了防止人們懷疑，好像我想要邀請那些「好作自由思考者」到我的花園裡來。——編注

31 參見科利版第11卷，41〔2〕1。——編注

32 「做作」，原文為Künstlichen，與Kunst（藝術、技藝）同根，直譯為「人為的、出於技藝的東西」。——譯注

32[33]

在整個人類歷史上最漫長的時代——人們稱之為史前時代——行為的價值或無價值是根據它的結果推導出來的：在這期間，行為本身及行為的來源這兩方面都很少獲得為人們所考慮，情況大約倒像是今日的中國，兒輩的榮辱還會被人追根溯源到父母那裡，所以，指引人類思考行為之善惡的，是行為之結果或惡果的追溯效力。讓我們把這個時期稱為人類的前道德紀[34]：那時候，「認識你自己」那條律令還不為人知。在最近十個世紀中，與此相反，在地球的一些廣大平地上，人們一步一步走得如此之遠，不再讓結果，卻讓行為的來源決定其價值：這是一個關係全域的大事件，是眼光和尺度之精細程度的一次躍進，是貴族價值和「來源」[35]信仰的統治地位未為人知的後續作用，是一段人們可以在狹義上命以道德紀的時世的標記：自我認識的首次嘗試就由此搞出來了。來源取代結果：這是怎樣一種透視關係的顛倒啊！而且肯定是在長久鬥爭和搖擺之後才完成的顛倒！誠然：一種後果嚴重的新迷信，一種分外拘泥的闡釋，也同樣由此占據統治地位：人們在最確定的意義上把一件行為的來源闡釋為源於意圖；人們一致相信，行為之價值是在其意圖之價值中得到證明的。在這樣的成見下，意圖，

---

33 謄清稿此節有標題：作為成見的道德。準備稿上此節結尾處用鉛筆寫著：這個後道德的時期。——編注

34 「前道德紀」，「紀」原文為 Periode，蓋仿效地質學上以「世」「紀」畫分年代的方式，參見第56節「道德世」注。——譯注

35 「來源」，原文為 Herkunft，亦有「出身」之義。——譯注

作為行為的全部來源和前歷史，幾乎直到最近的時代，還在大地上受到道德上的讚美、譴責和懲處，還在接受道德方面的哲學研究。——不過，今天，我們莫非已經面臨那種必要性，必須借助人類再次的自我沉思和專注，再次下定決心對價值作出顛倒和根本上的改變，——我們莫非正站在一段時世的門檻前，它可能首先被——否定地——記作**逾道德**[36]紀？就在今天，至少在我們這些非道德主義者中泛起了以下猜疑：行為的決定性價值，或許恰恰是在行為的**非意圖**成分中得到證明，行為的一切故意，一切從它那裡能看到、知道和「意識到」[37]的東西，或許都還沒越出行為的表層皮膚——它和所有皮膚一樣，洩露了某些東西，卻還**庇藏**著更多？簡而言之，我們相信，意圖只是一種首先有待解讀的記號和徵兆，而且還是個含義太多、因而單憑其自身幾乎沒有含義的記號，——我們相信，道德，就其迄今為止的意義而言亦即意圖道德，已經是個成見了，是種倉促的、也許是臨時的狀態，大概屬於占星術和煉金術之流，而無論如何是某種必須克服的東西。對道德的克服，在特定的理解中甚至就是道德的自身克服：這或可命名那項長期的祕密工作，它就是留給今日那些最精細、最正直也是最邪惡的良知（作為活的靈魂試金石）去做的。——

---

36 「逾道德」，原文為aussermoralische，字面義為「道德之外的」。——譯注

37 「意識到的」，原文為bewusst，與「知道的」（gewusst）同根。——譯注

33

毫無用處：人們必須這樣質問和審判那種獻身的感覺，為他人犧牲的感覺，以及整個自我奉獻的道德：就像對待那套「無利害直觀」美學一樣，今天，在這門美學的名下，對藝術的閹割正尋求以足夠誘人的方式造出一種好良知。在那些「為他人」「**不**為我自己」的感覺中，有太多太多的魔力和甜頭，以至於人們在這裡可能不會趕緊用加倍的不信任質問：「難道這不可能是一些——**誘惑**[38]嗎？」——這些誘惑令人**愉悅**[39]——無論這人是在行誘惑，享受誘惑的果實，還只是個旁觀者，——這卻不是**支持**他們這麼幹的理由，而是恰恰在提請他們謹慎行事。那就讓我們謹慎一點吧！

34

今天人們還可能站在怎樣一個哲學立足點上呢：無論從哪個立足點出發，所見都是世界的**謬誤狀態**，這個我們自信生活於其中的世界，這個我們眼睛所能捕捉到的最安全和最穩固者：——我們為此找到一個又一個根據，這些根據想引誘我們去揣測「事物本質」當中的某個欺騙性的原理。而誰若讓我們的思考本身，也就是讓「精神」對世界

38 「誘惑」，原文為 verführen，它同時還有「誤導」之義。——譯注

39 「愉悅」，原文為 gefallen，康德在《判斷力批判》中用它特指審美直觀中產生的無利害的愉悅。——譯注

的虛假狀態負責——每個自覺或不自覺的 advocatus dei（為神辯護者）[40]都會走上這條光榮的出路——：誰若把這個世界，連同空間、時間、形態和運動，皆看作是被虛假地闡發了的[41]：這個人或許至少擁有良好的動機，終於要學習對所有思維本身抱持疑慮：難道迄今為止它們不是對我們玩了一次頂大的惡作劇嗎？有什麼可以保證它們不會繼續做它一直在做的那些事情？最嚴肅地說：思想家們的無辜頗能打動人，令人且敬且畏，這讓他們即使到今天還可以在意識前面裝模作樣，請求意識對他們作出誠實[42]的回答：比如，它是否「實在」（real），它究竟為什麼要這樣絕決地擺脫外部世界，以及諸如此類的問題。相信「當下已知」，是一種道德上的天真，這信念使哲學家在我們這裡享有榮耀：可是——我們就是不應該做「只講道德」的人！——不考慮道德的話，這信念就是有損我們榮耀的蠢事！如果說在市民生活中，隨時起疑會被看作「壞脾氣」，並因而被視為有失明智：那麼在這裡，在我們之間，在市民世界及其是是非非的彼岸，——有什麼可以阻止我們不明智地說：哲學家，作為迄今大地上一直最受嘲弄的造物，實在是有權利耍「壞脾氣」，——他在今天有義務去疑慮，有義務從一切猜疑的深淵向外作惡意的瞟覷。——人們該會原諒我以這樣陰鬱的怪相

---

40 advocatus dei（為神辯護者）與 advocatus diaboli（為魔鬼辯護者）之表達源於對天主教神學辯難中正反雙方之擬稱。——譯注

41 「闡發」，原文為 erschlossen，其原形「erschließen」的本義是「開啟而使……可進入」，在此或語涉雙關：它在涉及科學時常譯為「（據某種規則）推斷出來的」，亦有「被闡明、被展露了的」之意；參見第196節「開啟」注。——譯注

42 「誠實」（ehrliche）與前後文出現的「光榮」（ehrenhafter）詞根同為「榮耀」（Ehre），參見《論道德的系譜》第三篇第19節。——譯注

和措辭所開的玩笑：因為我自己恰恰早就學會以另一種方式思考和評估騙與被騙了，對於哲學家總是用來抗拒受騙的盲目怒氣，我準備至少稍微給個提醒。何樂而不為呢？說真理比顯像更有價值，這無非是個道德成見，甚至是這個世界論證得最差勁的假設。人們真該向自己坦白到這一步：如果不是以種種透視性的評估和顯像狀態[43]為基礎，便沒有生命持存；人們曾經想憑著某些哲學家頗具美德的激動和笨拙完全消除「顯像世界」，現在，假定你們能夠做到這一點，——那麼，至少在這個時刻，你們的「真理」也會一點不剩的！然則，究竟是什麼迫使我們接受這種假設，說「真」與「假」之間有某種本質性的對立？不如假設顯像狀態有不同程度，彷彿顯像有陰影和色調上的明或暗——用畫家的語言說，就是不同的色度[44]，這樣不就夠了嗎？這個與我們有些相干[45]的世界，為什麼就不可以是虛構的呢？如果有人接著問：「可是肇造者[46]也屬於這個虛構嗎？」——難道就不許這樣圓滿地回答他：為什麼？這個「屬於」難道不可能同屬於這個虛構嗎？難道對主語，就像對謂語和賓語那樣，哪怕只是一丁點兒反諷都不許嗎？哲學家難道就不可以超越這種對語法的信賴嗎？向家庭女教師致敬：可是，難道不是到了哲學該放棄這種家庭女教師式信念的時候了

43 「顯像狀態」，原文為 Scheinbarkeit-en，指「看上去的樣子」，常指假象。——譯注

44 「色度」，原文為 valeurs，法語詞，本義是「價值」，此處則指「色度的明暗變化」。——譯注

45 「與我們有些相干」，原文為 uns etwas angeht，字面上又有「對我們有些衝犯」之意。——譯注

46 「肇造者」，原文為 Urheber，兼有（世界之）「創造者」與「發動者、成因」二義。——譯注

嗎？——[47]

35 [48]

哦，伏爾泰！哦，人道（Humanität）！哦，胡說八道！「真理」，尋找真理，這些說法可真有些意思；而當人類在這裡搞得實在太人性的時候——「他只為行善才求真」[49]。——我打賭他什麼也求不到！

36 [50]

假定，被當作實在「給定」[51]的不是別的東西，而是我們欲望和激情的世界；假定，我們向下或者向上能夠達到的不是別的「實在性」[52]，而是直達我們衝動——因為，思考只是這個衝動對另一個衝動作為——的實在性：那麼，難道就不許做個嘗試，提些問題，看看這樣的給定是否夠用，是否通過它的等值物[53]便足以理解這個所謂機械論的（或曰「物質的」）世界？我的意思是，不是把世界理解為錯覺、「顯像」、〔在貝克萊或者叔本華意義上的〕「表象」，而是理解為跟我們情緒本身有著相同等級的實在性事物，——理解為情緒世界的一種原始形式，一切此後將在有機過程中自行分化和外化（亦即，公道

---

47 了嗎？——〕準備稿：了嗎？且讓我們假設，如果這個世界是個某種騙局，那麼屬於這個世界的我們可以——甚至對自己做某種欺騙？（也許）還必須這樣做哩？。——編注

據《尼采頻道》，參見歐根．杜林，《生命的價值：一種哲學考察》，一八六五年，布列斯勞，第170～171頁。——譯注

48 準備稿（筆記本W I 1）此節作：「他只為行善才求真。」伏爾泰說——而且結果沒有求到真——。——編注

49 引文原文為法語，il ne cherche le vrai que pour faire le bien，出處未詳，今見於亨利．包德里亞的《杜爾哥頌》卷首引作伏爾泰語稱以贊杜爾哥（Anne-Robert-Jacques Turgot），後者為十八世紀重農學派經濟學家，經濟自由主義早期代表，同伏爾泰有深交；然則未知尼采此處說「當人類在這裡搞得實在太人性的時候」是否指經濟自由主義對基於人類自私本性的自由競爭的鼓吹。——譯注

50 參見科利版第11卷，38［12］。——編注

地說，柔化和弱化——）的東西，還以此形式閉合在強勁的一致性之中；理解為衝動生活[54]之一種，其中全體有機機能，包括自調節、同化、攝食、排泄和新陳代謝，還綜合性地相互聯繫在一起，——理解為一種生命的**前形式**？——最後，這樣的嘗試不僅是允許的：而且出於方法的良知正當如此。只要以唯一一種因果關係所做的嘗試，還沒有被推到它最遠的邊界（——推到胡扯，如果允許這麼說的話），就不再假設其他類別的因果關係：這是今天不該逃避的方法論道德；——或如數學家所將言，這是「根據定義」推導出來的。最後的問題是，我們是否認可意志其實在**起作用**[55]，我們是否相信意志可構成因果關係：如果是的話，——相信**這一點**說到底就是相信因果關係本身——，那麼，我們**必須**做這樣的嘗試，將意志的因果關係假定為唯一的因果關係。「意志」當然只能作用於「意志」——而不能作用於「質料」（比如不能作用於「神經」——）：夠了，人們必須冒險提出這個假說，是否凡是認可有「作用」之處，皆是意志對意志之作用，——是否一切機械過程，只要某種力在其中活動，皆是意志之力，意志之作用。——最後，假定把我們所有的衝動生活解釋為意志（照**我的**命題來說，也就是**權力意志**）唯一基本形式的外化和分化；假定，人們能

51 「（被）給定的」，原文為 gegeben，亦可解作「現有的、已知的」，在現象學著作中多譯為「被給予的」。康德首先把一切感知或認識物件都當作「被給定的」，它表明了一種假定認知材料與認知能力是可區分的思維方式。——譯注

52 此處「實在」（real）與「實在性」（Realität）亦皆可解為「現實的」和「現實性」。——譯注

53 「通過它的等值物」，原文為 aus Seines-Gleichen，直譯為「從它的同類中」。這裡的「gegeben」和「gleichen」蓋仿科學論文的推導論證：「已知……」和「等於……」。——譯注

54 「衝動生活」，原文為 Triebleben，此為直譯；通譯為「本能生活」或「性生活」。——譯注

55 德語中「其實」（wirklich，亦有「現實地」之義）與「起作用」（wirkend）同根。——譯者

夠把一切有機機能追溯到那個權力意志，或許其間還解決了生殖和攝食問題——這是同一個問題——，那麼，人們由此便贏得了如下的權利：把一切起作用的力，皆明白無誤地確定為：權力意志。這個從內部來看的世界，這個從它的「智識特徵」[56]來確定和標誌的世界——它該就是「權力意志」，此外無它。

37 [57]

「什麼？這豈不是就是俗話所說的：駁倒了上帝，但沒駁倒魔鬼——？」恰恰相反！恰恰相反，我的朋友們！而且，見你們的鬼去吧，誰叫你們說俗話來著！——

38 [58]

儘管那些新時代是輝煌的，最終卻還是走上了法國革命（那場恐怖的、從近處評判又是多餘的鬧劇，從遠處卻有全歐洲高貴而癡迷的觀眾如此長久、如此激情洋溢地把他們自己的憤慨和激動闡釋進去，直到文本消失在闡釋之中）：可能會有一系高貴的後裔就這樣又一次誤解整個過去，並由此也許才使其景象可以讓人忍受。——或者毋寧是：

---

56 「智識特徵」（intilligiblen Charakter），康德在《純粹理性批判》（B566～568）將「一個感官物件中本身非顯現（Erschneinung）者」定義為「智識的」（或譯「理知的」「悟知的」），與之相對的是「感性的」（sensibel）或「經驗的」（empirisch，或譯「驗知的」），即物件在感性中顯現者。康德以「智識特徵」為「物自身的特徵」。後叔本華在《倫理學的兩個基本問題》中《道德的基礎》第二部分第八章專門談過這兩個概念。——譯注

57 參見科利版第12卷，1[110]。——編注

58 準備稿（M III 4）：法國革命，從近處看，一場可怕且多餘的鬧劇：但觀眾們卻從遠處把他們的所有體面的感受和憤慨詮釋進去。——一系高貴的後代可能有一天還會這樣誤解整個過去，並由此使其景象可以為人所忍受。——編注

這[59]難道不是已經發生過了嗎？我們自己曾經不就是——這一系「高貴的後裔」嗎？而且，難道不恰恰是現在，一旦我們懂得這一點，——它就隨之結束了嗎？

39

沒有人會僅僅因一門學說使人幸福或成就美德，便輕易地信以為真：那些可愛的「唯心主義者」或許是例外，他們癡迷於善、真和美，在他們的池塘裡，胡亂游著各種各樣斑斕、臃腫而又好心腸的願景。幸福和美德不是理由。人們（即使是那些深思熟慮的精神）卻喜歡忘記，導致不幸和導致邪惡同樣不是反對的理由。有些事可能是真的：哪怕它極其有害和危險；人們將因為自己完滿的認識而毀滅，這甚至或許就是此在的基本屬性，——以至於一個精神之強大是這樣來衡量的，看它對於真理究竟還能忍受多少，更確切來說，看它有多迫切，需要對真理作一番摻雜和掩飾，非要將它調甜、攪渾和作假不可。而不容置疑的是，要揭示真理的特定部分，邪惡者和不幸者是更有裨益和成功概率更大的；且不說邪惡者——一個道德主義者隱諱不提的物種——還是幸運的。也許，要產生強大而獨立的精神和哲學家，比起

59 「這」（Dies）和最後一句的「它」（es）當指誤釋過去使之變得可以忍受。——譯注

那種善柔、精細、曲阿的馴順之道和故作輕鬆的藝術來說（人們會對一位學者做出如上評價，公允的評價），強硬和狡詐會是更有益的條件。假定：人們不把「**哲學家**」這個概念限定為那些寫書的哲學家——甚至也不限定為那些把他的哲學寫成書的人！——那些精神自由不羈的哲學家的畫像，是由司湯達完成最後一筆的，為了德意志趣味著想，我不願忽略此人不提，那倒反而是在強調他：——因為他就是反**對**德意志趣味的。「要做一個好的哲學家，」這個最後的心理學家說道，「就必須枯槁、清晰、沒有幻想。一個發了跡的銀行家，就具有幾分做出哲學發現的必備性格，也就是清晰洞察事物之所是的必備性格。」[60]

40

所有深刻者皆愛面具；最深刻的事物甚至憎惡圖像和譬喻。莫非**對立**面才是某位神祇的陰私藉以出場的合適偽裝？一個值得一問的問題：若說哪個神祕主義者沒有在自己身上冒險做過類似的事，那才怪呢。有些經過是如此細微，所以用一句粗話掩蓋過去使之不可辨認的作法是對的；有些行為是愛，是過分大度，背後最該做的卻是拿根棍子痛打目擊者：這樣來模糊他們的記憶。有些人則善於模糊和糟蹋自

60 要做……」參見科利版第11卷，26［294，396］；由梅里美（P. Mérimée）在《筆記與回憶》（巴黎，一八五五年）中引自司湯達，《未發表的通信》，尼采圖書遺藏。——編注

己的記憶，為的是報復這個唯一知情的自己：——羞恥善於發明。人們最引以為羞恥之事，並非最惡劣之事：面具背後並非只有奸計，——計謀之中，本多善意。我應該能夠設想這麼一個人，他不得不藏起某種貴重而易損之物，像釘著厚鐵皮的發綠陳年酒桶那樣，一生都粗魯地輾轉打滾：這是他的羞恥所做的精細打算。一個人，若在羞恥中有其深度，則也會在人跡罕至的道路上遭遇他的命運，遭遇對道德的細微抉擇，他最親近和親信的人都不准知道這些道路的存在：他生命之危險，他重新奪來的生命之安全，對於他們一概隱而不顯。一個這樣隱藏好的人，他出於本能為了沉默和隱瞞而需要談話，而有無窮的托詞來避免傾訴，他所意願和要求的是，讓他的面具取代他在朋友的心靈和頭腦中周巡變幻；而假設他並無此意願，那麼會有一天他突然醒悟，還是有一張他的面具在那裡，——而且，這樣很好。每個深沉的精神都需要一張面具：更有甚者，在每個精神周圍都持續生長著一張面具，因為精神所傳遞的每個詞語、每個步伐和每個生命跡象，都持久地受到虛假亦即淺薄[61]的解讀。——[62]

---

61 「虛假」（falschen）與「淺薄」（flachen）兩詞在德語中諧形。——譯注

62 一個這樣隱藏……〕謄清稿：人類逐漸學會，不無寒慄和怪異地，認識那個他藉以在朋友的頭腦和心靈中翻覆變幻的面具：可是，在他也新學會這門藝術和這個善良意願之前，在他如今也不再令朋友們「失望」之前：也就是說，在能夠總是先把他的窘迫同他的幸福翻譯為膚淺之物、翻譯為「面具」，從而向朋友們傳達自己的某些東西之前，他暗中吞下了多少苦水呀。下列在打字稿結尾處被刪去：誠然，當人們第一次揭開表面的面具時，是會造成恐懼。——。——編注

41[63]

必須自己考驗自己，以證明自己是被指定要去獨立和下命令的；要及時這樣做。人們不該對自己的考驗有所回避，哪怕這也許是他們所能玩的最危險的遊戲，哪怕這到底只是在作為證人的我們自身面前、而不是在任何其他法官面前進行的考驗。不要總是依賴某個個人：哪怕他是最可愛者，——每個人都是一間囚室，也是一個角落。不要總是依賴某個祖國：哪怕它是最多苦難和最需要幫助的祖國，——卸去對一個常勝的祖國的牽掛倒不難。不要總是依賴某種同情：這或且適用於更高等的人類，適用於我們偶然瞥見他們稀有的磨難和無助的時候。不要總是依賴某門科學：哪怕它用那些最珍貴的、貌似正留待**我們**去發現來誘引[64]。不要總是依賴飛鳥特有的超脫，那種歡悅的遙遠和陌生，它會為了看見越來越多的下界而向高處越飛越遠：——飛行者的危險。不要總是依賴我們自己的美德，不要作為整體而成為我們身上無論哪個局部（比如說我們的「友好」[65]）的犧牲品：這是危險中的危險，正如在生就高等而富有的靈魂那裡，他們揮霍地、幾乎是淡漠地對待自己，大行開明的美德，直到這種美德成為惡習。人們必須知道**佑護自己**[66]：獨立性的最強考驗。

注 63 參見科利版第9卷，3［146］。——編

注 64 據考夫曼，此暗指古典學研究。——譯注

65 「友好」（Gastfreundschaft，通譯「好客」）與下句的「開明」（Liberalität，與Liberailsmus[自由主義]同根）在自由主義話語中常常並用。——譯注

66 「佑護」，原文為bewahren，意為「保存」，俗語中亦有「保佑」之意，如上帝保佑（Gott bewahre）或老天保佑（Himmel

42 [67]

一個新種類的哲學家出現了：我敢用一個不無危險的名稱來命名他們。所以，正如我對他們猜測的那樣，正如他們讓自己被猜出的那樣——因為他們這個種類的意願就是，無論在何處皆始終保持為謎語——，這些未來哲學家想要擁有這樣的權利，也許甚至是一個不公的權利[68]：被標記為蠱惑者[69]。這個名稱本身最終只是一次嘗試，是在，如果人們願意這麼說的話，蠱惑人去嘗試[70]。

43 [71]

這些正在到來的哲學家可是「真理」的新朋友？完全有可能：因為迄今為止，所有哲學家都愛他們的真理。不過，他們肯定不會是教條論者。那必定有悖於他們的自負和趣味，要是他們的真理竟然還得是為每個人的真理：而這是迄今為止所有教條論抱負的隱祕願望和言外之意。「我的判斷是我的判斷：另一個人再要有此權利可不容易。」這樣一個未來的哲學家或許會如此說道。必須摒棄想要與多數人達成一致的壞趣味。掛在鄰居嘴邊的「好」就不再是好的。怎麼可能居然會有一種叫「公益」的東西[72]呢！這個詞是自相矛盾的：凡可公有者，

bewahre）；同時字面上又有「（使）成真（wahr）」之意。——譯注

67 準備稿（筆記本W I 6）作：一種新種類的哲學家出現了：我敢於用一個不無危險的名稱來命名他們。正如我對他們所認識的那樣，正如我對自己所認識的那樣——因為我即屬於這些正在到來者——這些未來哲學家出於多種原因，也出於某種不可言傳的原因，將會滿意於被標記為蠱惑者。這個名稱本身終歸只是一次嘗試，是在，如果人們願意這麼說的話，蠱惑人們去嘗試。——編注

68 「不公的權利」係意譯，原文為Unrecht，直譯可為「無權利」或「不公正」，與Recht（權利）對文。——譯注

69 「蠱惑者」，原文為Versucher，亦專指誘人犯罪的撒旦。——譯注

70 「蠱惑人們去嘗試」係意譯，原文為Versuchung，和「嘗試」（Versuch）同根。——譯注

71 準備稿（筆記本W I 6）第一稿：我們不是教條論者；這有悖於我們的自負，

價值皆有限。事情必然終歸如此，一如既往：偉大事物留給偉大的人，深淵留給深沉的人，細微和顫慄留給精細的人，統而言之，稀有事物是留給稀有之人的。——

44 [73]

儘管如此，我是不是還要特地說一下：這些未來哲學家也將成為自由的、*非常*自由的精神，——當然，他們將不僅僅是自由的精神，還將是某種不願被誤會和混淆的更多者、更高者、更大者、徹底有所不同者？不過，當我這樣說的時候，正如對於我們自己，我們這些未來哲學家的宣諭者和先行者，我們自由的精神！對於他們我也幾乎同樣強烈感受到——那種*職責*，要把古老而愚蠢的成見和誤解從我們身上一併吹掉，太久了，這些成見和誤解像迷霧一樣把「自由的精神」這個概念弄得昏昧不明[74]。在所有歐洲國家，在美洲也是，現在正有些傢伙，一類非常狹隘的、受束縛的、拴在鏈子上的精神，在濫用這個名稱，他們所意願者，差不多就是我們的意圖和本能中所包含者的對立面，——更不用說，對那些正在逼近的*新*哲學家，他們肯定更會成為鎖閉的門窗。說得乾脆點和嚴重點，他們這些冒名的「自由精神」，

要是我們的真理竟然還得是一種為每個人的真理：這是一切教條論抱負的言外之意。我們愛用多樣的眼，用斯芬克斯的眼，看到世界裡面去；為了那些美麗的顫慄，當哲學家是值得的，其中亦包括：只要人們用直接的眼光、循直接的道路去尋找，一個事物，從各個角度來看，看起來完全不同於平時所能想見的樣子。反正，迄今所有教條論者撲向真理的那種嚇人的嚴肅和彆扭的急迫，對於勾搭這個娘們兒來說，看來不是最機靈的手段：這一點是肯定的，她沒有讓自己被勾搭上——如今任何一種教條論都灰心喪氣地站在那裡。如果它們還站得住的話！參見《序言》。——編注

72 「公益」，原文為 Gemeingut，或譯「公共財產」，字面含義為「共同的善（好）」。——譯注

73 參見科利版第11卷，34［146］。——編注

74 此處蓋區分 freier Geist 與 Freigeist。Freigeist（迻譯自十七世紀法語中的「esprit libre」），在現代德語中它與 Freidenker（迻譯自十八世紀英語中的「freethink-

屬於水準測量員[75]——民主趣味及其「現代理念」的奴隸，善於耍嘴皮子，搖筆桿子：全都是不孤獨的人，沒有自己特有的孤獨，粗壯老實的大小夥子，既不該說他們沒勇氣，也不該說他們的禮教不可敬，他們只不過是不自由又膚淺得可笑而已，尤其有個基本偏好，要在此前舊社會的各種形式中看到差不多一切人間困苦和錯舛的根源：在這裡，真理總算有幸從頭到腳顛倒過來了！[76]他們想要傾盡全力去追求的幸福，是群盲眼中遍地青草的牧場幸福，是生命對於每個人都安全、無害、愜意而輕鬆；他們有兩種照譜宣唱得無比熱鬧的歌曲和學說，名曰「權利平等」和「同情一切受苦受難者」，——而苦難本身被他們當作某種必須廢除的東西。我們這些反其道而行者，我們這些對那個問題——迄今為止，「人」這株植物[77]在何處、以何種方式向高處生長得最為有力——肯付出一點眼力和良知的人們則以為，這一生長每一次都是在正相顛倒的條件下發生的，為此，人類處境之危險才必須增大到駭人的地步，他發明和偽飾的力量（他的「精神」——）才必須在長久的壓力和強迫之下臻至精細和果決，他的生命意志才必須提升為無條件的權力意志：——我們以為，強硬、暴力、奴役，世途人心之險惡、詭祕，斯多葛主義、各種蠱惑術和邪念，人類身邊一切邪惡、

---

er」）同義，通譯為「自由思想者」，指不遵守正統信條、通過自己的思考來判斷宗教教義者，宗教學界亦有稱為自然神論者，有時亦指無神論者、無信仰者。尼采有意區而別之：貶用 Freidenker（自由思想者），罕用 Freigeist，同時用 freigeister-isch、Freigeistrerei（本書譯為「精神自由不羈[的]」）來稱道萊辛或南方風格（參見第28節）。——譯注

75 「水準測量員」，原文為 Nivellirer，有英譯本作「leveler」，本指測量水平線的工具或人員，亦指「平均主義者」，後者或亦是尼采在此所暗指者，但它在德語中一般表述為「Gleichmacher」。——譯注

76 在這裡……）打字稿：我在此見識了現代愚昧的最佳例子（Niaiserie moderne par excellence）。——編注

77 「人」……）出自特里奧．阿爾菲耶里的句子：「人這株植物在此比在別處生長得更加強壯」（la pianta uomo nasce più robusta qui che altrove），引自司湯達，《羅馬、那不勒斯和佛羅倫斯》，巴黎，一八五四年，383頁，尼采圖書遺藏，此處被尼采

可怕、霸道的東西，一切有如食肉動物和蛇一般的東西，作為人類的對立面，都在那麼好地服務於「人」這個物種的提高：——我們說了這麼多，甚至都還沒能一口氣說完，在這一點上，不管談論還是緘默，我們都處在所有現代意識形態和群盲願景的另一端：也許是作為它們的對蹠點？我們這些「自由的精神」並非最善於交際的精神；我們不願在任何地方透露，一個精神能夠把自己從何處擺脫出來得到自由，然後他也許又會被衝動推向何處：這些又有什麼好奇怪的呢？「善惡的彼岸」這個危險的說法是什麼意思呢？我們是為了至少讓自己不受混淆：不同於「libres-penseurs」「liberi pensatori」「Freidenker」[78]和所有此等「現代理念」的老實辯護者們喜歡自稱的東西，我們是某種別有不同者。我們，曾在精神的眾多國度裡安過家，至少做過客；一再溜出那些黴悶而舒適的角落，偏愛或偏惡、青春、出身、與人或書的偶然相遇，甚或是對漫遊的疲倦，都會把我們祛使到那樣的角落裡去；深惡痛絕那些潛伏在榮耀、金錢、職位或者感官興奮之中那令人將有所依賴的誘餌；對窮困與善變的疾病甚至心懷感激，因為它們總是把我們從某個常規及其帶來的「成見」那裡解脫出來，對上帝、魔鬼和我們當中的綿羊與蠕蟲心懷感激，好奇直到好奇成為惡習，作個

一劃掉。——編注

【譯按】特里奧．阿爾菲耶里（Vitorio Alfieri），大致與席勒同時的義大利悲劇大師。

78 「libres-penseurs」「liberi pensatori」「Freidenker」分別為法語、義大利語和德語對「自由思想者」的表達。按：在尼采作此文前不久，一八八一年在法蘭克福成立「德意志自由思想聯盟」（Deutscher Freidenker-Verband），一八八二年在漢堡成立「自由思想者協會」（Freidenker-Gesellschaft），皆屬社會民主黨人士發起的運動。——譯注

研究者直到研究成為殘忍，用不加思量的手指對付不可捉摸之物，用牙和胃對付最難消化之物，準備做每一樣要求敏銳和敏銳感官的手工活，時刻準備冒險，感謝「自由意志」的過分洋溢，帶著靈魂前部和後部（沒人能輕易看穿它們的最終意圖），介於前臺和後臺（誰都不給摸透它們的底細）之間，隱藏在燈罩下，做征服者，哪怕我們看起來同樣像是繼承人和敗家子，做夙興夜寐的排序者和搜集者，做我們財寶和塞得滿滿的抽屜的守財奴，精打細算地學習並遺忘，製作圖式時多所發明，時而自豪於範疇表，時而做個書呆子，時而在明朗的白晝裡也做一隻工作的夜貓子；如果必要，甚至可以做個稻草人——今天這樣做還是必要的：也就是說，只要我們生來就忠誠而心懷嫉妒地做**孤獨**之友，我們各自特有的最深沉的子夜和正午的孤獨：——這樣一個種類的人便是我們，我們這些自由的精神們！而也許**你們**也是其中的一部分，你們這些正在到來者？你們這些**新**哲學家？

第三章　宗教造物

1

45

人類的靈魂及其邊界，人的內在經驗迄今為止所達到的範圍，這些經驗的高度、深度和廣度，靈魂迄今為止的整個歷史及其尚未被窮盡的諸般可能性：這些，是為參加這場「偉大狩獵」的某個天生心理學家和朋友所預備的獵場。不過，他一定經常絕望地對自己說：「獨自一人！嘿，只有獨自一人！和這片廣袤的林場和原始森林！」他多希望能有幾百個幫手和訓熟的獵犬，擁入人類靈魂的歷史，把他的野味從那裡一舉趕出來。然而徒勞：他徹底而嚴苛地反覆驗證過了，恰恰對於所有撩起他好奇的事物，要找到幫手和獵犬是多麼為難。把受過訓練者[2]派到需要各種各樣勇氣、聰明和精細的新奇而危險的獵場上，弊病就在於，恰恰當「偉大的狩獵」亦是偉大的危險開始之際，他們沒用了：——恰恰在這時，他們喪失了善查的眼和善嗅的鼻。舉個例子說，homines religiosi（宗教人）[3]靈魂中的知識和良知問題，迄今有一段怎樣的歷史，為了對此作出猜測和確證[4]，也許必須讓自己跟巴斯卡的智識良知[5]陷得一樣深，傷得一樣重，變得一樣陰森：——然後，還需要那樣一片由明亮而惡毒的精神狀態所撐開的天穹，方能從上往下俯視那樣一群密密攢動著的危險而痛楚的體驗，方能給它們

---

1 「宗教造物」，原文das religiöse wesen，義近下文的homines religiosi（宗教人）；wesen通譯「本質」，亦可指某種活動、事業或人、生物。——譯注

2 「受過訓練者」原文為Gelehrte，通義為「學者」。——譯注

3 根據所謂「古人的趣味」（見下節），「宗教人」更可解為「迷信的人」，語出李維，《羅馬史》24卷10章：prodigia eo anno multa nuntiata sunt, quae quo magis credebant simplices ac religiosi homines, eo plura nuntiabantur（宣布出現了許多神跡，而越多簡單和迷信的人相信，就有越多的

排序，強行給它們說法。——可有誰會給我這個幫助呢！又有誰會有時間等待這樣的幫手呢！——顯然，能成長為助手的太稀罕了，在所有時代，他們都是不可求的！為了親自知道少許東西，人們終歸必須親自去做一切：這就是說，有許多事情要做！——不過，一種我這類的好奇已經是一切惡習中最愜意的惡習了，——請原諒！我本來想說的是：對真理之愛的報酬在天空中，更在大地上。——

46

信仰，正如基督教對它最初所要求而又很少能達到的那樣，處在一個懷疑論的、精神自由不羈的南方風氣的世界裡，這個世界內部經歷了一場長達數百年對哲學學園的鬥爭，再加上Imperium Romanum（羅馬帝國）當年的寬容教育[6]——這個信仰不是那種率直生硬的臣僕信仰，不是某個路德或者克倫威爾或其他某個精神上的北方蠻族用來信靠他們的上帝和基督教義的那種信仰；毋寧說是那種巴斯卡式的信仰，它恐怖地類似於理性的持續自殺，——那是一種堅韌長命的蠕蟲式理性，可不是突然一擊就弄得死的。這種基督教信仰從一開始就是犧牲：對精神的所有自由、所有自豪、所有自身確知的犧牲；同時它

神跡被宣布出來）。——譯注

4 人類……）出自準備稿（筆記本W I 6）：年輕時，我誤以為還缺少兩三百個受訓練者，我可以把他們像獵犬一樣趕到灌木叢裡去，我是說，趕到人類靈魂的歷史、它的過去和未來裡去，為我把我的野味從那裡趕出來。後來，頗經過一些挫折，我有了教訓，對那些撩起我好奇的事物是找不到幫手的，連狗也找不到。把受過訓練者派到需要各種各樣的勇氣、聰明和精細的危險的獵場上，其弊病就在於，恰恰當這場好狩獵開始之際，他們喪失了眼睛和善嗅的鼻子。舉個例子說，知識和良知問題迄今有一段怎樣的歷史，為了對此作出猜測和確證。——編注

5 「智識良知」，原文為das intellektuelle Gewissen，後多解為「知識分子良知」。——譯注

6 「寬容教育」讀若「對寬容的教育」。——譯注

還是奴化，是自嘲和自殘。在這種你得指望一個酥軟、多層次和被慣得太壞的良知去擁有的信仰中，可有的是殘忍和宗教上的腓尼基作風[7]：它的前提是，精神之臣服會有難以言喻的疼痛，這樣一種精神的全部過去和習性會抗拒那個作為Absurdissimum（最高荒謬）與它對立的「信仰」。現代人，以他對一切基督教術語彙編的遲鈍，再也體會不到古人的趣味在「十字架上的神」這句習語的自相矛盾中，所品出的那種駭人誇大。迄今為止，像這句習語這般大膽的顛倒，這般令人害怕、催人回答而又值得懷疑的東西，還從來不曾出現：它預言了對所有古代價值的重估。——是東方，那深沉的東方，是東方的奴隸用這種方式報答羅馬及其高尚而輕率的寬容，報答羅馬人在信仰上的「普世至公」[8]：——而煽起奴隸對主人的憤怒和憤怒反抗的，從來就不是信仰，而是信仰的自由，是對信仰嚴肅性的半斯多葛式的、面帶微笑的漠不關心。「啟蒙」煽起憤怒：奴隸想要無條件之事，即使在道德方面他也只理解霸道的東西，他像恨那樣地愛著，不知幽微的變化，一直愛到深處，愛到痛處，愛成病態，——他們以諸多隱蔽的苦難去憤怒地反抗那看似否認苦難的高尚趣味。以懷疑論對付苦難，從根本上說只是貴族道德的一個態度，即使它跟這場隨法國革命而起的最後

7　此處「腓尼基」當地理上的而非種族上的，即在敘利亞、黎巴嫩一帶修行的早期東方基督徒，多有自殘苦行之風。——譯注

8　「普世至公」，原文Katholicismus，通譯為「天主教義」，其名源出拉丁語 catholicus（普遍的、普世的），舊譯為「公教會」；教會以此為名，以示繼承羅馬帝國的「普世至公」傳統。——譯注

的奴隸大起義的興起不無干係。

47 [9]

我們發現，迄今為止，凡是宗教神經症[10]在人間出現之處，總是不離三道危險的食療處方：孤獨、齋戒和禁欲，——這裡還沒有把握決定何者為因何者為果，以及這裡到底有沒有原因和作用之間的某種關係。支持後面這個疑問的是：這種病的常規症狀中，無論發生於野性未馴還是已馴的民眾，恰恰就有：最突然、最放肆的歡悅，之後又同樣突然劇變為懺悔之痙攣和對世界、對意志的否定：也許兩者都可以解釋為經過偽裝的癲癇？[11]而人們可能到哪裡都甩不掉這種解釋：迄今還沒有哪個類型被這多麼胡說和迷信團團圍住，迄今還沒有哪個類型顯示出這麼多令人類甚至值得哲學家感興趣的地方，——應該是時候了，在這裡恰恰要稍微冷淡些，要學會謹慎，最好還是：掉轉目光，掉頭走開。——在最近的哲學即叔本華哲學的背後，還打著這個對於宗教之危機和復興的駭人問號，問號幾乎成了問題本身。否定意志是何以可能的？聖徒是何以可能的？——看來這確實就是當年那個問題，叔本華由之成為一位哲學家並以之作為出發點的問題。所以一個真正叔

9　準備稿（筆記本W I 1）第一稿：孤獨，齋戒和獨身——出於宗教神經症的典型形式。極端的縱欲和極端的虔誠交替。對自身加以異樣地省察：彷彿他們是一副眼鏡或兩個人。——編注

10　「神經症」，原文為Neurose，現代醫學通稱「精神官能症」。——譯注

11　據《尼采頻道》，參見法蘭西斯·加爾頓（Francis Galton），《對人類機能及其發展研究》（倫敦，一八八三年，第45頁）：「同一個個體身上如此快速地交替相繼的極端憐憫和極端惡毒，癲癇患者的這個階段，從那些單純精神錯亂者中可以顯著地區別出來。」——譯注

本華式的結果就是，他最信服的（就德國而言也許是他最後一個）擁躉，理查・華格納正是以這個問題來結束他畢生的事業，他終於還是讓那個可怕的永恆類型作為昆德麗[12]登上了舞臺，一個活類型[13]，恰如他本人；在同一時期，凡是在宗教神經症——或者按我的稱呼，「宗教造物」——作為「救世軍」[14]如傳染病般最後突圍和進軍的地方，所有歐洲國家的神經科醫生都有了從近處研究這個類型的機會。——如果人們問自己，對於所有種類和時代的人來說，甚至對於哲學家來說，聖徒的全部現象中究竟是什麼引起他們按捺不住的興趣：那麼毫無疑問，是附著在聖徒身上的奇蹟外觀，即道德上評價相反的靈魂諸狀態、**諸對立面直接相連**：再明顯不過了，人們相信「壞人」會一下變成「聖徒」，變成好人。迄今為止的心理學在這個方面都碰了壁：這首先莫非就是因為，心理學已經自屈於道德的統治之下了，因為它相信道德上的價值對立本身，並且把這些對立看進、讀進和詮釋進那些文本和事實要件中。——什麼？「奇蹟」只是闡釋時的錯誤？只是由於語文學方面的缺陷？——

---

12 昆德麗（Kundry），華格納歌劇《帕西法爾》的女主角，初淫蕩，後感化而皈依。——譯注

13 「活類型」，原文為法文「type vécu」，指生活中實有其人的類型。——譯注

14 救世軍（Heilsarmee），一八六五年成立於倫敦面向下層民眾的基督教社會組織，致力於福音宣講和社會服務，後擴展至全球。——譯注

48

看起來，比起整個基督教教義之切合於我們北方國度，天主教教義終究是內在得多地切合於拉丁種族：結果是，在天主教國度，無信仰意味著跟新教國度中某種完全不同的東西——也就是說，意味著一種反對種族精神的憤怒，而在我們這裡，無信仰毋寧是向種族精神（或者無精神）的返回。我們北方國家無疑源自蠻族，即使考慮到我們的宗教秉賦：這方面我們可是煞[15]有秉賦。可以把凱爾特人當作例外，他們因此也讓出了最適合接受基督教理想感染的土地：——只有北方的蒼白陽光才容得下基督教理想，就此說來，它在法國已開始凋謝了。[16]甚至那些最後的法蘭西懷疑論者，只要他們的起源中有些凱爾特人的血脈，他們的虔誠對我們的趣味來說就還是那麼的異樣！在我們聞起來，奧古斯特·孔德的社會學及其關於本能的羅馬式邏輯[17]，有多少天主教的、非德意志的氣味！那個值得喜愛的、聰明的皇港西塞羅，聖伯夫[18]，儘管對耶穌會有敵意，沾著多少耶穌會的氣味！更有歐尼斯特·勒南[19]：這種勒南的語言在我們北方人聽來是多麼不入耳，他那在更精細的意義上尋歡作樂的、會把自己安排舒坦的靈魂，時常會因為宗教上的任何一絲小緊張就失去平衡！人們也許有一天會模仿他下面

15　「煞」字語帶雙關，原文為 schlecht，本義為「壞的、惡的」，此處則作程度副詞表明「非常（有秉賦）」。——譯注

16　謄清稿於此處刪去如下內容：法國人在精神上的自由不羈和整個法國啟蒙戰爭具有一場宗教運動的某種熾熱。那些昏暗的色彩總是一再令我震驚。——編注

17　孔德認為本能這個詞本義並非指動物性，而是指「任何朝向一個確定方向、與任何外來影響無關的自發衝動」，既有智性的（且智性本能是利他的）也有動物的，參見孔德，《實證哲學》第二卷，哈里·馬丁瑙譯，基徹納，二〇〇〇年，第101頁。——譯注

這些漂亮句子，——在我們大概不那麼漂亮的、更加堅硬的、也就是更加德意志的靈魂裡，會有怎樣一種惡意和得意一下子跳出來回答他呢！——「於是我們大膽地說，宗教是常人的產物，當人在最虔信也最確定一個無限之命運的時候，他處於最真實的狀態……正是當他是善的時候，他期待德性符合一個永恆的秩序，正是當他以一種漠然持中的方式沉思事物的時候，他發現死亡之可憎與荒謬。如何不能設想，正是在上述這些時刻，人看得最清楚呢？……」[20]對於我的耳朵和習慣而言，這些句子如對蹠點般相悖，以至於讀到它們的時候，我的第一股怒氣在邊上寫下：「宗教愚昧的最佳例子！」[21]到我怒氣的最後，卻簡直慢慢愛上了這些包含著顛倒真理的句子！擁有專門跟自己對蹠點的對蹠點，竟是如此的受用，如此的臉上有光！

49

在古希臘人的宗教性中，最讓人驚訝的是那滿溢出來的充沛感激：——這是個高尚的人種，他們就是**這樣**面對自然和生命的！——之後，當群氓占據優勢，**恐懼**也在宗教中蔓生開來了；基督教做好準備了。——

18 聖伯夫（Charles-Augustin Sainte-Beuve），法蘭西第二帝國時期最負盛名的批評家，著有六卷本《皇港史》（Port-Royal，一八四〇至五九年）。——譯注

19 歐尼斯特．勒南（Ernest Renan）是當時著名的文化史家，所著《耶穌生平》以人文視角看基督教史，從廣義上精神修養的角度來解釋基督教義，轟動一時。——譯注

20 引文原文為法語，據《尼采頻道》，引自勒南，《現代社會的宗教未來》，載《當代問題》，巴黎，一八六八年，第416頁。——譯注

21 原文為法語：la Niaiserie religieuse par excellence!——譯注

50

對上帝的激情：有些是農民式的忠心耿耿、不依不饒的種類，像路德宗信徒那樣——整個新教教義是缺乏南方那種細口味[22]的。其中有些是東方式的不能自持[23]，就像在一個不配受恩賜或受提拔的奴隸那裡一樣，比如在奧古斯丁那裡，他以一種令人不堪的方式在舉止和欲念上有失高尚。其中又有些是婦人的溫情和貪戀，害羞又無知地追求一種unio mystica et physica（神秘的和身體上的合一）[24]：就像在蓋恩夫人[25]那裡一樣。在許多情況下，對上帝的激情相當怪異地表現為少女或少男的青春期偽裝；有時甚至表現為老處女的歇斯底里，以及她最後的功名心：——教會已經好幾次在這種情況下把一位女士宣布為聖徒了。

51

迄今為止，最有權勢者還總是敬拜低首於聖徒跟前，把他當作自我克制和有意陷入最終匱乏的謎：他們為什麼低頭呢？因為他們預感到了聖徒身上——彷彿在他那副衰老而悲慘的模樣所打出的問號後面——那種優越的力量，想要在那樣一種自我克制上考驗自己、考驗

---

22 「細口味」，原文為義大利語，delicatezza，用於形容對美食的品嘗。——譯注

23 「不能自持」，原文為Aussersichsein，直譯為「外在於自身」。——譯注

24 蓋化用基督教靈修的「神秘的合一」（unio mystica，指信徒與耶穌的合一），此合一專屬靈性，無關肉身。——譯注

25 蓋恩夫人（Madame de Guyon），十六、十七世紀之交法國神秘主義者，寂靜主義的代表人物，其見解為教廷所忌，嘗因之陷囹圄，遠非尼采所言受封為「聖徒」者。——譯注

意志之強健的力量，他們在其中重新認識了並且知道如何去尊敬自身的強健和統治的樂趣：當他們尊敬聖徒的時候，他們是在尊敬自己身上的某種東西。再加上聖徒的情形讓他們心生狐疑：他們向自己說和問道：一種如此陰森叵測的否定和反自然，不會平白無故受人追慕的。這樣做也許有一個理由，也許有一種危險，一種這位苦修者——借助他那些祕密的交談者和拜訪者——想要進一步了解的巨大危險？足矣，這個世界的掌權者在聖徒面前學到一種新的恐懼，他們預感到一種新的權力，一個陌生的尚未被制服的敵人：——它就是「權力意志」，是它迫使他們在聖徒面前停下來。他們必須對他提出問題——

52 [26]

在猶太《舊約》這本關於上帝正義的書中，人、物和言談的風格是如此偉大，希臘和印度的文獻竟無可與之比肩者。面對這些由人類之一度所是者留下的遺跡，人們顫慄而敬畏，並由此對古老的亞洲和它延伸出來的小半島歐洲（它想要代表跟亞洲截然相反的「人類進步」）滿懷憂思。誠然：誰若本身只是瘦弱馴服的家畜，並只認得家畜的需要（就像當今我們這些有教養的人，如果把信仰「有教養的」[27]基督

---

26 據考夫曼，此節可與《論道德的系譜》第三篇22節參看。——譯注

27 「有教養的」，原文為 gebildeten，同

教的基督徒也算在內的話——），他在那些廢墟中就既不會詫異，也根本不會哀傷——對《舊約》的趣味是衡量「偉大」和「渺小」的試金石——：也許，他一直以為《新約》這本關於恩典的書（其中多有適當、溫柔、沉悶的禮拜迷和渺小靈魂的氣味）更合他的心意。把這部從各個方面看都是洛可可式趣味的《新約》跟《舊約》拼成一部書，拼成《聖經》，拼成「自在之書」：這也許是歐洲文獻學界最魯莽滅裂之舉和最嚴重的「對精神的犯罪」[28]。

53

為什麼今天有無神論？——上帝之為「聖父」受到了徹底的反駁；之為「法官」和「獎勵者」[29]亦然。同時還有他的「自由意志」：他不在聽，——就算他聽到了，他也不知道如何幫助。最糟糕的是：他看來沒有能力清楚傳達自身：他是不清晰的嗎？——這就是我在各式各樣談話中追問、聆聽和最後發現的歐洲有神論衰落的根源。在我看來就是這樣：儘管宗教本能處在強勁的生長中，——但是它恰恰懷著深深的疑慮拒絕了有神論的滿足。

時有「受了教育」和「（被）構建起來」之義，此處或既暗識基督教之自詡文明，又暗示它本身非自立者，而是為他人（猶太人）所教育和構建。——譯注

28 「對精神的犯罪」（Sünde wider den Geist）乃化用自基督教術語「褻瀆聖靈罪」（Sünde wider den Heiligen Geist，見《新約・馬可福音》3：29），亦稱作「不可贖之罪」。此處 Geist 既有尼采意義上之「精神」又有基督教意義上之「（聖）靈」的含義。——譯注

29 「獎勵者」（der Belohner）為神學用語，專指作為善行之獎勵者的上帝。——譯注

54

整個新哲學到底在幹什麼呢？自笛卡兒以來——確切來說，毋寧是既出於對他的逆反，亦以他為先導——所有哲學家，在某種主詞[30]和謂詞概念批判的掩護下，對古老的靈魂概念發動了一次刺殺——也就是說：一次對基督教學說根本前提的刺殺。作為一種認識論上的懷疑論，新哲學或明或暗是敵基督的：當然，對於精細點的耳朵來說，絕不反宗教。從前人們信仰「靈魂」，正如曾經信仰語法和語法上的主詞一樣：人們曾說「我」是條件，而「思」是謂詞，由條件決定——思考是一個活動，某個主體必須被思考為這個活動的原因。現在人們則以值得欽佩的堅韌和狡詐在試探，莫非有可能逃出這張網，——莫非也許顛倒過來才是真的：「思」是條件，「我」由條件決定；「我」首先是思考本身做出來的綜合。康德想從根本上證明，主體不可能從主詞出發得到證明，——客體也一樣：主體，亦即「靈魂」的某種顯像實存[31]的可能性，對於一度作為吠檀多哲學在大地上以陰森叵測的權力存在過的那種思想來說，或許似曾相識。

注 30 「主詞」和「主體」在德語中為一詞（Subjekt），以下據語境選擇譯名。——譯

注 31 「顯像實存」，原文為Scheinexistenz，字面亦有「假實存」之意。——譯

55

宗教殘忍是一架長梯，有許多梯級；其中有三級是最重要的。從前人們以人、也許恰恰是他們最愛的那個人為上帝的犧牲，——屬於此類的有一切史前宗教的童男童女犧牲，還有提庇留皇帝（羅馬所有時代的錯亂人物中最令人毛骨悚然的那一位）在卡布里島的密特拉洞穴[32]裡所獻的犧牲。然後，在人類的道德世[33]，人們為他的上帝犧牲他們所秉有的最強健本能，他的「自然」；這種節日歡樂，就閃耀在苦修者、激動的「反自然者」的殘忍目光中。最後：還剩下什麼可以犧牲的？人們最後莫非必須把一切慰藉者、神聖者、救治者，一切希望，對隱蔽的和諧、對未來的諸種福氣與正義的一切信仰都一下犧牲掉？莫非人們必須犧牲上帝本身，並且出於對自身的殘忍去禱拜石頭、愚蠢、困難、命運和虛無？為了虛無，犧牲上帝——最後一級殘忍的這種悖謬的殉道，始終是留給那個現在即將到來的世系去做的：我們所有人都已經認識其中一些了。——

56

[34] 誰如果像我這樣，帶著不知何種謎一樣的欲念長久地致力於對悲觀

32 據考夫曼，傳提庇留在此地用人牲為祭。——譯注

33 「道德世」，「世」原文為Epoche，蓋仿效地質學上以「世」「紀」畫分年代的方式，參見第32節「前道德紀」注。地質學上，「紀」比「世」長。——譯注

34 準備稿（筆記本W I 3）中題目作：circulus vitiosus deus（神之惡性循環）。——編注

主義作最深入的思考，努力使它從半基督教、半德意志的狹隘和單純——悲觀主義在這個世紀到最後就帶著這副狹隘和單純，也就是說，是以叔本華哲學的形態出現的——中解脫出來；誰如果真正以亞洲的和超亞洲的眼睛向內和向下看——超越到善惡之彼岸，不再像佛陀和叔本華那樣處在道德的祛使和妄想中——，看到一切可能的思考方式中對世界最否定的那種方式裡面，那麼，也許正是因為這樣做了，他才向那種相反的理想睜開雙眼，而這其實並非其本意：那種最得意、最鮮活和對世界最肯定的理想人類，他們不只是學會勉強接受和忍受已有和現有的東西，**而是要照其已有和現有的那樣**去重新擁有，永久地、不知足地、周而復始地呼喚著，不是呼喚給自己，而是呼喚去加入那一整幕或一整臺的戲劇，而且不只是一臺戲，而是從根本上呼喚去成為那種人，迫切需要這臺戲——並且使之亦成為迫切所需者的那種人：因為他總是一再迫切需要自身——並且使自身成為迫切所需者——怎麼？這樣做難道不是——circulus vitiosus deus（神之惡性循環）[35]？

35 「神之惡性循環」，circulus vitiosus（惡性循環，既指「循環論證」也指醫學上的「惡性循環」）與 deus（神）是同位語關係，即「作為惡性循環的神」。——譯注

57

遠方，猶如人類周圍的空間，隨著他精神的觀看和察看力量而增長：他的世界變得越來越深，總有新的星、新的謎和圖像出現在他的視野裡。也許，精神的眼睛藉以練習其敏銳和深邃的一切事體，只是一個動機，要引發他的練習，只是一件遊戲之事，給孩子和孩子氣的傻子去玩的某種東西。也許，那些最莊嚴、為之付出最多鬥爭和苦難的概念，「上帝」和「罪」的概念，將來在我們眼中的重要性，不會超過老男人眼中孩子的玩具和孩子的痛苦，——而且也許那時「老人」[36]再次迫切需要另外的玩具和另外的痛苦，——對孩子總是足夠了，永遠的孩子！

58

人們有沒有充分注意到：對於一種真正的宗教生活（既包括這種生活最愛做的顯微鏡下自我檢驗的勞作，也包括那種自稱為「祈禱」的細膩鎮定，以及一種對於「上帝到來」的持續準備）來說，外在的懶惰在何種程度上是必需的？我指的是由來以久、出自血統的心安理得的懶惰，對於它，那種認為工作是**侮辱**（即工作使靈魂和肉體平庸）

36 「老人」，原文為 der alte Mensch，亦可解為「舊人類」。——譯注

的貴族心態可不陌生。人們還有沒有足夠地注意到：由此而來，那種現代的、嘈雜的、充分利用時間的、自負其能——自負其蠢能的勤勞，比其他一切東西更加恰好是對「無信仰」的教育和準備？在那些比如在現在的德國疏遠宗教而生活的人們當中，我發現各式各樣種類和出身的「好作自由思考」的人，首先就是那樣一種占大多數的人，一代又一代，他們的勤勞已經溶解了那些宗教本能：以至於他們再也無從知道，宗教有什麼用處，只是彷彿帶著遲鈍的驚訝惦記著它在世界上的現成存在。他們感到自己已經是夠忙的了，這些老實人哪，要麼是生意，要麼是娛樂，且不說還有「祖國」、報刊和「家庭義務」：似乎，他們根本沒有時間留給宗教了，特別是因為他們始終不清楚，這是關係到一樁新的生意還是一種新的娛樂，——因為，他們對自己說，人們進教堂不可能只是為了破壞自己的好心情。他們並不與宗教習俗為敵；在特定情況下，可能是在國家方面，會要求參與這個習俗，於是他們就按照人們的要求做到人們所做到的地步——，帶著耐心而謙遜的嚴肅，沒有太多好奇和不適：——他們就是生活得過於疏遠和見外，以致在這類事情上連贊成和反對都覺得沒什麼必要。今天大多數中間等級的、尤其是身處忙碌的大型貿易和交通中心的德國新教徒，即屬於此類無動於衷者；同樣情形的還有大多數勤勞的學者和全部的大學附屬人員（神學家是例外，就在這一點上，他們的此在和可能性給心理學家出了越來越多也越來越精巧的謎語）。人們很少站到虔誠的或哪怕只是入了教會的信徒這方面來設想一下，當一個德國學者嚴肅地對待宗教問題，這種情形裡會有**多少**好意，人們不妨說是悉聽尊便之意：從他的全部手工作品（以及，如前所述，被他的現代良知當作職責的手工勞動的勤勞）出發，他會趨向用一種有優越感的、近乎善意的歡快來對待宗教，有時混雜著淡淡的藐視，針對的是那種精神上的「不乾淨」，凡是人們還在信奉教會的地方，他都預設有這種不乾淨。首先是，借助於歷史（就是說**不是**從個人經驗出發），他才能做到以滿懷敬畏的嚴肅和一種特定的羞怯的顧慮去面對宗教；而即使他把對宗教的感覺提升為感激，就他個人而言，也依然沒有朝那種作為教會或作為虔敬而持存者靠近一步：也許恰恰相反。他面對宗教事務時在實踐上的無動於衷，他那種生就和被教成的無動於衷，照習慣會在他身上昇華成羞於觸及宗教人和宗教事物的審慎和乾淨；而且可能正是他的寬容和人道的深度，叫他避開寬容本身帶來的那種精微窘境。——每個時代都有它特有的、會因此而受其他年代羨慕的超凡脱俗的[37]天

37 「超凡脱俗」，原文 göttlich（神一般的、關於神的），於此為雙關，既表示「無比的、神聖的（天真）」，也表明是在神的問題上的天真。——譯注

真：——而在學者所持的那種優越信念中，在他心安理得的寬容中，在那種無所顧慮、平平直直的安穩中，有多少天真啊，那可敬的、孩子氣的、蠢得沒邊的天真！他的本能憑著這種安全感把宗教人當作劣等和低等的類型來對待，他自己則是超出、越過和踩著這個類型而生長的，——他，這類渺小僭妄的侏儒和群氓，為理念——現代理念——幹活的勤快俐伶的腦力和手工勞動者！

59

人是表皮之物[38]：誰深入朝世界裡面看，或許便會猜出這種說法包含的智慧。正是人的自保本能教會他們倉促、輕率和虛假。在哲學家這裡，正如在藝術家這裡，人們不時會發現一種激烈而誇張的對「純粹形式」的禱拜：大概沒有人會懷疑，就是這般迫切需要表皮般禮拜儀式（Cultus）的人，曾經就不知於何時往那層表皮之下做了些招災惹罪的事。在這些惹是生非的孩子、這些天生的藝術家、這些只有在故意偽造自己的形象（在彷彿是對生命作一次漫長的報復——）時才覺得是在享受生命的人們之間，也許甚至還存在著等級序列：人們或許可以照他們願意見到自己的形象被作假、攙雜、超拔[39]和神化到何種地

38 「表皮之物」，原文為 oberflächlich，本書其他地方多譯為「膚淺的」，此據上下文而調整；亦可見尼采「膚淺」之譏不僅在指責「淺」。——譯注

39 「超拔」，原文為 verjenseitigt，字面義為「置於彼岸」。——譯注

步，來設定級別，以區分生活使他們敗興的程度，——人們姑且可以把 homines religiosi（宗教人）算作藝術家，作為藝術家的**最高**等級。這是對無可救藥的悲觀主義深切的、猜忌的恐懼，整整數千年以來，這種悲觀主義強迫人們緊緊咬住對此在的宗教性解釋不放：這恐懼是本能地預見到，人可能會在自己足夠強壯和強硬、足夠做藝術家之前，**太早**把真理弄到了手[40]……用這種眼光來看，那種虔誠，那種「上帝內的生命」[41]，出現在這裡，是對真相的**恐懼**所變成的最精細和最後的一隻怪獸，是在一切偽造中最前後一致的偽造面前的藝術家式禱拜和沉醉，是顛倒真理的意志，是不計代價地意求不真之理的意志。也許，到目前為止還沒有比虔誠更強勁的手段可以讓人類美化自身：通過虔誠，人類可以如此充分地變成藝術，變成表皮，變成變色遊戲，變成善良意願，好不再苦於所目睹的自己的景象。——

60

為了上帝之故而愛人——這是到現在為止在人類當中所達到的最高尚也最怪僻的感情。背後若沒有某種神聖的意圖，對人類的愛就**毋寧**是一種蠢勁和獸性，唯有從某種更高的偏好那裡，對這種人類之愛的

40 人可能……」科利版第12卷，1〔110〕，準備稿（N VII 2）：人們可以駁倒上帝，卻駁不倒魔鬼；。——編注

41 「上帝內的生命」（das Leben in Gott），或稱「主內生命」「主內生活」，參見《新約·歌羅西書》3：3，「因為你們已經死了，你們的生命與基督一同藏在神裡面」。——譯注

偏好才獲得尺度和精度，才有了鹽粒和香精：——只要有人首先感受並且「體驗」到這一點，無論他是什麼人，無論在嘗試把這種細膩表達出來時他的舌頭會打多大的結，他，作為迄今為止飛得最高、錯得最美的人，在一切時代始終被我們視為神聖的和值得崇拜的。

61[42] 哲學家，在**我們**、我們這些自由的精神的理解中——，作為負有最廣泛職責的人，對人類總體發展懷有良知的人：這樣的哲學家會為了他的培育和教育事業而利用那些宗教，就像利用他那個時候的政治和經濟狀況一樣。諸種宗教助成的那種有遴選和培育作用的（這意味著總是既有摧毀亦有創造和賦形作用的）影響，依照被置於宗教之祛使和護持下的人在種類上的不同，是多層次和有差別的影響。對於強健、獨立、準備著且被預定了要下達命令的人，執政種族之理性和技藝的肉身載體，宗教更多地是為了克服抵抗和能夠統治而採取的手段：而不是一道把統治者和臣僕連結在一起的紐帶，不是要把後者的諸種良知、把他們那些想要繞開服從的隱情和最深的內在，透露和託付給前者；在這樣高尚的出身之下，如果個別天性依恃高級的精神狀態而傾

42 準備稿（N VII 1）：一個宗教的意義是多重的：對於較為強健者和獨立者它是個統治的手段，或者為自己從統治的勞累中獲得安寧的手段（就像婆羅門）：對於那些正在成長、較為強健的種類的人（類），它提供增強意志和學習斯多葛主義的機會：或者還學習那柔韌性（就像耶穌會士）：對於那些凡（俗）的人（類）則提供可靠的視野、慰藉、幸福和苦難的聯合體，並通過一切過程的重大意義對平庸生活加以某種特定的美化。——編注

心於更加抽象和默觀的生活，只為自己保留統治（即統治精選的門徒或者修會成員）所需的最精妙資質，那麼，宗教甚至可以被利用為手段，藉以在粗暴執政的嘈雜和艱辛面前獲得安寧，在一切政治手腕必需的污濁面前達到純潔。比如婆羅門就是這樣理解宗教的：在宗教組織的說明下，他們賦予自己為民眾委任君王的權力，而他們自己則作為擔負著超越君王的更高使命的人，置身於並且覺得自己置身於遠處和外部。與此同時，宗教也為一部分的受統治者提供管道和機會，讓他們為有朝一日作統治和下命令做好預備，也就是說，預備進入那個正在緩慢上升的階級和等級，在這些階級和等級上，通過幸運的聯姻習俗，獨立自主的意志力量和興趣會不斷增長：宗教提供了足夠的推動和誘惑讓這部分人走上通向更高精神狀態的道路，讓他們檢驗那些跟偉大的自我克服、沉默和孤獨相關的感覺：——如果一個種族想要超越其群氓出身而有朝一日晉升為統治者，苦修主義和清教主義幾乎是不可或缺的教育及使之變得高貴的手段。而對那些凡俗之人，那絕大多數人，那些為了服侍和公共用途而存在、也只允許在這個範圍內存在的人們，宗教則賜予他們對自身處境和所屬種類無可估量的饜足，賜予他們多層次的心靈平靜，使他們的服從變得高貴，使他們多跟他們的同類同甘共苦，至於全部日常生活，整個卑微的狀態，對於他們靈魂介於人獸之間的全部貧乏，宗教則加以些許增色和美化，使之有幾分正當。宗教，和宗教所說的生命的重大意義，把耀眼的陽光投射在這些受著無盡苦楚的人們頭上，使他們自己能忍受自己所處的景象，它們的作用正如伊比鳩魯的哲學對較高等級的苦難所起的一慣作用，是提神和精煉，彷彿是在充分利用苦難，最後簡直是將苦難神聖化和正當化。在基督教和佛教，最值得尊敬的也許莫過於它們的教導技藝，對哪怕是最低等的人，教導他們通過虔誠而置身於事物的某個高級顯像秩序[43]，並且由此在自己這裡堅持對現實秩序的滿足，在這個現實秩序當中，他生活得可夠艱辛的，——必需的恰恰是這種艱辛[44]！

62[45]

最後，當然，還要盤算一下宗教付出的那些糟糕代價，並且指明它們不測的危險：——如果宗教**不是**作為培育和教育的手段在哲學家手中運作，而是從自身出發並**全權自主**[46]地運作，如果它想讓自身成為最終目標而不是與其他手段並列的手段，就會付出越來越昂貴的可怕代價。在人類這裡，正如在所有其他種類的動物那裡，存在大量過剩的

43 「顯像秩序」，原文為Schein-Ordnung，亦可解作「假秩序」。——譯注

44 「艱辛」，原文為hart，在本書其他處多次出現時多譯為「強硬」；此處二義本相通，「強硬」即不懼使人或使己「艱辛」。——譯注

45 準備稿（N VII 1）：給受苦受難者以慰藉，給受壓迫者、弱者以勇氣，引導不能自立者，使無節制者有所止息，有所培養，——但也在摧折強者，侵蝕偉大的希望，猜嫌偉大的幸福，美麗，自信，更有男人氣的、更自負的、有統治欲的本能：

失敗者、病態者、蛻變者、衰老者和必然罹受苦難者；成功案例在人類這裡也總是例外，考慮到人是*尚未固定的動物*，成功甚至是罕見的例外。然而更糟的是：某種人類的類型（它是通過此類型而得到表現的[47]）生就愈高等，其*茁壯成長*的概率就愈低：制約著全人類總體得失的胡鬧規律[48]——偶然，在它摧毀性地作用於高等人類（他需要精細、多樣且難以估算的生命條件）的時候，表現得最恐怖。上面提到的兩大宗教是怎樣對待失敗案例的*大量過剩*的呢？它們尋求保存，尋求在生命中堅持但凡能以某種方式保存下來的東西，乃至從根本上偏袒那些失敗案例，作為為*罹受苦難者*[49]的宗教，它們給所有罹受生命如罹受病痛的人們以權利，它們想要潛移默化使眾人以為，任何對生命的其他理解都是虛假的，都不再可能。對這種呵護性、保存性的救濟——只是因為它不但適用於其他一切人等，而且在過去和現在都還適用於那些最高等的、迄今為止幾乎也總是最受磨難的人類類型——，還是應該給出如下這樣高度的評價：從總體上估計，使「人類」這個類型盤桓於比較低等階段的主要原因，就是迄今為止的這些宗教，這些*全權自主*的宗教，——它們保存了太多*本來應該毀滅的東西*。有數不清的事情要感謝這些宗教；對於如基督教那些「聖職人員」迄今為

這是到現在為止基督教的任務。——編注

46 「全權自主」，原文為 souverän，本指「有絕對治權或最高主權的」，多用於形容國家或元首。——譯注

47 「類型」（Typus，或譯「典型」）與「表現」（dargestellt，或譯「表演」）互文，可見出本書中多次出現的「類型」一詞從戲劇而來的蘊義：對於某個種類的最集中、最典型的表現。——譯注

48 「胡亂規律」（das Gesetz des Unsinns）意即「無意義的規律、無規律」。——譯注

49 「為罹受苦難者」，原文為 für Leidene，其中 für 既表示「為了」，在此上下文中也有「偏袒、支持」之意。——譯注

止對歐洲所作的一切事情，人們的感激哪裡有個夠呢！話說回來，當這些宗教給罹受苦難者慰藉，給受壓迫者和絕望者勇氣，給不能自立者拐扙和支柱，還誘引那些內心已被摧毀者和已養成野性者離開社會，到修道院和靈魂的監獄裡去：這時候，除了照這樣心安理得地全面致力於保存一切病人和罹難者，亦即致力於在事實上真正使歐洲種族低劣化，有什麼是它們還要做的呢？把一切價值評估從上到下顛倒過來——這便是它們要做的！摧折強者，侵蝕偉大的希望，猜嫌美好事物中的幸福，使一切跋扈、男子氣、能征服、有統治欲者，使最高等的、成長得最好的人類類型所秉有的一切本能起皺，皺得不安定，皺得良知窘迫和自我摧毀，還要把對於地上事物和對統治的全部熱愛，扭轉為對大地和地上事物的憎恨——如此等等，教會皆當作而且必然當作自己的使命，直到最終按照它的評估，「去世界化」「去感性化」跟「更高等人類」被熔鑄成同一種感覺[50]。假如誰有這樣的能力，能夠以一位伊比鳩魯式神祇所擁有的那種事不關己的嘲弄眼光，對歐洲基督教上演的這齣充滿怪異痛苦的、既粗暴又精細的喜劇作一番通覽，我相信，他準會驚訝不已，大笑不已：難道看起來不是這樣嗎，統治了歐洲足足十八個世紀是同一個意志，想要把人類造成一種精巧畸生

50 此三詞皆與上面的「聖職人員」（die geistlichen Menschen，即教會人士）相關。「去世界化」，原文為Entweltlichung，此係照字面直譯，通譯為「去世俗化」。蓋其形容詞形式weltlich（世界的、世俗的）實與geistlich（聖職的、出家的）相對，聖職人員代表的個高於俗家與塵世的等級，故

為「更高等的人」。「聖職」（geistlich）一詞在字面上有「精神性」之義，故又與「感性」（sinnlich）相對，意味著「去感性化」（entsinnlchung）。——譯注

物的意志？不過，倘若誰有相反的需要，不再以伊比鳩魯的方式，卻在手中握了一柄什麼神錘，來到人類（就像那種信基督的歐洲人，比如巴斯卡）所遭受的這種幾乎是隨意的蛻變和萎縮跟前，那麼他一定不是氣憤而是憐憫和驚愕地叫喊起來：「啊，你們這些蠢貨，你們這些僭妄地同情別人的蠢貨，你們都幹了些什麼啊！這是給你們幹的活計嗎！你們把我最美的石頭糟踐成什麼樣子啊！你們自作主張亂搞了些什東西啊？」——我想說的是：基督教是迄今為止後果最嚴重的一種自身拔高。人類還不夠高等和強硬，還不足以作為藝術家在人類身上賦形；人類還不夠強健和有遠見，不足以依靠一種崇高的自我克制，任憑那個將造成千百倍失手和毀滅的前臺法則來掌管；人類還不夠高貴，不足以看到人和人之間天淵之別的等級次序和等級間隔：——迄今為止，此等人類已經以他們「上帝面前的平等」主宰了歐洲的命運，直到一種渺小化的、近於可笑的種類，群盲動物[51]，某種與人為善的、病懨懨的平常貨色，今日之歐洲人，終於被栽培出來……

51　「群盲動物」，原文為Heerdenthiere，通譯當為「畜群」或「群居動物」。——譯注

第四章　箴言和間奏曲

63

從骨子裡為人師者，對一切事體皆只在涉及學生時才加以嚴肅考慮，——甚至對他自己亦然。

64

「以自身為目的的知識」——這是道德布下的最後陷阱：人們於是又一次深陷其中

65

倘若通向認識的路上沒有這麼多羞恥要克服的話，認識或許便沒什麼刺激了。

65a.

人們在他的上帝面前最不誠實了：他不允許有罪過！

66

貶低自己，讓自己受竊弄、受欺騙和受剝削的傾向，或許是某位人中之神[1]的陰私。

67

對某物的愛是種野蠻：因為這種愛的施行會給所有其餘者帶來麻煩。對上帝的愛亦然。

68

「我做過這件事。」我的記憶說。我不可能做過這件事——我的自負說，並且始終不鬆口。終於——記憶屈服了。

69

人們對生活的觀看很糟糕，如果他們沒有也看見那隻手，那隻以某種呵護方式——殺人的手。

70

人們若有性格，就會有其一再重現的典型體驗。

---

1 「人中之神」（Gottes unter Menschen）或暗引「人中的人」（Mensch unter Menschen），後者係席勒短劇《塞墨勒》中宙斯語，後成為德語習語，形容「不受拘束、出處自若」的情形。然則「人中之神」或指不得在人群中隱藏自身的處境，此亦與塞墨勒神話及下73a節相應。——譯注

71

作為占星術士的智者。——只要你把星星感覺成一種「居於你之上者」，你就還沒有具備認識者的眼光。

72

不是高級感受的強度而是其持久性造就高等的人。

73

誰達到他的理想，就恰恰由此超越了它。

73a.

有些孔雀在眾目睽睽之下藏起它們的尾羽——並把這叫作它們的自負。

74

一個有天才的人不堪忍受，如果此外他沒有至少再擁有兩樣東西：感激和純淨。

75

一個人性愛狀況的層級和種類的高度，與他精神的最高巔峰相等。

76

在和平環境中，好戰之人便自己對自己動手。

77

用自己的基本法則，人們願意對自己的習性施以霸道或為之辯白或加以尊崇或加以折辱或庇而藏之：——兩個遵循相同基本法則的人大概還願意因此而有些基本歧異。

78

凡蔑視自身者，當此之際其實總還是重視著作為蔑視者的自己。

79

一個知道自己為人所愛的靈魂卻不愛自己，便暴露出他的沉澱物了：——他最底下的東西冒上來了。

80

一件理清楚[2]了的事就不再跟我們有什麼相干了。——那位呼籲「認識你自己」的神祇[3]——以及蘇格拉底？——以及「科學人」？——是什麼意思啊！也許是在說：「不要再牽涉到你自己了！要客觀！」

81

渴死於海洋中是可怕的。你們非得急著給你們的真理加鹽，好讓它再也不能——解渴嗎？

82

「憐憫所有人」——願強硬和霸道與你同在，我的鄰居先生！——[4]

83

本能。——房子著火時，人們便連午餐也忘記了。——是的：不過他們會在灰燼上補一頓的。

---

2 「理清」（sich aufklärt）亦可解為「（自行）啟蒙」，參見第4節。——譯注

3 據諾爾曼，指日神阿波羅。——譯注

4 「憐憫所有人」（Mitleiden mit Allen）字面上亦可解為「與眾生同罹苦難」；「鄰居」暗指「博愛」，參見第162節譯注。——譯注

84

女人於魅惑荒疏到何等程度，便會把憎恨精研到何等程度。

85

同樣的情緒在男人和女人身上則有節奏的差異：因此男人和女人從沒有停止誤解自己。

86

在她們一切個人虛榮的背後，女人自己總還抱有她們非個人的——對「女人」的——蔑視。

87

束縛的心，**自由的精神**。——如果把心牢牢束縛和禁錮起來，人們便能給精神許多自由：這個我說過一次了。不過人們不會相信我的話，假如他們還不明白它的意思……

88 對非常聰明的人士，人們是在他們被難倒時開始不信任他們的。

89 令人害怕的體驗會讓人猜想，那個體驗此體驗者是否並不是什麼令人害怕的東西。

90 沉重、消沉的人恰恰是通過那些讓他人沉重的東西，通過恨和愛，而變得輕鬆，暫時來到他們的表皮[5]。

91 這麼冷，這麼冰，有人竟點燃了自己的手指！每一隻跟他相握過的手都嚇了一跳！——恰恰因此有些人還以為他是在發熱。

92 誰沒有為自己的好名聲而犧牲過一次——自己呢？——

譯注

5 參見第59節「表皮之物」譯注。——

93

平易以近人，是不帶絲毫對人類的憎恨，但恰恰在這裡有太多對人類的蔑視。

94

男人的成熟：意味著重新發現嚴肅，那種在孩提時、在遊戲中曾經擁有的嚴肅。

95

為自己的不道德而羞恥：這是階梯之一級，在這條階梯的最高一級，人們也會為自己的道德而羞恥。

96

人們應該像奧德賽告別娜烏西卡一樣告別生命，——多些祝福，少些愛戀。

97 什麼？一個偉大的男人？我總是只看到出演自己理想的戲子。

98 如果人們調教他們的良心，那麼它會在齧咬[6]的同時親吻我們。

99 失望者說道。——「我諦聽回聲，而只聽見讚美——」

100 在自己面前，我們所有人都裝出比我們所是者更為單純的樣子：我們就這樣在跟同伴相處之餘休息一下。

101 今日，一位認識者或許很容易感到自己是上帝道成獸身[7]。

6 德語中「良知有愧（Gewissenbiß）」的字面義即「良知在齧咬」。——譯注

7 「道成獸身」（Thierwendung）係對「道成人身」（Menschwendung）的戲仿。——譯注

102 發現得償所愛了,愛人其實就應該對被愛者有所醒悟。「怎麼?連你都愛,**這**真夠差勁的?或者說真夠愚蠢的?或者——或者——」

103 幸福中的危險。——現在我一切皆臻於至善,今後我愛所有的命運:——誰有興趣做我的命運啊?

104 不是他們的人類之愛,而是他們人類之愛的無力,阻礙今日的基督徒把我們——燒死。

105 對自由的精神、「虔誠於認識者」[8]來說,——pia fraus(虔誠的欺騙)[9]甚至比 impia fraus(不虔誠的欺騙)更有悖於趣味(有悖於**他的虔誠**)。於是乃有他對教會的茫然無所知,這是他身為「自由精神」的類型所在——**他的不自由**。

---

8 「虔誠於認識者」(Frommen der Erkenntnis),即尼采多次使用的「認識愛好者」「認識之友」「認識者」等稱呼;「認識者」不同於「知道者」,參見《論道德的系譜》第三篇第17節「知道者」譯注。——譯注

106 由於音樂，激情能夠享受自身。

107 一旦做了決定，亦決定不聽取反對理由：強健性格的標誌。也就是，偶爾來一次求愚蠢的意志。

108 沒有道德現象，而是只有對現象的道德詮釋……

109 罪犯經常並不勝任所犯的罪行：他把它弄得渺小和齷齪。

110 罪犯的律師很少有足夠的巧技去為犯罪者的利益而就罪行美麗的恐怖作辯護。

---

9 pia fraus 通義為「善意的騙局」，「虔誠的欺騙」譯自其通常的德語譯法「Frommer Btrug」。德語中的「虔誠」（fromm）舊時有「正直」之義。——譯注

111

若我們的自負剛受過傷害，則恰恰在這個時候，我們的虛榮最難被傷害。

112

誰感覺到自己是被預定去觀看而非去信仰的，則一切虔信者於他都太過嘈雜和糾纏：他抗拒他們。

113

「你想吸引他麼？那就在他面前裝著很尷尬吧——」

114

在性愛方面的巨大期待，和於此期待中的羞恥，從一開始就毀掉了女士們的所有眼力。

115

遊戲時若無愛或者恨的參與，則女人們表現平平。

116 我們生命的那些偉大關頭就在於：當我們爭得勇氣，敢將自己的惡更而命之為我們的至善。

117 克服一種情緒的意志最終其實只是求另外一種或更多種情緒的意志。

118 有一種讚賞的無辜：那個尚未想過自己竟也會受讚賞的人，即有此無辜。

119 對污濁的噁心會大到妨礙我們清潔自己的程度，——妨礙我們「辯白」自身。

120 感性經常催促愛快快生長，以至於根基一直虛弱而易於動搖。

121

這是一個妙想：上帝當初想當作家時去學了希臘語——他學得並不特別好。

122

在有些人那裡，因受稱讚而高興只是心靈的禮貌——跟精神的虛榮正相對立。

123

連姘居也被腐蝕了：——被婚姻。

124

在火刑架上還欣幸的人，不是因痛苦而歡叫，而是因為，在他期待痛苦的時候將感覺不到痛苦。一個譬喻。

125

如果我們必須重新學習關於某人之事，那麼我們就會嚴厲清算他由此對我們造成的不適。

126　一族民眾是自然所繞的彎子，以通向六七位偉大的男人。——是的：然後再繞開他們。

127　對於所有正經的女士，科學皆有悖於羞恥心。它讓她們有這樣的心情，彷彿人家想用科學瞧到她皮膚下面去似的，——還有更糟的呢！看到她衣裙和飾物下面去。

128　你想要學習的真理越是抽象，就越是必須把感官誘引到它那邊去。

129　魔鬼對上帝有最廣闊的視角，因此他遠遠避開了他：——魔鬼就是認識最古老的朋友。

130 某人之所是在他的天賦衰退之時才顯露出來，——在他停止展現他之所能的時候。天賦也是一件飾物；一件飾物也是一個藏身之所。

131 兩性相互欺騙：這造成，他們根本上只是自己敬自己，自己愛自己（或者說得更好聽一些，敬著愛著他們各自的理想——）。所以男人平靜地意願著女人，——女人卻正好在本質上是不平靜的，和貓一樣，即使她們已經把平靜的外表練習得這麼純熟。

132 人們為了他們的美德而受到最好的懲罰。

133 誰若不知道去發現通向他的理想的道路，則活得比沒有理想的人更加輕浮和無忌憚。

134 一切可信度，一切好良知，真理的一切視覺顯像，皆從感官而來。

135 法利賽主義[10]於好人並非一種蛻變：一份足量的法利賽主義毋寧是一切「好」[11]的條件。

136 一個在為他的思想找接生者，另一個在找他能幫上忙的人：這樣就產生了一段好對話。

137 在與學者和藝術家打交道時，人們容易往相反的方向誤判：在一位值得注意的學者背後發現一個平常的人，這並不少見，而在一位平常的藝術家背後，甚至經常會發現——一個相當值得注意的人。

10 「法利賽主義」，法利賽人是古代猶太教的學派，內涵包括神學、政治與生活實踐，和合版聖經以「文士」名之，其重律法的學風受到後世基督徒的誇大和指責；德語中可用於形容因自己行為合乎規矩而自矜自負的心態，雖亦有因其不究本心只循節文而指其為偽善者，但尼采推重的就是這種自以為恰當（Selbstgerechtigkeit）的心態。——譯注

11 「『好』」，讀作名詞，原文為 Gut-sein，無引號。——譯注

138 我們總是既在夢寐也在清醒時分這樣做：我們先杜撰和編撰出我們與之打交道的人，——便馬上忘記曾經這麼做過。

139 在復仇和戀愛中，女人比男人更野蠻。

140 **作為謎語的建言**[12]。——「不應該斷裂的紐帶，你才必須咬它——」

141 下半身是人不那麼容易把自己當作神的根據。

142 我所聽過最貞潔的話：「在真正的愛中，是靈魂包裹了身體。」[13]

---

12 據《杜登詞源辭典》，「謎語」（Räthsel）與「建言」（Rath）在德文中是同源詞，詞根皆為Rat（建言），詞源上與Red（言、語）相關。——譯注

13 引文為法文：Dans le véritable amour c'est l'âme，qui enveloppe le corps。據《尼采頻道》，出自蓋恩夫人，轉引自庫斯丁侯爵，《如此世界》，巴黎，一八三五年，第一卷，第102頁。——譯注

143

對我們做得最好的事情，我們的虛榮想的是：這正好可以當成對我們來說最困難的事情。論有些道德的起源。

144

如果女人有作學問的傾向，則她在性方面通常有些不正常。不育屬於趣味上一種特定的雄性特徵；男人就是，如果允許這麼說的話，「不育的動物」。

145

整體上比較男人和女人，可以說：女人倘若沒有第二角色的本能，亦不會有對飾物的天才。

146

與怪獸戰鬥者，可得注意，不要因此也成了怪獸。你若往深淵張望許久，深淵也在朝你內部張望。

147 源自一部佛羅倫斯的舊時小說，反正——源自生活：好女人壞女人都需要根棍子[14]。薩切蒂，86年11月。

148 把身邊人誘引到某個好想法上，之後再篤定地相信身邊人的這種想法：這個把戲誰玩得跟女人一樣好？——

149 被一個時代感受為惡的東西，通常是以前被感受為善的東西不合時宜的尾音[15]，——是某個更古老理想的返祖遺傳。

150 圍繞英雄，一切皆成悲劇，圍繞半神，一切皆成薩蒂爾劇；而圍繞上帝，一切皆成——什麼？也許皆成為「世界」[16]？——

---

14 引文為義大利文，buona femmina e mala femmina vuol bastone，據諾爾曼，出自弗朗科·薩切蒂（Franco Sacchetti，活躍於十四世紀）的《故事集》（Novelle）；據《尼采頻道》，參見埃米爾·傑爾哈德，《南方研究·第一卷：義大利文藝復興的起源》，巴黎／阿謝特一八七九年，第268～269頁。——譯注

15 尾音（Nachschlag）作為音樂術語指顫音結束時或主音之後的裝飾音。——譯注

16 「世界」在基督教中又表示與「聖職」（geistlich）相對的「俗世」（weltlich）；參見62節譯注。——譯注

151 一份天賦是不夠的：人們還必須得到你們對此的許可，——怎麼樣，我的朋友們？——

152 「認識之樹所立之處，皆是天堂」：那些最古老和最年輕的蛇這樣說。

153 出於愛所做的，總是發生於善惡的彼岸。

154 抗議、越軌、歡樂的懷疑、譏諷的快意是健康的標誌：一切絕對之物皆當透過病理學觀之。

155 對悲劇性事物的感受力是隨著感性[17]而增減的。

17 「感性」（Sinnlichkeit）的字根即「感受力」（Sinn，又可解作「感官」「理解力」），字面義為「基於感官感受的狀態」。——譯注

156
瘋狂於單個人是稀罕的，——但於群體、黨派、民眾和時代則為常規。

157
自殺的想法是種強勁的安慰劑：人們靠着它很好地度過了一些很壞的夜晚。

158
不但我們的理性，連我們的良知也屈服於我們最強健的衝動，屈從於我們內部的僭主。

159
好歹必須各以好歹報之：但是為什麼偏要施於那個對我們行好或作歹的個人呢？

160 人們一旦去傳達他們的認識，對這認識便愛得不夠了。

161 詩人面對體驗毫無羞恥：他們剝削壓榨他們的經歷。

162 「我們身邊的人們並非我們的鄰居，而是我們身邊人的鄰居[18]」——各族民眾皆作如是想。

163 愛照見一個愛人所隱藏的高等特性，——他稀有的、例外的東西：因為愛輕易隱瞞他那些常規的事物。

164 耶穌對他的猶太人說：「這條律法是為僕人們設的，——愛上帝，

18 「身邊的人」和「鄰居」射指基督教的博愛（Nächstenliebe，又譯作「鄰人之愛」）；據諾爾曼，德語中「身邊的人」（Nächster，字面義為「最近的人」）本身亦可指「鄰人」。——譯注

像我愛他那樣，當他的兒子！道德跟我們上帝之子有什麼相干呢！」[19]——

165

至於一切黨派。——一個牧人總是需要一頭領頭騸羊，——要麼他必須自己偶爾當一回騸羊。

166

人們確實是用口說謊的；不過，用說謊說出來的那張嘴[20]，他們倒是道出了真理。

167

在強硬的人那裡，由衷是件羞恥的事情——是某種昂貴的東西。

168

基督教給愛欲灌毒藥：——愛欲沒有被毒死，卻因而蛻變成惡習。

19 參見《新約·馬太福音》12：1以及17：14以下，其中有父王不向兒子徵稅的比喻。——譯注

20 「口」（Mund）與「嘴」（Maul）屬同義詞，但德語中一般前者用於人，後者用於畜。——譯注

169 多談論自己也可能是一個隱藏自己的手段。

170 比起譴責，在稱讚中有更多的糾纏不休。

171 對於一位認識人[21]，同情幾乎要逗他發笑，正如纖細的手對於一個獨眼巨人。

172 人們偶爾也出於人類之愛擁抱一下隨便什麼人（因為不可能擁抱所有人）：不過恰恰是這一點，不可以透露給那個隨便什麼人……

173 只要估價還很低，人們便不會憎恨，當估價相等或很高時才有憎恨。

21 「認識人」，原文為 Menschen der Erkenntnis，同時可解為「擁有認識的人」或「屬於認識（以認識為使命）的人」；此譯為體現尼采的特殊行文方式，並與同類的「科學人」「人道人」等對應；此處並須注意尼采對「認識」「認識者」與「知識」「知道者」的區分。——譯注

174

你們這些功利主義者，連你們也只是把一切 utile（功利）當作你們諸多傾向的運載工具嗎，——那輪子的嘈雜聲響會讓你們也受不了吧？

175

人們愛的最終是他們的欲望，而不是所欲望者。

176

他人的虛榮，唯當與我們的虛榮相悖之時，才有悖於我們的趣味。

177

「真誠」是什麼，對此，也許還沒有人以足夠的真誠來面對過。

178

人們不相信聰明人的傻：這對人類的諸種權利造成怎樣的損害呀！

179 我們所做所為的後果一把揪住我們，渾然不顧我們此間已經使自己「改善」了。

180 謊言中有一種無辜，它是對某件事情深信不疑的標誌。

181 在一個人受詛咒之處行祝福，是無人性的。

182 與占優勢者的親密令人惱火，因為這親密不許收回。——

183 「讓我震驚的，不是你騙了我，而是我再也不相信你了。」——

184

有種善意的狂歡[22]會作出惡意的樣子。

185

「我不喜歡他。」——為什麼？——「我跟他不相匹敵。」——可曾有一個人這樣回答嗎？

22 「善意的狂歡」（Übermuth der Güte），「善意」作名詞讀。——譯注

第五章　道德的自然史

186

在歐洲，道德感受之精細、老到、多樣、敏感和機巧，正相當於它所屬的「道德科學」之年輕、初級和笨拙：——這是個很吸引人的對立，在某位道德主義者個人身上，這個對立甚至會是可見的，會化入血肉。「道德科學」一詞，考慮到它所標誌的東西，本來就太過傲慢了，並且有悖於**好趣味**：好趣味總是人們對較為謙遜的辭令的第一印象。人們應該一絲不苟地向自己坦白：在這裡**什麼**是長久且必需的，**什麼**則只是暫時且有權利做的：也就是說，收集材料，從概念上把握住由細膩的價值感覺和價值區分（它們是活潑潑的，會生長、繁衍和消亡）組成的巨大領域，對它全面排序，——也許，還要嘗試使這種活的結晶體那些反覆重現的、較為頻繁的成形過程可以直觀，——以此作為對一門道德的**類型學說**的準備。誠然：人們迄今從未如此謙遜。哲學家一旦開始把道德當作科學來從事，便統統帶上引人發笑的僵硬的嚴肅，向自己索要某種太過高蹈、太多期許和太過莊嚴的東西：他們想要為道德**奠基**，——迄今每位哲學家都曾相信，必須為道德奠基；而道德本身卻被當作是「給定」的。他們臃腫的自負離那個沒人看上眼的、棄於灰塵和腐土中的使命——作一次描述——還差得多遠啊，儘管對於這個使命來說，大概最精細的雙手和感官都不夠精細！恰恰由於，對於道德的facta（實情），道德哲學家只是通過隨意摘選或隨機簡略得到些粗疏見解，大約把這看作他們自己周圍、所處階層、所屬教會，以及所處時代精神、氣候和地理區域的道德狀態，——恰恰由於，對於民眾、時代和往昔，他們的學識太淺陋，甚至沒有多少求知欲，所以，他們根本尚未窺見真正的道德問題：——真正的道德問題首先是在多種道德的比較中出現的。在迄今所有「道德科學」中還缺失著道德問題本身，即使這麼說可能很奇怪：缺失著那種覺得「這裡大有問題」的狐疑。這些哲學家用以稱呼「道德之奠基」並向自己索取的東西，從好的方面來看，只是對居於統治地位的道德的良好信仰所具有的某種學術形式，是此道德的某種新表達手段，也就是某種特定道德狀態內部的事實要件，甚至，究其根柢，是一種拒絕方式：不允許把道德持為問題：——無論如何，跟對這種信仰所作的某種考驗、拆解、置疑、活體解剖正相牴牾。人們應該來聽一下，比如，就是叔本華也還是以怎樣幾乎值得崇拜的無辜擔起他自身的任務，應該對這門「科學」（它最後的大師還像小孩子和老太婆那樣說話）的科學性得出自己的結論：——「這個原理，他說道（《道德的基本問題》

136頁[1]），這個基本法則，對其內容所有倫理學家**其實**[2]都是一致的；不要損害任何人；相反，要就你的能力所及，幫助所有的人——這**其實**是每位禮教師傅費盡心力要為之奠基的基本法則……是倫理學**真正**的根基，人們數百年來當作點金石尋找的東西。」——要為上述這條法則奠基，固然可遭遇巨大困難——眾所周知，叔本華在這一點也不走運——；誰如果透徹體會一下，在本質是權力意志的世界裡，這條法則虛假到多麼乏味，多麼自作多情——，他或許就會想起，叔本華，雖然是個悲觀主義者，**本來**——卻在吹笛子……每天飯後都吹：人們應該在他的傳記裡讀一下這個。順便問一下：一個悲觀主義者，一個對上帝和世界說不的人，卻在道德面前**止步不前**，——對道德、laede-neminem（不傷害任何人）[3]的道德說聲「是」，然後吹笛子：什麼？一個悲觀主義者——本來就是這樣的嗎？

187

「我們心中有一個絕對律令」，且不說這樣的論斷有何價值，人們總還可以問道：這樣的論斷對於下此論斷的人意味什麼呢？有些道德應該讓它們的創立者在他人面前得到辯白；另一些道德則應該讓他安

---

1 136頁）此處指尼采所使用的弗勞恩斯泰特（Frauenstädt）版（應該是第137頁）。——編注

【譯按】可參見叔本華，《倫理學的兩個基本問題》第五、六兩章。叔本華在該書中將同情作為道德的基礎。尼采所注標題不確，叔本華原文題為《論道德的基礎》（Über das Fundament der Moral）。

2 「其實」，原文為eigentlich(e)，多表示「真正、確實」；由尼采著重標出。——譯注

3 叔本華原話作：「Neminem laede, imo omnes, quantum potes, juva.」（不要損害人，而要盡量幫助人。）他以此為一切道德之最高目標，參見叔本華，《倫理學的兩個基本問題》，任立、孟慶時譯，商務印書館，一九九六年，第185頁。——譯注

靜，心滿意足；用另一些道德，他想把自己釘在十字架上，折辱自己；用另一些去報仇，用另一些來藏身，再用另一些解釋自己，把自己送到外面、送到高處和遠處；這個道德有助於它的創立者遺忘，那個道德使他忘記自己或關於自己的某些事；有些道德主義者想要在人性上施展權力和造物主的情懷（Laune）；另外一些，也許康德正好也是，用他的道德要人理解：「我這裡值得尊重的是，我可以服從，——你們的情況則不**應該**跟我的不一樣。」——簡而言之，這些道德也只是**情緒的手勢語**。

188

每一種道德都與放任自流相對立，都是對「自然」、也是對「理性」的專橫霸道：但這不是反對道德的藉口，因為從無論哪個道德出發，人們本來就一定會反覆宣告：所有種類的霸道和非理性都是不允許的。對每種道德來說，有一點是本質性的和無法估量的，即道德是一種長久的強制：要理解斯多葛主義、皇港修道院或者清教教義，人們可以想一想迄今為止使一切語言獲得力量和自由的那種強制，——韻律的強制，韻腳和格律的霸權。在每一族民眾中，詩人和演說家都是多麼不可或缺啊！——也包括當今少數幾位以無情的良知去傾聽的散文作者——「這是因為某種笨工夫」，功利主義的笨蛋說道，說的時候還自以為聰明——「這是在臣服於專斷的規則」，無政府主義者這樣說道，以為這樣很「自由」，甚至很有「精神自由」。實際情況卻很奇怪，大地上現有和曾有的一切跟自由、精細、膽量、舞蹈及大師才有的沉著沾得上邊的，不管是在思想自身、在執政時、在演說和遊說時，在諸門藝術中還是在諸般德教中，都是因為有「此類專斷規則的霸道」才得以發展；最嚴肅地說，不無可能的是，恰恰這才是「自然」和「自然的」——而不是那種放任自流！每位藝術家都知道，他「最自然的」狀態，「靈感」突降時自由地安排、設置、支配和賦形，離那種率意自為的感覺有多遠，——恰在這時，他是多麼嚴格而又精細地服從千變萬化的規則，以概念所作的一切表述，恰恰由於其強度和確定性，都在這些規則面前受到嘲笑（反過來看，即使最穩固的概念，也有某些遊動、多層次和多意義的地方——）。再說一次，「在天空和大地上」[4]，一眼望去，最根本之事乃是：長久地向一個方向服從：這裡會產生並且已長期持續產出某些東西，大地上的生活正是因為這些東西才值得一過，例如美德、藝術、音樂、舞蹈、理性、精神狀態——

4　「在天空和大地上」，原文為 im Himmel und auf Erden，蓋《聖經》路德譯本所常見者。——譯注任何一種瑩潤的、機巧的、超常的、神性的物事。精神長久的不自由，思維的可傳達性中令人生疑的制約，思想者自願接受的培養（局限於某一教會和宮廷的成規之內，或者在亞里斯多德的前提之下進行思考），還有那種持久的精神性意願（把一切發生的事按照基督教圖式來解說，在每一個偶然事件中都重新揭示出基督教上帝並為之辯白的意願），——所有這些暴力、專斷、強硬、恐怖和反理性的東西，都已表明是手段，使歐洲的精神得以養成它的強健，它無所顧慮的好奇和精細的靈活：誠然，此間必定無可彌補地多有在力量與精神上被壓垮、扼殺和腐蝕者（因為，在此正如在一切地方，「自然」，如其所是地顯示出它全部揮霍和淡漠的壯麗，令人憤慨，然而高尚）。數百年來的歐洲思想家都為證實某種東西而思考——今天則反過來，每個「意願證實某物」的思想家都讓我們起疑——，猜疑那本該作為他們最嚴格思考成果而得出的東西，是早就固定在他們那裡的，大約就像早先亞洲的占星術，或者就像今天，對身邊的個人事件從基督教—道德上所作的那種無害的解說，「為了上帝的榮耀」和「為了救治靈魂」：是這種霸道，這種專橫，這種嚴格而堂皇的愚蠢教育了精神；奴役，顯然，在粗魯和精細的意義上，都是精神之培養和培育不可或缺的手段。不妨由此出發來看待每種道德：這就是其中的「自然」，它教人憎惡放任自流和過度的自由，它根據限定的視野和最近的任務培植需求，——它把**視角狹隘化**，在特定的意義上也就是把愚蠢當作生命和生長的條件來教導。「無論對誰，你都應該服從，且長久如此：**不然**你就會毀滅，就失去對自己的起碼尊重」——這在我看來就是自然的道德律令，它肯定既不是「絕對的」，像老康德所要求的那樣（因此會有「不然」），也不是面向單一個人的（自然跟單一個人有什麼相干！），而一定是面向民眾、種族、年代和等級的，首先是面向「人」這種十足的動物，面向**斯**[5]「人」。

189

那些勤勞的種族發現，忍受懶惰是一項巨大負擔：**英吉利**本能曾有個絕技，在大眾中把星期日神聖化和無聊化，使英格蘭人於是不知不覺又渴望起每星期的六天工作日：——化為某種聰明地發明出來又聰明地安插進去的**齋期**，古代世界中也屢屢可見類似的情形（雖然就南國民眾的情理而言，可並非出於對工作的考慮，——）。多種多樣的齋期是必須的；凡是強勁的衝動和習性統治之處，立法者不得不留心置

5 「斯」對應於原文的 den，即德語中以定冠詞表示唯一者。——譯注

入些調整日[6]，到時把這樣一種衝動拴到鏈環裡，教它再一次飢餓。從一個更高的地方看來，全部的世系和年代，當它們染上無論哪種道德狂熱之時，都會出現這樣一些被安置進來的戒期和齋期，在此期間讓某種衝動學習低迴和匍匐，但也是在學習讓自己**純淨**和**尖銳**。對個別哲學流派（比如處在泛希臘文化和它那飄溢著阿弗羅狄特的芬芳而變得淫蕩的空氣之中的斯多葛派）亦可作如是解。——這裡也給出了解釋下列悖論的提示：為什麼恰恰在歐洲的基督教時期，尤其是在基督教價值判斷的壓力之下，性衝動才自行昇華，直至成為愛（激情之愛[7]）。

190[8]

在柏拉圖的道德中有某些東西，它們其實並不屬於柏拉圖，只是在他的哲學裡出現了，[9]可以說是跟柏拉圖無關：這就是蘇格拉底主義，對它而言，柏拉圖真是太高尚了。「沒有人願意自己損害自己，所以一切壞事都是不自願地發生的。壞人在自己害自己：他倘若知道壞事是壞的，便不會去做了。由此看來，壞人之壞只是出於謬誤；如果人們向他指出他的謬誤，就必使他變——好。」——此類推論聞著就有**群**

---

6 「調整日」，原文Schalttage，通譯「閏日」，此按其字面義譯出。——譯注

7 激情之愛〕據司湯達，《愛情論》第一部分第一章。——編注
「激情之愛」，原文為法文，amour-passion。司湯達在《愛情論》中區分了愛情的四個類型：激情之愛，趣味之愛、肉體之愛和虛榮之愛。激情之愛有兩個典型例子皆來自基督教修道者。——譯注

8 準備稿（M III 4）第一稿作：**古代的道德愚昧**。——沒有人願意自己損害自己，**由此推出所有惡都不是自願的**。——壞人**在自己害自己**，而他以為不是這樣。——前提是：好的東西是：利用了我們的東

氓氣味，他們眼中只看到壞行為的有害後果，其實是在判斷「作壞事是**愚蠢**的」；同時立刻把「好」和「有用和舒適」當作同一回事。對每一種道德功利主義，皆可以從一開始就往這個相同起源上猜，跟著那股味道走：很少會走錯。——為了把某種精細和高尚的東西闡釋到他老師的命題中去，柏拉圖無所不為，首先是把自己闡釋進去——，他，一切闡釋者中最魯莽者，把整個蘇格拉底只是當里巷中的流言或歌謠那樣拿來，將之變換到無限之物和不可能之物中去：也就是，變換到他自己的多種面具和花樣中去。柏拉圖的蘇格拉底是什麼玩意呢，套句荷馬的話來說個玩笑：不就是

πρόσθε Πλάτων ὄπιθέν τε Πλάτων μέσση τε Χίμαιρα（頭是柏拉圖，尾是柏拉圖，中間是克邁拉[10]）。

191

那個關於「信仰」和「知識」——或者說得更明白些，關於本能和理性——的古老神學問題，也就是這樣一個問題，在價值評估方面，比起那種理性狀態（想要知道如何按照事情的根據，按照某個「為什麼？」，就像按照事物的合目的性和有用性那樣，去評估和執行），跟

西。——編注

9 出現了」準備稿：我想稱之為蘇格拉底式愚昧的最佳例子：因為它其實不屬於柏拉圖，而是在他的哲學裡出現了。——編注

10 出自《伊利亞特》第六卷第181行。——編注

【譯按】此係化用《伊利亞特》中對怪獸克邁拉的描寫：「頭部是獅，尾巴是蛇，腰身是羊」。參見《伊利亞特》，羅念生譯，《羅念生全集》第五卷，上海人民出版社，二〇〇四年，第150頁。

本能相關的事物是否應該享有更大的權威，——依然是那個最初見於蘇格拉底這個個人的古老道德問題，基督教之前很久，這個問題就已經使精神們[11]分裂了。蘇格拉底本人以他天賦的趣味——一個出眾的辯證法家的趣味——一開始就裝作站在理性這邊；其實他終其一生，除了取笑他那些高尚的雅典同胞（這些本能的人就像所有高尚的人一樣，從來不能對他們行為根據給出足夠的說明）的蹩腳無能，還做了些什麼呢？雖則如此，最終他卻也是在暗中悄悄取笑自己：在他精細的良知和自審面前，他在自己身上發現相同的困境和無能。他勸說自己，憑什麼竟要讓自己擺脫本能！人們必須協助本能**以及**理性得到它們應有的權利，——人們必須跟從本能，而說服理性在這時給出好根據以說明本能。這就是那個偉大的、滿懷祕密的反諷家的真正**虛假**[12]所在；他促使他的良知滿意於種種自欺：在根本上他已經看穿道德判斷中的非理性了。——柏拉圖，在這些事情上則比較無辜，沒有平民的刁鑽，想要費盡全部力量——那迄今為止哲學家所浪費過的最偉大力量！——證明，理性和本能就其本身是朝向同一個目標的，朝向善，朝向「上帝」；而自柏拉圖以來，一切神學家和哲學家都走在相同的軌道上，——這就是說，在道德事務上，本能，或者依基督徒的稱呼，

11 「精神們」（die Geister），按尼采在本書中的用法，「精神」也可以指人。——譯注

12 「虛假」原文為Falschheit，同時有「不合實情」與「虛偽、不誠實」之義。——譯注

「信仰」，或者依我的稱呼，「群盲」，迄今為止都獲得了勝利。人們必須把笛卡兒作為例外，這位理性主義之父（因而是革命的祖父），他只把權威授予理性：但理性只是一個工具，笛卡兒是膚淺的。

192

如果追溯單獨一門科學的歷史，就會在其發展中找到一個大綱，使人們得以理解所有「知識和認識」[13]中最古老和最普遍的那個過程：到處都一樣，首先發展出來的，是種種倉促提出的假說，編撰之辭，善良而愚蠢的求「相信」的意志，以及疑心與耐心的匱乏，——我們的感官很遲才學著，而且從來沒有完全學會成為忠實謹慎的認識器官。比起把一個印象當作歧生和新生的東西固定在自己這裡，如果能從一個給定的誘因出發，重新產生一幅已經較為頻繁產生過的圖像，會讓我們眼睛更為舒坦：前者需要更多力量，更多的「道德性」。對於耳朵來說，聽到新東西是難受和困難的；對陌生的音樂，我們聽力很糟。我們聽另外一種語言時，會不自覺地試圖把聽到的語音合成聽起來更熟悉和親切的言辭形式：比如，早先德國人從聽到的 arcubalista 中自己造出 Armbrust 這個詞[14]。新東西會在我們的感官這裡遭到抵觸和

13　「認識」（Erkenntniß）與「知識」（Wissen）在尼采這裡是有區別的，此區別或本於叔本華，他視知識為「一切昇華為抽象意識的認識」。參見211節「認識」注。——譯注

14　Arcubalista（弩炮）為中古拉丁語，蓋

反感；說到底，在感性那些「最簡單」的過程中，就已經是情緒在**統治**，如怕、愛、恨，也包括懶惰等消極情緒。——今日已極少有讀者會把某一頁上的詞（甚或音節）一個個全部照著讀出來——他毋寧是從二十個詞裡隨機取出五個，「猜測」在這五個詞裡大體上包含的意思——，同樣極少會有人從樹葉、枝杈、顏色和形態等方面準確完整地看到一棵樹；去幻想一棵樹的概貌對我們要輕鬆得多得多。我們甚至會在某些稀奇的體驗中也照這樣去做：我們編撰出體驗中的絕大部分，而且幾乎用不著強迫自己就可以**不**作為「發明者」去觀看某個過程。所有這些想要說的是：我們是從根本上，從古以來——**習慣了說謊**。或者，如果表達得更合乎美德和更虛偽一些，簡言之就是表達得更讓人舒服一些：人們是大大超乎其自身之所知的藝術家。——在某一段生動的對話中，我會頻頻看跟我談話的那位人士的臉，每次皆按照他所表達的、或者是我相信由他引發出的思維去看他的臉，在我面前如此清晰，如此纖毫畢現，那種清晰度竟遠遠超出我視覺機能的**力量**：——其肌肉活動和眼神表達的精細程度，**必定**是由我自己添補編撰出來的。很可能，那位人士擺出的是一張完全不同的臉，或者根本沒有擺出臉來。

由 arcu（弓）和 balista（投射物）組成，在各語種中皆依詞形演化（如英語作 arbalest，法語作 arbleste 或 arbalète）；獨於德語中作 Armbrust（弩），由發音相似的既有德語詞 arm（臂）與 brust（胸）拼成，字面義實則不通。——譯注

193

Quidquid luce fuit, tenebris agit（在黑暗中，它激發起在日間見到的種種）[15]：但也有顛倒過來的。我們在夢中所體驗者（假定我們常常有此經歷），最終跟無論哪種「現實」體驗一樣，屬於我們靈魂大家園的一員：我們會因為這些而更加富有或更加貧窮，會多少有某種需求，在光線明亮的白晝、甚至在我們清醒精神的最明朗時刻，我們最終還是會受到夢境的少許習慣的牽絆。假定，一個人在他夢中經常飛行並最終，一旦入夢，便意識到一種飛行的力量和技藝，有如他的特權，亦有如他最屬於自己的值得嫉妒的幸福：一個這樣的人，他相信以最輕微的衡量能夠實現各種弧度和拐角，他認得對某種特定神性輕盈的感覺，不用繃緊和強制就可以「向上」，不用低俯和降落就可以「向下」——沒有重量！——有此類夢之經驗和夢之習性的人，最後難道不應該在清醒的白晝也覺得「幸福」這個詞有著不同的色澤和定義嗎！難道不應該與眾不同地去期望幸福？詩人對此的描寫，「展翅飛翔」，跟他的那種飛行相對比，肯定已經太過關乎大地、肌肉和暴力，已經太過「沉重[16]」了。

15　出自佩特洛烏斯關於夢的殘詩，前五行作：「那以飛動的陰影戲弄著我們心靈的夢，／並非來自神的殿堂，或由乙太而來的意願；／而是每個人自己所作，當他陷入沉睡，／肢體歸於寧靜，解除了負擔的心靈開始嬉戲，／在黑暗中，它激發起在日間見到的種種。」參見瑪律庫斯·杜弗特，《佩特洛烏斯的夢詩》，載《赫爾墨斯》124期，一九九六年，76頁以下。伏爾泰在《哲學辭典》中談夢的章節中引用過此詩。——譯注

16　「沉重」（schwer）亦可解作「困難」。——譯注

194

人之差別不只是顯示在財富表[17]的差別，即並不顯示在他們所認為值得求取的財富各不相同，他們對於價值之多少和公認財富的等級順序亦各有歧異：——人之差別更多顯示在，對他而言，現實地擁有和占有一份財富意味著什麼。比如在對待女人方面，對一個比較謙遜的人，支配身體和性的享受已經是擁有和占有的充分和足夠的標誌了；另一個人在渴望占有時則帶著更多的狐疑和挑剔，他看到「問號」，看到上面那種擁有只是表面上的，他想要更加精細地驗證，首先是要知道，這個女人是否不只是把自己給他，而且還為他放棄她所擁有和喜歡擁有的東西——：這樣對他而言才算是「傾倒」[18]。第三個的疑心和擁有欲卻到此還意猶未盡，他會問自己，當這個女人為他放棄一切的時候，是否只是為了他的某個幻影才這樣做：他想要徹底地、甚至是徹骨地被認得[19]，從而能夠從根本上被愛，他冒險讓自己遭受猜測——。唯當她在他的事情上不再自欺，甚至會為了他的魔性和隱藏的貪婪而愛他，一如為了他的善意、耐心和精神狀態而愛他，這時，他才感覺到愛人完全在他占有之下。這個是想占有一族民眾：為這個目的一切卡里奧斯特羅[20]式和喀提林[21]式的高明把戲對他來說都是正當的。而另一個，

---

17 「財富表」，原文為Gütertafel，此係據字面直譯；本指對諸種值得追求之善的表列，此作法源自柏拉圖《斐列勃篇》（Philebos），在此語境下可譯為「善值表」或「善表」。其中Güter（財富，所有物）與gut（善）同源。——譯注

18 「傾倒」，原文為besessen，既有「對之著迷、為之發狂」義，亦表「為（惡靈）附體」，詞源上則源於besetzt（被占有）。——譯注

19 「認得」，原文為gekannt，原形為kennen，與「認識」（erkennen）同根，義亦近之，兼表「認得、懂得、了解」；此節並編注所示準備稿在以男女關係為喻時重用此詞，或暗指《聖經》上關於夫妻同房的隱語：「那人和他妻子夏娃同房」（《舊約．創世記》1：6），路德版以「erkennen」（認識了）譯之。——譯注

20 卡里奧斯特羅（Cagliostro），化名，歐洲十八世紀有名的偽造者、術士和騙子。——譯注

21 喀提林（Catilina），西元前一世紀羅馬政客，以陰謀叛亂聞名。——譯注

帶著一種更精細的占有欲，對自己說：「想要占有則不許欺瞞」——，他會敏感而性急地想像到，是他的某張面具在統率民眾的心：「那麼我必須讓自己被認識，並且首先，必須認識我自己！」在樂於助人和樂善好施的人中間，則會幾乎常規性地碰到那種笨拙的把戲，它首先編造出那個應該被幫助的人：比如認定這個人「配得上」幫助，正好也期望他們的幫助，並且將證明他會因為這一切幫助對他們深懷感激、依戀和恭順，——他們用這些想像支配那位困乏者就像支配一筆財產，正如他們說到底亦是出於對財產的渴望才成為樂於助人和樂善好施的人。如果有人在幫助時跟他們做得一樣或者搶在他們前面，就會發現他們在嫉妒。父母，則不自覺地把孩子變成跟他們相似的東西——他們把這稱為「教育」——，沒有母親會從內心深處懷疑，她在孩子身上天生有一份財產，沒有父親會有異議，他有權利讓孩子屈服於他的概念和價值評估之下。是的，在早先，父親按一己之好惡決定新生兒的生死（就像在古德意志人中間那樣[22]），還顯得很合情理。和父親一樣，現在還有教師、等級代表、教士、王侯，也在每個新人那裡看到一個不待思索的占有機會。由此推出……

22　古日爾曼風俗，認為初生兒尚未有靈魂，因而尚不存在，應由父親決定是留下來還是送走（即殺死）。——譯注

195[23]

猶太人——如塔西陀[24]和整個古代世界所云，一族「天生為奴」的民眾，如他們自己所云和所信，「萬民中的選民」——猶太人使價值的顛倒中那一幕奇蹟得以完成，多虧那個奇蹟，地球上的生活又在一兩千年裡迎來一次新的、危險的刺激：——他們的先知把「富有」「不信神」「邪惡」「暴行」和「感性」融為一物，第一次把「世界」[25]這個詞鑄成一個穢詞。猶太民眾的意義便在於這樣的價值顛倒（其中也包括把「貧窮」一詞用作「神聖」和「友愛」的同義詞）中：**道德中的奴隸起義**就從他們開始。

196

太陽之畔有無數陰暗物體有待**開啟**[26]，——我們將永遠看不見這些物體。[27]這是，我們私下裡說說，一個譬喻；[28]一個道德心理學家把全部星相（Sternschrift）只當作一門譬喻式和記號式語言來讀，許多事物用這種語言讓自己沉默。[29]

---

23 準備稿（筆記本W I 1）第一稿：作為護民官的**先知**：他們把「富有」「不信神」「邪惡」「暴行」融為一物。——**猶太式民眾**的意義即在於此：它是道德中的奴隸起義。（塔西陀云猶太人和敘利亞人是天生為奴的）「奢侈即犯罪」的貧窮（Ebion）之名成了「神聖」和「上帝之友」的同義詞；參見科利版第13卷，11〔405〕（勒南）及對此的注解。——編注

【譯按】Ebion（貧窮）為希伯萊語。

24 塔西陀《歷史》第五卷第8節。——編注

【譯按】塔西陀似乎只說猶太人被諸強國視為「最下賤的臣民」、是「最卑鄙的民族」。參見塔西陀，《歷史》，王以鑄等譯，商務印書館，一九八五年，第339～340頁。

25 「世界」，參見第62節及第151節譯注。

26 「開啟」（erschliessen），亦可解作「闡發、解釋」，參見第34節「闡發」注。——譯注

27 我們……〕據打字稿：正如星相學家們所知道的那樣。——編注

197

人們徹底誤解了食肉動物和梟雄（比如愷撒．波吉亞[30]），只要他們還在熱帶所生的一切惡獸和株苗中最健康的這一種的根基裡面去尋找某種「病患」，甚至是去尋找某個天生伴隨著他們的「地獄」，那他們就誤解了「自然」，——：就像迄今為止幾乎所有道德學家已經做的那樣。看來，在道德學家這裡似乎有一種對原始森林和對熱帶的恨？似乎必須不惜代價敗壞「熱帶人」的名聲，說那是人類的病態和蛻變，說那是人類自設的地獄和自找的磨難？究竟是為什麼？為了有利於「溫帶」[31]？有利於適度的人？「有道德」的人？中等人？——此為「作為懦弱的道德」一章而作。

198

所有這些道德，這些面向單個人的、據稱是以他們幸福為目標的道德，——還會是什麼呢，不就是下面這些嗎：按照單個人獨自生活的危險性之高低而給出行為建議；在他們有權力意志或想當主人時，針對他們的激情、他們或優或劣的偏好開出些藥方；或小或大的聰明和矯揉造作，附著著陳年的居家常備藥物和老太婆智慧的那種角落氣

---

28 而）據打字稿：而事實上。——編注

29 許多…）據打字稿：他亟需的就是這門語言。——編注

30 愷撒．波吉亞（Cesare Borgia）：教宗亞歷山大六世私生子，出身西班牙貴族世家，十五至十六世紀之交權傾義大利，馬基維利在《君主論》中激賞的強權人物。西班牙與義大利同為歐洲最接近熱帶者。據考夫曼，波吉亞遠非尼采之理想，此處舉他為例只表示「健康」。——譯注

31 「溫帶」，原文為 gemäßigten Zonen，字面義為「適度的地帶」，故下云「適度的人」。——譯注

味；在形式上全都是巴洛克式的、非理性的——因為這些道德面向「所有人」，因為它們在不允許一般化的地方作一般化——，全都以絕對的口氣談論，以絕對的方式據為己有，全都不僅是加了一點鹽調味，毋寧是當這些道德學者讓自己聞起來像是調味調得太重，像是有危險，尤其像是「朝向另一個世界」的時候，它們才勉強夠味，偶爾甚至還挺誘人：這一切，從知性上衡量，都價值無多，遠談不上「科學」，遑論「智慧」，而是，再說個三遍吧，聰明，聰明和聰明，混雜著愚蠢、愚蠢和愚蠢，——不論是淡漠和僵冷，這是用來對付斯多葛主義者所勸諫和治療的那種情緒上的熱鬧醜態；還是那種斯賓諾莎式的「不再哭」和「不再笑」[32]，他那種通過對情緒作分析和活體解剖去摧毀情緒的作法頗受到些天真的贊同；或是把情緒調低，低到一個無害的平常程度，只允許情緒在這個程度上得到滿足，即道德的亞里斯多德主義[33]；甚或把道德作為情緒的享受，通過藝術象徵有意對其進行某種稀釋和精神化，比如稀釋和精神化為音樂，或對上帝的愛和為了上帝之故對人類的愛——然則各種激情在宗教中重新獲得公民權了，前提是……；最後甚至是那種獻身，迎合地故意向那些情緒獻身，情緒教給哈菲茲[34]和歌德的就是這個，這種放下韁繩的無所忌憚，這種見於年

---

32 此暗引斯賓諾莎名言：「不笑不泣，唯契於理。」（Nicht weinen, nicht lachen, verstehen；參見斯賓諾莎，《遺著》（卷21章4節）。——譯注

33 亞里斯多德主義）據打字稿：蘇格拉底主義。——編注

34 哈菲茲（Hafes，尼采寫作 Hafis），十四世紀偉大波斯詩人，尼采當是從歌德的《西東胡床集》中讀到他的。——譯注

老而智慧的怪人和醉漢（他們「不再有多少危險」）的精神—身體上的licentia morum（德行放縱）。此亦為「作為懦弱的道德」一章而作。

199

既然，自有人類以來的一切時代，皆有人類群盲（宗族、鄉社、部落、民眾、國家、教會），亦皆有與為數甚少的命令者相比非常之多的服從者，——也就是說，鑑於順從在人類中間得到迄今最好和最長久的練習和培養，人們可以合乎情理地假設，現在平均說來每個人生來都有這種需求，它作為一種**形式良知**在發號施令：「你應該無條件去做某某事，應該無條件不做某某事。」簡而言之：「你應該。」這個需求會找東西餵飽自己，用某個內容把它的形式填滿；在這方面，它根據它強壯、著急和緊張的程度去攝取，不挑三揀四，胃口很廣，只要是命令者——不管是誰，父母、教師、法則、等級成見、公眾意見——朝它耳朵裡喊的，它都接受。人類發展所受的奇特限制，他們的躊躇、漫長、頻頻倒退和打轉，其根源是：群盲的順從本能被最大限度地、以命令的藝術為代價繼承下來。設想一下，有一天這種本能逐步完全失去了節制，那麼最終乾脆就沒有足夠的命令者和獨立者了；或者這些命令者和獨立者的內心為不安的良知所苦，為了能下達命令，他們竟必需自己先對自己施加某種欺騙：也就是說，假裝他們也在服從。今日的歐洲實際上就處於這種狀況：我稱之為命令者的道德虛偽。他們不知道還能怎樣保護自己免受他們的不安的良知所害，只有一味地裝出（祖先、憲法、法律、規律甚或上帝所頒布的）更古老或更高級的命令執行者的模樣，或者甚至從群盲的思維方式中借取群盲的準則，比如充當「民眾的第一公僕」或者「公共福利的工具」[35]。另一方面，今日歐洲的群盲亦端起了架子，彷彿他們是唯一得到允許的人類，並且，把那些使他們得以變得馴順和容易相處、對群盲很有用的特性，美化成真正的人類美德：即公共意識、熱心、為人著想、勤奮、適度、謙遜、諒解、同情。而在據信不能擺脫領袖和領頭羊的地方，人們今天便一次又一次嘗試，用聰明的群盲之人的總數合計來取代命令者：這是一切代議制憲法的淵源。儘管如此，若竟有一位絕對命令者出現，對於這些群盲動物式的歐洲人，是何等福氣，免除一種正變得難以忍受的壓力，是何等的解脫，這一點，拿破崙的到來所造成的效應給出了最後的偉大證據：——拿破崙效應的歷史幾乎就是較高級幸福的歷史，這一整個世紀在它最有價值的人和最有價值的時

35 腓特烈大帝（Friedrich der Große）有名言曰君主是國家的第一僕人，受勞為國家謀福利；不過他說的是國家而非「民眾」或「公共」。——譯注

刻曾經達到的那種幸福。[36]

200 人若生於一個分崩離析、攪得種族混亂不堪的年代，他本人的身體裡就是一個駁雜來源所傳下的遺產，即諸般相互對立的衝動和價值尺度，經常還不只相互對立，還相互爭戰、少有安寧，——這樣一個人，處於文化晚期和破碎的光源下的人，一般來說，將是一個較為虛弱的人：他最根本的期望就是，有朝一日結束那場戰爭，而他**就是**這場戰爭；在某種使人安寧的（比如伊比鳩魯學派或基督教的）醫學和思維方式的協調一致下，幸福似乎首先就是休息、不受打擾、饜足、無限統一性的幸福，用神聖的修辭學家奧古斯丁（他自己就是這樣一個人）的話說，就是「安息日的安息」[37]的幸福。——不過，在這樣一種本性裡，如果對立和戰爭像生命之刺激和撓癢那樣起**更多**作用——，如果，從另一方面看，在那些強勁而不肯和解的衝動之外，那種在自己跟自己作戰方面真正的精通和精細，即對自己施以統治和欺詐，竟也得以繼承和養成的話：那麼，那些有魔力的不可把握者和出乎意料者，那些預定了要去獲勝、去誘惑的謎一般的人，便誕生了，他們最美好

---

36 儘管如此……）準備稿（筆記本W－6）：儘管如此，若竟有一位絕對命令者出現，對於這些群盲動物式的歐洲人，是何等的福氣，拿破崙給人們的印象給出了這方面最後的偉大例子。在較精細的例子裡，則較低等級的所有認識者和研究者都有一種對能下絕對命令的哲學家的相同需求：這些哲學家在有些情況下把認識的價值表牢固樹立了整整數千年，比如柏拉圖就是這樣——而基督教義則只是一種群氓化了的柏拉圖主義——又如今日還有一半亞洲人在跟隨一種被佛陀通俗化了的數論體系；參見本書前言的另一種說法：「基督教就是給民眾的柏拉圖主義」。——編注

37 「安息日的安息」：奧古斯丁把源自猶太教的安息日引申為人類的第七個時代、永恆安息時代（《上帝之城》22：30）：「當我們被上帝的幸福和聖潔充滿，被造就為新人的時候，我們自己將變成第七日。[……]上帝使我們復原，上帝巨大的恩典使我們成全，我們將永遠安靜下來，知道他是上帝，當上帝成為一切中的一切時，我們就被上帝充滿了。」（《上帝之城》，

的體現就是阿爾喀比亞德和愷撒（——我很樂意把那位按我的趣味講是第一個歐洲人、霍亨斯陶芬家的腓特烈二世[38]跟他們並列），在藝術家中也許是里奧納多．達．文西。就在他們出現的時代，前述那種較為虛弱的類型，也帶著他們對安靜的期望，同時走到了前臺：兩種類型相輔相成，源自那個相同的起因。[39]

201

長久以來，只要道德價值判斷中盛行的有用性僅僅是對於群盲的有用性，只要人們的眼光僅止於關注集體的維持，恰恰且僅僅在貌似危害集體之延續的事物中尋找不道德：那麼，就不可能有「博愛的道德」。假定那時也已經小規模地持續練習過為人著想、同情、講情理、溫和、互惠互助等，假定在這種社會狀況下，所有那些後來尊稱為「美德」且最終跟「道德性」概念幾乎合為一體的衝動都還活躍著：那麼，它們還根本未曾進入道德價值評估的領域——它們還是道德之外的。比如，在羅馬最好的時代，一個同情的行為既非善的亦非惡的，既非道德亦非不道德；即或它得到稱許，一旦把它跟不論哪一種有助於促進整體——res publica（公共事務）——的行為相提並論，這稱許最好

王曉朝譯，人民出版社，二〇〇六年，第1160頁）。——譯注

38 霍亨斯陶芬家的腓特烈二世（Friedrich der Zweiten），十三世紀著名的神聖羅馬帝國皇帝，德意志血統而生於義大利南部；統治德意志和西西里，曾東征耶路撒冷，究心文教，史家譽其為「第一個現代統治者」。——譯注

39 那些有魔力的……）準備稿（N VII－）：統治性的本性比如愷撒和拿破崙便誕生了。因此，在種族與等級大融合的年代，也就是說，在對群盲幸福擁有大期望的時代，比如伯里克利的雅典，愷撒的羅馬，拿破崙的歐洲。最近的階段則才剛開始；對以後的諸時代，可以想見有一種高等得多的人類，那時將展開種族的大融合，而同時權力的精神和物質手段變得巨大無比。——編注

再搭配一份不情願的藐視。「鄰人之愛」[40]終歸是次要之事，跟對鄰人的恐懼相比，終歸帶著幾分客套、幾分隨意和假意。就是這種對鄰人的恐懼，當社會構架顯得在整體上是穩固的、面對外部危險是安全的之後，將再造道德評估的新視角。在此之前，某些強健而危險的特定衝動，比如創業的雄心、瘋狂的膽量、復仇欲、奸猾、劫掠成性、統治欲，在公共利益的意義上不僅是必須受尊敬——被公允冠以跟我上述所選不同的稱呼——，而且還是必須被教育和培育壯大的（因為在面對整體敵人的整體危險中，人們無時不需要這些衝動），而自此以後，人們感到它們的危險性倍增——現在這些衝動缺乏排泄管道——並且一步一步地，把它們斥指為不道德，任憑它們受污蔑。現在，是那些相反的衝動和傾向獲得道德的榮譽；群盲本能一步接著一步得出它們的推論。現在的道德視角是，在某個意見中，在某種狀態和情緒中，在某個意志中，在某個秉賦中，危及公共、危及平等的成分是多還是少：恐懼在此又一次成為道德之母。面對那些最高等和最強健的衝動，當它們激烈迸發出來，衝得單個人遠遠越出群盲良知的平均和低級範圍之外和之上，集體的自身感覺便會崩潰，它對自身的信念便如脊樑一般碎裂：於是這些衝動將立刻受到最嚴重的斥責和污蔑。高

40 「鄰人之愛」，原文為 Liebe zum Nächsten，係 Nächstenliebe（博愛）的字面意思。——譯注

遠而獨立的精神狀態、獨來獨往的意願、偉大的理性被感知為危險；一切提升單個人超於群盲之上並令鄰人恐懼者，從此皆稱為惡；而講情理、謙遜、守秩序和平等待人的態度，中等程度的欲望，便得到道德的稱號和榮譽。終於，在一團和氣之中，越來越沒有機會和迫切性，去把他的感覺教育得嚴格和強硬；現在任何一種嚴格，哪怕是公正的，也開始擾亂良知；某種超邁和強硬的高尚風範和自負其責之舉，則幾近冒犯並招惹猜嫌，「羔羊」，甚至是「笨羊」[41]贏得尊重。在社會的歷史[42]中，病態的酥軟化和溫柔化過程有個關鍵點，在這個點上社會甚至站到它的損害者、站到罪犯一邊，而且是嚴肅而誠懇地這樣做。懲罰：無論在何處，社會皆以為它不合情理，——肯定，關於「懲罰」和「應該懲罰」的想像弄疼它、讓它恐懼了。「使他不危險不就夠了嗎？為何還要懲罰？懲罰本身就令人恐懼啊！」——隨著這種疑問，群盲道德、懦弱的道德推出它最後的結論：恐懼的道德。假定人們能夠一舉消除危險，消除恐懼的根源，那麼將會一併消除這種道德：它將不再是必需的，它將不再把自己當作是必需的！——誰要檢驗今日歐洲人的良知，他將不得不從道德的一千個層次和隱蔽中剝開那條相同的律令，群盲之懦弱的律令：「我們的意願是，總有一天再也無可

41 「羔羊」在基督教可作基督犧牲精神的象徵；「笨羊」，原文為 Schaf，既指綿羊，亦指溫和蠢笨的人。——譯注

42 「社會的歷史」（Geschichte der Gesellschaft）不應讀作廣義上的「社會史」，其中的「社會」當是狹義的「現代社會」。——譯注

恐懼！」總有一天——**朝著這一天而去**的意願和道路，在今日的歐洲處處被稱為「進步」。

202

現在讓我們再說一遍我們已經說過百遍的話：因為對於這些真理——對於**我們的**真理——今日的聽眾並不樂意聽取。我們早就知道，如果有人既不機靈又不委婉地把人類算作動物，聽起來有多麼侮辱；而對秉持「現代理念」的人類持續使用「群盲」[43]、「群盲本能」及類似的表達，差不多要被算作我們的**虧欠**[44]了。這又怎麼樣呢！沒有其他辦法：因為我們的新洞見就在這裡。我們發現，歐洲再算上歐洲影響籠罩下的國家，在所有主要的道德判斷上[45]已經同心同德起來了：顯而易見，在歐洲，人們**知道**蘇格拉底以為大家還不知道，而那條古老著名的蛇曾經預示傳授的東西，——今日的人們「知道」，善惡是什麼。這時如果我們總是一再堅持下面這點，聽起來一定顯得強硬而難以入耳：在這裡據信已經知道的，在這裡用自己作出的褒貶來美化自己、自稱為善的，正是人類這種群盲動物的本能；這種本能已經發作，對其他本能取得了優勢和統治地位，並且隨著與生理學上日

---

43 「群盲」，原文為Heerde，可特指「成群牲畜」。——譯注

44 虧欠，原文為Schuld，通譯「罪責」，此譯為體現尼采對此詞的特殊考慮，參見《道德的系譜》第二篇及標題注。——譯注

45 現在……）準備稿（筆記本W I 4）第一稿作：我做出了一個發現，但它不會讓人高興：它有悖於我們的自負。我們這些自由的精神，無論多麼喜歡自由評價自己——因為我們在「我們之間」是自由的——在我們中間，如果有人不機靈地把人類算作動物，還是會有一種受到侮辱的感覺：我這樣——非得持續用「群盲」「群

盲本能」諸如此類者來談論我們不可，幾乎是一種虧欠，需要道歉的。可是我的發現就在這裡；我的發現就是，歐洲。——編注

益增長的近似和相似程度，這種本能發展得越來越好，它就是那種近似和相似的症狀。**道德今日在歐洲是群盲道德**：——也就是說，正如我們對事物的理解，它只是人類道德的**一**個種類，在它旁邊，在它之前，在它之後，可能或本該可能有許多其他道德，尤其是**更高級**的道德。然而，這種道德卻盡一切力量反對那樣一種「可能」，反對那樣一種「本該」：它頑固不化地說：「我就是道德本身，此外沒有別種道德。」——當然，在聽命於和奉承著這些最精巧群盲欲望的宗教的幫助之下，事情到了這樣一個地步：在政治和社會的組織機構中，我們甚至看到這種道德越來越露骨的表達：**民主**運動繼承了基督教遺產[46]。不過，對於那些更不耐心的人來說，對於上述本能的病人和上癮者來說，這運動的速度還太慢太慢，還在磨磨蹭蹭，所以才有日益洶湧的叫囂，才有無政府主義野狗越來越不加掩飾的齜牙咧嘴，現在這些野狗正流竄於歐洲文化的街巷：表面上，他們跟和平勤勞的民主黨人和革命意識形態論者相反，跟蠢笨的冒牌哲學家和癡迷於兄弟情誼者（自稱為社會主義者，想要「自由社會」）甚至有更多的相反，其實跟他們一樣，都從根本上本能地敵視除群盲**自治**之外其他一切社會形式（直到甚至拒絕「主人」和「奴僕」的概念——有一句社會主義口號就叫

46 繼承……」據打字稿：是基督教的繼續。——編注

「沒有上帝，沒有主人」）；一樣死硬反抗一切特殊的權利主張[47]，反抗一切特殊權利和優先權利（歸根到柢就是反對一切權利：因為到這時，人人相同，便沒有人再需要「權利」[48]了——）；一樣不信任懲罰的公正性（彷彿那是對弱者的某種強暴，是對一切早期社會之必然後果的不公正）；一樣只要有所感覺、有所生活、有所患難，則在同情的宗教、在同感方面又同聲連氣（下至動物，上至「上帝」：——「與上帝同罹苦難[49]」這種說法的氾濫乃民主年代所宜有者）；一樣在同罹苦難時尖叫和不耐心，一樣從根本上恨死了苦難，一樣簡直如同女人不能在此時保持其為旁觀者，任憑苦難之所至；一樣不情不願地被陰鬱化和溫柔化，在這兩者的袪使之下，歐洲看來正遭受一個新佛教的威脅[50]；一樣，全都信仰普遍同情的道德，彷彿它就是自在之道德[51]，就是高度，是人類已經達到的高度，是未來獨一無二的希望，當前之事的安慰藥，先前所有虧欠的大清償[52]：一樣，全都把共同體當作救世女神[53]來信仰，都信仰群盲，即信仰「自己」[54]……[55]

203

我們，懷有另一種信念的我們——，認為民主運動不僅是政治組織

---

47 「權利主張」（Anspruch）為法學用語，指要求對某物或某事的權利得到承認；而主張已得承認者則為「權利」（Recht）。——譯注

48 此處「權利」原文為Rechte，亦可表示「法律」。——譯注

49 「同罹苦難」即「同情」，原文Mitleiden的字面含義本是「共同罹受（苦難）」。——譯注

50 不情願地……）據打字稿：良知變得陰沉，直到飄〔遊〕蕩到佛教（因為人們沒有〔不能〕擺脫苦難！因為人們預計到跟生命〔是解脫不了的〕甚至是拴在一起、纏在一起的！）。——編注

51 自在之道德）改自唯一的道德。——編注

52 先前所有虧欠的大清償）打字稿：為所有過去的大贖罪。——編注

53 「救世女神」，原文為Erlöserin，是「Erlöser」（拯救者、亦指基督教意義上的救世主）的陰性形式。——譯注

的衰敗形式，而且是人類衰敗的形式，亦即渺小化的形式，是人的中等化和價值貶黜：**我們**，必須向哪裡抓取我們的希望呢？——向**新哲學家們**，別無選擇；向精神們，強健而原初的、足以發動截然相反的價值評估、足以重估和顛倒「永恆價值」的精神們；向被預先派遣者，向未來的人，其人在當前則維繫著那個迫使數千年的意志走上新軌道的強制和綁索。把人類的未來作為人類的意志、作為依賴於某種人類意志的東西教授給人類，在培養和培育方面為人類準備偉大的冒險和總體的嘗試，以終結那個遭受胡鬧和偶然的駭人統治、迄今被稱為歷史的東西——「最大數量」的胡鬧[56]只是這種東西的最後形式——：為了這些，總有一天將迫切需要新種類的哲學家和命令者，在他們的肖像前，大地上隱蔽、可怕而樂行好施的精神們所曾秉有的一切，勢將顯得蒼白而形同侏儒。在**我們**眼前飄過的，就是這樣一些領袖的肖像：——你們自由的精神們，允許我大聲說出來嗎？形勢，為了他們的誕生必須一邊創設出來一邊利用起來的那種形勢；測試性的道路和考驗，一個靈魂在它們幫助下將得以成長到那樣一個高度，壯大成那樣一種暴力，從而感受到逼向這些使命的**強制**；一次價值重估，在它的重壓和錘擊之下，一個良知將得到鍛鍊，一段心腸將化為鐵石，從

---

54 「信仰『自己』」原文作「im Glauben ... an "sich"」，此暗示這種信仰即一種「自在之信仰」或「信仰自身」（Glaube an sich）。——譯注

55 準備稿（筆記本W I 6）：是基督教運動的繼續。而所有社會主義者的悲鳴叫囂證明，上述本能的那些欲望和希望卻並未由此而心滿意足。社會主義才是被設想到底了的群盲道德：即「所有人權利平等」這條法則推出「所有人有平等的權利主張」繼而推出「一幫群盲，沒有牧人」繼而推出「羊羊平等」的推論，繼而是「大地和平」，繼而是「所有人彼此歡喜」。參見《新約．路加福音》2：14和《漫遊者及其影子》。——編注

56 蓋影射民主制及功利主義。——譯注

而可以承受這樣一份職責的重量；而另一方面，這樣的領袖要遭遇的那種必然性，那種駭人的危險，即他們有可能不出現，或是長壞了，或是蛻變了——以上這些，乃是我們真正的擔憂和苦悶，你們可知道，你們自由的精神們？是這些沉重遙遠的思想和風暴，在掠過我們生命的天空。鮮有疼痛會這般切膚，當有一天看見了、猜到了、共同感受到了，一個超常的人怎樣脫落蛻變到他的軌道之外：誰若有罕見的眼力看出那個總的危險，即「人」本身在蛻變，誰若跟我們一樣，認識到那個陰森莫測的偶然性，迄今它還在關係人類未來的事體上玩著它的遊戲——一場無人能插手、連「上帝之指」亦弗能參與的遊戲——誰若猜中那個厄運，那個潛藏在對「現代理念」傻乎乎的不臆不逆和輕信裡、更多是潛藏在整個基督教歐洲的道德裡的厄運：則他將苦於一種無與倫比的驚恐，——他當然一眼就看出，如果往有益的方向積聚提升力量和功課，從人類中還可以培育出什麼，他憑著良知的全部所知知道，對那些最偉大的可能性，人類還有多少境地尚未窮盡，人類這個類型已經多少次站在奧妙的決定和嶄新的道路邊上：——憑著最疼痛的回憶，他還更清楚地知道，一個最高等級的生成者（Werdendes）迄今已經習慣於在那些可憐的事物邊上破碎、斷裂、湮沒和變得可憐。人類的總體蛻變，直到變成今日社會主義蠢貨和死腦殼所以為的「未來人」——作為他們的理想——人類向著完美的群盲動物（或者，按他們的說法，向著「自由社會」的人）而去的蛻變和渺小化，人類向著平等地享有和主張權利的侏儒動物而去的動物化，無疑是可能的啊！誰把這種可能性一下設想到底，則比其餘人等多識得一種噁心，——也許也就多識得一項新的使命[57]！……

57 「使命」，原文為Aufgabe，亦有「認命、放棄」的意思。——譯注

第六章　我們學者

今日在科學與哲學之間，恐怕就要悄無人知、心安理得地來一次過分且有害的等級對調了，對此我願冒險抵制；所冒之險乃在於，這時講道德（Moralisirung）又會表現出它向來所是的那樣——也就是，按巴爾扎克的說法，表現為一種不依不饒的傷口展示[1]。我認為，人們必定有權根據**經驗**——鄙意以為，經驗總是意味著惡劣的經驗——參與談論這樣一個高層次的等級問題，而不是像盲人關於顏色或者女士和**藝術**家反對科學那樣去談論（「唉，這糟糕的科學！後者的本能和羞恥心歎息道，它總是想看**透**呀！」——）。科學人的獨立性聲明，他從哲學束縛下的解放，是民主的所作所為和胡作非為所留下的較為細微的效應之一：今天，學者們的自身美化和自身抬舉遍地盛開，正迎來他們最好的春天，——這可不是說自誇之花聞起來是香的。[2]「擺脫一切主人！」——在這裡群氓的本能亦作如是想；科學在極為幸運地成功擊敗它作為「婢女」久居其下的神學之後，現在傲然無知地要再進一步，為哲學制定法則，自己扮演一回「主人」[3]——我在說什麼呢！是扮演一回**哲學家**。在我的記憶裡——一位科學人的記憶，請容我這樣說！——，充斥著從年輕的自然研究者和年老的醫生（姑且

1 「傷口展示」，原文為法語 montrer ses plaies，據《尼采頻道》，參見斯塔爾，《詹福的故事：生平與著作》，巴黎，第32頁。——譯注

2 此反用德國諺語「自吹自噓，臭不可聞」（Eigenlob stinkt）。——譯注

3 此處加引號的「主人」（Herr）既可表示丈夫（對應上文所謂「婢女」），又可表示統治者，對應於本節末尾加重點號的「**統治**」。——譯注

不論所有學者中因其職業而最富有教養也最自以為富有教養的語文學家和語文教師們——）那裡聽來的關於哲學和哲學家的僭妄之說。時而是個專家和徜徉於角落者，在一切綜合的任務和能力面前都會出於本能地自衛；時而是個勤奮的勞動者，聽說哲學家的otium（悠閒）[4]的名聲和他靈魂家園的高尚蓬勃，便自覺受了貶損，變得渺小。時而是那種講求有用性的哲學色盲，什麼也看不到，只看到一系列*受批駁*的體系和一種對誰都「沒有用」的大肆揮霍。時而是在面對喬妝打扮的神祕主義和認識邊界的調整時陡生恐懼；時而是對單個哲學家的不相信被武斷泛化為對哲學的不相信。最後，在年輕學者傲然菲薄哲學的背後，我最經常發現的是一位哲學家自己的惡劣影響，大家雖然已經全都宣布不再聽從他，卻走不出被他對其他哲學家不屑一顧的評價所誤導向的迷途：其結果是對一切哲學全然掃興。（在我看來，叔本華對最近德國的影響可謂如此：——他對黑格爾不明智的怒火燒得最近一整代德國人衝破了跟德意志文化的關聯，這個文化，全盤考慮起來，在*歷史感*[5]方面已達到一個高峰，達到有預見力的精細：但恰恰在這一點上，叔本華本人之貧乏、魯鈍和非德意志，也到了天才的地步。）總的說來，最徹底打破對哲學的敬畏並為群氓本能打開大門的

4 Otium在拉丁語中則指與公共事務相對的休閒，亦為對希臘詞 σχολή 的拉丁譯語，該希臘詞可指研究學問之閒暇，拉丁轉寫為schole，即後之school（學校）與scholar（學者）之詞源。——譯注

5 「歷史感」為直譯，原文是historischen Sinns，通譯是「歷史理解力」或「歷史方面的感受力」。尼采在第224節中實將之比作一種感官。——譯注

東西——這可能首先是這個新哲學家本人那種人性的、太人性的東西，簡言之就是他的窮困潦倒。人們向自己坦白了吧，在我們這個現代世界，赫拉克利特們、柏拉圖們、恩培多克勒們所屬的整個種類，以及所有這些君王般的宏偉的精神隱居者們曾經擁有的稱號，已經稀缺到何種程度：看看今天這幫多虧了時尚而既被捧得很高又被看得很扁的哲學代表們——德國的例子是柏林的兩頭獅子，無政府主義者歐根·杜林和混金術士[6]愛德華·封·哈特曼[7]——，相比之下，一位老實的科學人有多麼充分的權利，**可以**自詡是更好的種類和出身。特別是那些自稱為「現實哲學家」或「實證主義者」的雜燴哲學家給人的觀感，足以在某個野心勃勃的年輕學者的心底投下一份危險的不信任：要知道他們本身最多只是學者和專家，這是明擺著的事！——要知道他們可都是被制服者，是退居科學管轄之下的**倒退者**，曾幾何時，他們指望從自己這裡得到**更多**，卻並沒有權利擁有這個「更多」，沒有權利對它負責——而現在就是他們，可敬、憤懣而又充滿報復欲地在言行上以其代表的身分表示，**不相信**哲學的統治使命和統治地位。最後：事情還能怎麼樣呢！科學在今日鋒頭正盛，心安理得之態溢於言表，而同時，全部新近哲學正在逐漸淪落成為的那種東西，那個今日之哲學

6 「混金術士」，原文為 Amalgamist，為尼采從 Amalgam（汞合金）一詞生造，當時汞合金常用來提煉貴金屬。——譯注

7 愛德華·封·哈特曼（Eduard von Hartmann）乃與尼采同時代的哲學家，著有《無意識哲學》（Philosophie des Unbewussten，一八六九年）。——譯注

剩餘物，卻激起了反對自己的不信任和不愉快，如果不是激起嘲弄和同情的話。哲學降為「認識論」，實際上無非就是種小心翼翼的分期學[8]和戒止學說[9]：一種根本還沒有跨過門檻就極力拒絕自己入門權利的哲學——這是奄奄一息的哲學，一個終結，一次臨終抽搐，某種引人垂憐的舉動——這樣一種哲學怎麼能夠**統治**呢！

205

哲學發展面臨的諸種危險在今日真的如此多樣，以致人們會懷疑，這個胚胎到底是否還能成熟。科學之塔的地盤和高度已經增長得極其龐大，下列情形的可能性也隨之大大增加：哲學家已倦於充當學習者，或者讓自己被隨便固定在某處，被「專業化」，以至於他根本不再上升到他的高度，也就是不再去眺望、環顧和**俯察**。或者，他上升的太遲，此時他最好的時期和力量都已逝去；或者是，他已經受損傷、磨粗糙，已經蛻變，使他的目光、他的總體價值判斷不再有多少意義。恰恰是他的知性良知的精細，讓他也許是在半路上延宕和延遲了；他怕被誘引成為業餘愛好者，成為千足蟲和長著千般觸角的東西，他深知一個人若失去對自己的敬畏，那麼他就不再作為認識者下達命令，擔任領

8 「分期學」，原文為 Epochistik，蓋據地質學上用於分期的 Epoch（世）所造。——譯注

9 「戒止學說」，原文為 Enthaltsamkeitslehre，字面意思為「禁欲學說」或「節制學說」，即戒止「逾越（認識界限）」的學說。——譯注

袖了：他本來肯定想要成為偉大的演員，成為哲學上的卡里歐史特羅和精神的勾魂者[10]，簡言之，成為誘惑者。這些，最終是一個趣味問題：倘若它並非甚至是一個良知問題的話。此外使哲學家的困難再加倍的是，他向自己企求的不是一個對於科學、而是對於生命和生命之價值的是或否的判斷，——他並不樂於去學習相信，他已擁有作出這一判斷的權利或義務，而是必須只從最廣闊的——也許最是把他搗亂和搗毀的——體驗出發，常常得猶疑地默然尋找通向那個權利和那個信念的道路。事實上，群眾已經長期混淆和誤會了哲學家，把他們要麼當作知識人和理想的學者，要麼當作宗教上高蹈的、去感性的和「去世界的」[11]的上帝之癡迷者和沉醉者[12]；今日人們甚至於聽到某個人由於生活得「有智慧」或者「像個哲學家」而得到稱讚，其意思差不多只是活得「聰明和超脫」。智慧：在群氓看來它是某種逃避方式，從一場惡劣遊戲中抽身出來的某種手段和把戲：但是正當的哲學家——在我們看來，是吧，我的朋友們？——生活得很「不哲學」和「不智慧」，尤其是不聰明，並且感到有那種惡習和義務去百般嘗試和蠱惑人嘗試生命：——他不斷以身試法[13]，他玩著這場[14]惡劣的遊戲……

10　卡里歐史特羅（Alessandro Cagliostro），為十八世紀的義大利江湖術士，以其非凡的騙術聞名。「勾魂者」，原文為Rattenfänger，直譯為「捕鼠人」，源自中世紀德意志關於「哈美恩的捕鼠人」（Rattenfänger von Hameln）的傳說，一位笛手曾以笛聲幫哈美恩市民引走城中所有老鼠，卻沒有得到應有的報酬，便又以笛聲誘走城中所有兒童，以為報復。後引申為「蠱惑民心者」。——譯注

11　「去感性的和『去世界的』」，原文為entsinnlichten und "entweltlichen"，即「去掉感性內容的和『不在世界之中的』」。參見62節譯注。——譯注

12　據考夫曼，「上帝之沉醉者」（即沉醉於上帝的人）當暗指斯賓諾莎。——譯注

13　「以身試法」，原文為（sich）risquirt，蓋為尼采據法語詞risquer（冒險，尤指冒著違犯習俗、眾所不齒的危險）生造出的動詞，原形當為risquiren。——譯注

14　「這場」，原文為das，定冠詞表示獨

206

相比於一個天才，即相比於一個要麼**生育**要麼**孕育**（兩個說法都取其最大的意義範圍[15]）的造物——，學者，即科學上的平均人，總有幾分老處女的味道：因為他和老處女一樣，都不擅長這兩樣人類最有價值的事務。事實上，人們彷彿為了補償，承認這兩者，即學者和老處女，是值得尊重的——在這種情況下人們會強調其值得尊重之處——而這種承認之勉為其難同時立刻讓人們懊惱。讓我們更仔細地來看：科學人是什麼？首先是人類中一個有著一種不高尚美德的不高尚種類，即也就是不統治、無權威而且也不自足的種類：他勤勞，在行列和環節中耐心遵守秩序，所能與所需相稱且適度，他會憑本能找到同類及同類亟需之物，比如那種小塊的獨立區域和碧綠牧場，沒有這牧場就沒有工作後的休息，比如那種對榮譽和認可（要求一眼從最面上就被辨別出來，假定辨別得出來的話——）的索求，那種好名聲的光輝，那種對他的價值和有用性的持續蓋章確認，他們必須永遠反覆用這種確認來克服內在的**不信**任，即克服一切依賴性的人類和群盲動物的心靈基礎。合乎情理地，學者還有屬於一個不高尚種類的毛病和壞習氣：他滿懷微小的嫉妒，對自己達不到其高度的那些天性，他

一無二，亦表明跟「從一場惡劣遊戲中抽身出來」的姿態相對。——譯注

15 「生育」，原文為zeugt，有兩個義項：「證明，為……作證」和「生育、結出（果實）」；「孕育」，原文為gebiert，指「分娩、生出、產生」，與其原形gebären相近則有gebaren，表示「有（不太好的）舉止，行為」。同樣表達「生孩子」時，前者用於表達男人或夫婦二人生養一個小孩；後者專指女性分娩生育。——譯注

警覺於其低下的部分。他是老練的，但只像一個率意而行卻非率性奔流之人；而恰恰是在那種浩然奔流的人面前，他越發冷淡和封閉，——這時他們的眼睛便如一汪平滑的不情願的湖，上面再也泛不起一點歡欣和同感的漣漪。一位學者所能做的最惡劣和最危險之事，皆出於他那個種類對於中等狀態的本能：出於那種信奉中等狀態的耶穌會主義，它本能地為了消除不同尋常的人而工作，試圖打破或者——更願意！——放鬆每一口拉緊的弓。放鬆，當然就是顧惜地、用愛護的手放鬆，——用老練的同情放鬆：這是耶穌會本來的技藝，它一貫擅長把自己介紹為同情的宗教。——

207

無論人們對客觀精神——難道還有誰沒對一切主觀者及其受詛咒的本己性[16]膩煩得要死麼！——再多麼感激迎合，最終，他們還是要學會對自己的感激有所提防，防止過度感激，就是由於這種過度感激，人們彷彿將精神的去自身化和去個人化當作目標本身、近來甚至當作拯救和光彩來慶祝：這就像悲觀主義學派內部常有的情形，他們也自有充分的理由，把最高榮耀送給「無利害的認識」。跟悲觀主義者，即

16 「本己性」，原文為 Ipsissimosität，直譯可為「最屬於自己的狀態」或「最本己狀態」，蓋為尼采生造自拉丁文 ipsissima（最自身、最本原），即 ipse（自己）的中性複數最高級。——譯注

理想的學者——在他們身上，在千百次完全或部分的挫敗之後，科學本能曾一度綻開又凋謝——一樣，那種不怨不嗔的客觀人，一定是世上最珍貴的工具之一：但是他應該用在某位更有權勢者的手中。我們說，他只是一件工具：他是一面鏡子，——他並不是「自身之目的」[17]。客觀人事實上是一面鏡子：習慣俯首於一切願被認識者之前，唯一的樂趣只在提供認識，提供「映照」——他等待著，直到某些東西到來，同時細敏地準備著，即便是精神造物的輕盈足跡和溜滑的行蹤也逃不出他的鏡面和皮膚。在他這裡還剩下的屬於「個人」的東西，在他想來，是偶然性的，經常是任意性的，更經常是干擾性的：就是在這樣一種程度上，他自己把自己變成陌生形態和陌生事件的通道與映射。他退回來沉思自身，用力甚勤而錯誤匪鮮；他容易混淆自己，涉及自己的迫切需求時把握不準，並且唯獨在這方面不精細，犯馬虎。折磨他的，也許是健康狀態，或是女人和朋友們的小裡小氣和居家擾攘，或是缺乏夥伴和社交，——當然，他會強迫自己思索所遭受的折磨：徒勞！從更為普遍的情況來看，他的思維本來就已游離，到了第二天，對於如何幫助自己，他所知道的和前一天一樣少。他喪失了對自己的嚴肅，以及對時間的嚴肅：他滿心歡喜，不是由於沒有迫切需

17 「自身之目的」，原文為Selbstzweck，表示為某事而做某事的以自身為目的之狀態。——譯注

要，而是由於他對他的迫切需要沒有插手和著手之處。慣於迎合一切事物和體驗，遇到所有事物都待以燦爛且無拘無束的友好，他那種無所顧慮的熱心，那種面對是非時危險的毫不憂慮：哈，有足夠的例子讓他不得不後悔有這些美德——作為人類一般[18]，他可太過輕易地變成了這些美德的 caput mortuum（殘骸）[19]。如果人們想從他這裡得到愛和恨，我指的是上帝、女人和動物所理解的那種愛和恨——：他將做出他所能做的那些，給出他所能給的那些。然而，如果那些不多，——如果恰恰是在這時，他顯得不真切、脆弱、可疑和腐朽，人們不該奇怪。他的愛是有意為之，他的恨是矯揉造作，更多是在著力賣弄[20]，是一種小氣的虛榮和誇張。他就只在他可以做得客觀的範圍內是真切的：只有在他那滿心歡喜的總體主義[21]中，他還是「自然」和「自然的」。他那鏡面般映照著的永遠平滑的靈魂，不再知道肯定，也不再知道否定；他不下命令；也不摧毀。「我幾乎什麼也不輕視」[22]——他用萊布尼茨的話說道：可別漏掉和低估了這個「幾乎」！他也不是模範人；他並不走在誰前面或者誰後面；他根本站得太遠，以至於他沒有可以在善和惡之間抓住一個立場的根基。要說這麼久以來，人們都把他跟哲學家混淆了，混淆為那愷撒式的文化培育者和文化強人[23]：那麼，

---

18 「人類一般」（Menschen überhaupt）連讀，下同。——譯注

19 caput mortuum（殘骸）：該拉丁短語的字面義為「骷髏頭」，在中世紀煉金術士用以指蒸餾等反應過程後留下的殘渣。——譯注

20 「著力賣弄」，原文為 tour de force，在今日法語（及英語）中皆指有意為之、難度極大的「壯舉」或「絕技」；用於德語中則尤指花費力量的行動。——譯注

21 「總體主義」，原文為 Totalismus，蓋為尼采所自造。——譯注

22 引文原文為法語：Je ne méprise presque rien；參見萊布尼茨一七一四年一月三日致路易．布林蓋（Louis Bourguet）的信：「我幾乎什麼也不輕視（除了星相學以及類似的欺詐術）」，參見《萊布尼茨哲學文集》第3卷，第562頁。——譯注

人們已經給他太高太高的榮耀，並且忽略了他身上最本質之處——他是一件工具，一頭奴隸，儘管肯定是最精巧的一頭奴隸，可就自身而言卻什麼——幾乎什麼也不是！客觀人是一件工具，一件貴重、易損和模糊的測量工具和鏡類藝術品，人們應該愛護他，尊敬他；但是他不是目標，不是出路和上升之路，不是其餘的此在[24]可藉以正當化的那種補足他人的人，不是結論——更不是開端，不是生育，不是第一原因，他沒有成為意願作主人的壯碩者、有權勢者、立於自身者；毋寧只要當一個細膩、蒼白、精緻、可移動的模罐[25]，這模罐首先必須等待某一個內容和內涵，才能照它賦以自身「形態」，——按習慣，他是一個沒有內容和內涵之人，一個「無私」[26]之人。從而，順便說一句，對於女人而言他什麼也不是。——

208

如果今天有一位哲學家要讓人明白他不是一個懷疑論者，——我希望，從上面剛剛給出的對客觀精神的描摹中，人們已經聽出這一點來了吧？——那麼，整個世界都不會喜歡聽；人們因此有些膽怯地打量他，不禁有那麼多東西要問，問……不錯，在這會兒成群出現的怯懦

---

23 「強人」，原文為 Gewaltmenschen，義為「行事不顧他人感受者」，字面意思則是「暴力人」。——譯注

24 「此在」，原文為 Dasein，此為直譯，更符合此處的通譯為「人的生活」。——譯注

25 「模罐」，原文為 Formen-Topf，字面義為「製模（賦型）的罐」，蓋指製陶的印坯工具，本身並無完整形狀，只在印製坯體（內容、內涵）時體現自己的「形態」。——譯注

26 「無私」，原文為 selbstlos，字面義為「沒有自身、失去自身」。——譯注

聽眾當中，他從現在起就意味著危險。對他們而言，一旦他拒絕了懷疑論，他們就彷彿遠遠聽到不知哪來的某種邪惡而嚇人的聲響，彷彿有不知哪一種新型爆炸物在試爆，某種精神的代納邁炸藥[27]，也許是一種新發現的俄羅斯式虛無[28]，一種善意的悲觀主義，它不僅僅說「不」和意願「不」，而且——想想都恐怖！做「不」[29]。針對這樣一種「善良意願」[30]——一種從現實和事實上否定生命的意志，今天沒有比懷疑論更好的助眠劑和鎮定劑了，那種綿軟、嬌媚、向人哼唱的懷疑論罌粟；就算是哈姆雷特，在今天也要接受時代醫生們針對「精神」及其在地下的異響所開的處方。[31]「人們的耳朵裡難道不是充滿了難聽的聲響？」懷疑論者說道，作為安寧的愛好者，並幾乎是作為某種安全警察[32]：這種地下的「不」令人恐怖！「靜一靜，你們這些悲觀主義密探！」懷疑論者，這些溫柔的造物，可太過容易受驚嚇了；他的良知自小被教育要對每一個「不」、當然也對每一個決斷強硬的「是」都抽搐一下，要覺得像被什麼咬了一口那樣。「是！」和「不！」——這對他來說有悖於道德；相反，他喜歡用高貴的節制讓他的美德歡欣鼓舞，其方式大概是像蒙田那樣說：「我知道什麼？」或者像蘇格拉底那樣說：「我知道，我什麼也不知道。」或者是：「在這一點上我沒

---

27 「代納邁炸藥」，原文為「Dynamit」，諾貝爾據以命名他在一八六六年發明的炸藥（瑞典語 dynamit），源自希臘語「dunamis」（力）。——譯注

28 「虛無」，原文作「Nihilin」，蓋轉寫自俄語「нигилин」；據考夫曼，係由 Nicotine（尼古丁）所造；據法伯爾，亦戲指 Anilin（苯胺），一種有毒且可制炸藥的化學物質。——譯注

29 本節中所有帶引號的「不」或「不是」原文均無引號，加引號為表明該詞原文首字母大寫作「Nein」，它通常作 Nein，與上下文中的 Nichts（無，虛無）、Verneinung（否定）同根。——譯注

30 「善良意願」，原文為 dem guten Willen，此為直譯，它通常用以表達「善良意願、好意」，等同於前面的 bnae voluntatis（善意）。——譯注

31 在德語中「精神」（Geist）亦可解作「鬼魂」，此處指哈姆雷特父王的地下亡魂，

有自信，我看不出門道。」或者是：「假定有些門道，可為什麼這下就要踏進去呢！」或者是：「為何要作這些倉促的假設呢？根本不作假設會很容易被當作好趣味的表現。你們非要把彎曲的東西徹底扳直不可嗎？非要把每個漏洞都用塊破布徹底塞住不可嗎？難道沒有時間了嗎？難道時間沒有時間了嗎？唉，你們這些莽漢就不能等等嗎？即便是未知者，也有它的魅力，即便是斯芬克斯，也是一個喀耳刻，即便這個喀耳刻，也曾經是一個女哲學家。」——一個懷疑論者如是安慰自己；他真的亟需一些安慰。懷疑論，乃是某種特定的多層次心理性狀、通言之即神經衰弱和病弱狀態的最精神性表達；每一次，當長期彼此分離的種族或等級以一種決定性的、突如其來的方式交會在一起的時候，都會產生懷疑論。新的世系，彷彿其血脈中得到諸種不同的尺度和價值的遺傳，這裡一切都是不安、紛擾、疑慮、嘗試；那些最好的力量起的是阻礙的作用，那些美德則彼此不讓自身去生長和變強健，在身體和靈魂中缺乏均衡和重心，缺乏垂直線般的安定，而在這樣的混血兒中最深切地病變和蛻變的，乃是意志：他們根本再也認識不到決斷時的獨立性，意願時的勇猛快感——就算在夢裡，他們對「意志自由」也抱有疑慮。今日我們的歐洲，這座戲臺正上演一場唐突

《哈姆雷特》第一幕第四場中哈姆雷特追問亡魂，有「不要讓我在無知的蒙昧裡抱恨終天」之語。——譯注

32 「安全警察」，原文為 Sicherheits-Polizei，在尼采的時代「安全警察」與「一般行政警察」（Wohlfahrtspolizei，後作 Verwaltungspolizei）一起構成國家警察部門；主要工作在政治情治上保護國家和公共安全，亦對社會活動進行監督和偵察。參見《邁耶爾辭典》一九〇八年版。——譯注

的嘗試，要在等級——從而——在種族之間作一次激進的混合，因此，它在一切高度和深度上都是懷疑論的，時而隨著那種靈活的、著急而貪婪地從一根樹枝跳到另一根樹枝上的懷疑論，時而像一片載了過多疑問的雲團般陰沉，——而它的意志，常常饜足欲死！意志癱瘓：今天人們在哪裡看不到這些殘廢呆坐著！經常還像作了一番妝扮！扮出一副多麼誘人的樣子啊！對付這種病有最美麗卻華而不實的衣飾；比如說，今日充作「客觀性」「科學性」「為藝術而藝術」「純粹意志自由的認識」站到展覽攤位上去的那些東西，其中大部分只是著意打扮好的懷疑論和意志癱瘓，——我願意為這樣一個歐洲病的診斷負責——意志之病在歐洲的遍傳是不平衡的：在文化已經最長久融於鄉土的那些地方，這個病顯得最嚴重，花樣最多，而如果西方教化的空蕩外衣下，有「野蠻人」的法律還在——或者重新——生效，則按其生效的程度，這個病也有所消退。照此情形，現在的法國，正如人們可以輕易推斷和明確辯識出來的那樣，意志病得最厲害；法國總是擁有一種大師般的靈巧，它的精神所發生的那些即使再後患無窮的轉折，也總能倒轉為某種撩撥和誘惑，在今天，它作為一切懷疑論魔法的學堂和展臺，才真正恰當表明了它在歐洲的文化優勢。意願的力量，更確切說是長久地去意願某個意志的力量，在德國大概還是要強一些，在德意志北部又比中部更強一些；而在英格蘭、西班牙和科西嘉則強得非常明顯，在德國力量繫於黏液[33]，在這些地方則繫於堅硬的顱骨——且不提義大利，它還太年輕，不知道它意願什麼，它必須首先證明自己能否意願——而意志最最強健和最驚人的，是那個彷彿讓歐洲湧回到亞洲去的龐大無比的中間地帶，俄羅斯。在那裡，意願的力量從很久以前就被留存和積蓄起來，在那裡，意志——還不確定是否定的意志還是肯定的意志——以威脅性的態勢，等待著，借用今天物理學家們的慣用語說，被觸發[34]。歐洲倘若要減除它最嚴重的危險，可能不僅印度的戰事和在亞洲的牽制是必需的，而且還需要俄羅斯內部的崩潰，需要它領土散裂成小塊，尤其需要引入議會制的蠢事，再加上每個人在早餐時看報紙的義務。我說的這些不是我的願望：我打心眼裡寧願是相反的情形——我指的是俄羅斯威脅已經增長到這樣的地步，以至於歐洲為此必須作個決斷，具有與之平衡的威脅性，即*獲得一個意志*，通過一個新的歐洲統治種姓，獲得一個長期的、恐怖的、自己特有的意志，能夠為自己設立跨越千年的目標的意志：——這樣，那出編得老長的小國林立的喜劇，以及無論王朝制還是民主制下的三心二意，

33 「黏液」，原文為 Phlegma，意為「魯鈍、漠然」，源於希臘語 phlégma（體液、熱量），後亦因古希臘醫學區分的四種體質（多血質、膽汁質、憂鬱質和黏液質）而表示一種魯鈍、滯重的脾性。——譯注

34 「被觸發」原文為 ausgelöst，直譯為「打開開關」，其名詞形式 Auslöser 可指「開關」。——譯注

才會最終有個了斷。小政治的時代過去了：下一個世紀終將進行對地球統治權的爭奪，——強制走向大政治。

209

在我們歐洲人顯然已經步入的這個新的戰爭年代，懷疑論的另一個更強健的種類也許在某種程度上是有益的，對此，我想暫時姑且借用一個譬喻來闡明，研究德國史的朋友們應該能理解它。那個一味要步兵長得高大健美的狂熱者[35]，作為普魯士的國王，他曾使一個軍事和懷疑論天才——從而在根本上使那個新的、現在正勝利誕生的德意志類型——得以成人，他，腓特烈大帝那可疑而瘋狂的父親，曾經在一個關鍵點上甚至是這位天才的把手和幸運之鉤：他知道，當時德國欠缺什麼，是怎樣一種欠缺，比教化和社會形式方面的某種欠缺更加可怕和要緊百倍，——他對年輕腓特烈的反感就來自這個出自某種深切本能的擔憂。缺乏男人；他的疑心最後直變成最苦澀的懊惱：他的親生兒子可能不是個十足的男人。他在這一點上欺騙了自己：可誰在他的位置上不會欺騙自己呢？他看見他的兒子沉溺於無神論，沉溺於性靈[36]，靈氣十足的法國人那種快意的瀟灑：——他在這背後看見那

35 指普魯士國王腓特烈・威廉一世（Friedrich Wilhelm I），曾搜羅身材高大的士兵建立「巨人擲彈兵團」。——譯注

36 「性靈」，原文是法語 esprit，既有「機智、風雅」之義，也有「精神」之義。——譯注

個厲害的吸血女鬼，那只懷疑論蜘蛛，他怕一個心靈和一個破碎的意志正陷於不治的困頓，無論好壞，那心靈再也不夠強硬，那意志再也不下命令，再也不能夠下命令。然而在這期間，那種更危險、更強硬的新型懷疑論在他兒子身上生長起來了——誰知道呢，這在何等程度上恰恰得益於對父親的恨，得益於一個被孤獨地造就的意志的冰冷憂鬱？——那種源於果決的男子氣概的懷疑論，它跟戰爭和征服的天才有著最近的血緣，以偉大的腓特烈的形象，它第一次進駐了德意志。儘管如此，這種懷疑論卻蔑視、撕扯自身；它侵蝕，占領；它不相信，但是不自失於不相信；他給予精神以危險的自由，但是保持心靈的強硬；這是懷疑論的德意志形式，作為某種持續推進的、向著最精神性之物上升的腓特烈主義，它讓歐洲在相當長一段時間內臣屬於德意志精神及其批判性、歷史性的疑慮。多謝那些偉大的德意志語文學家和歷史批判者（正確看待的話，他們還統統是精於毀壞和瓦解的藝人）不可遏制的強健而堅韌的男人性格，儘管有音樂和哲學中的浪漫主義，一個德意志精神的新概念依然緩慢地鞏固下來了，在這個概念中決定性地展開了向具有男子氣概的懷疑論的進軍：比如目光的無畏，或是摧毀之手的勇敢和強硬，或是進行危險的勘探旅行的堅韌意志，在廣漠而危險的天空下做精神化的北極考察。如果恰恰在這種精神面前，溫血而膚淺的人道人[37]要劃十字，那倒是有很充分的理由的：米什萊[38]不無顫慄地稱之為「宿命論的反諷的梅菲斯特精神」。不過，如果人們願意感受一下，這種面對德意志精神中的「男人」（歐洲將因他而從「教條主義假寐」[39]中被喚醒）的恐懼有多麼突出，那麼，人們應該回想一下那個當然早已隨著這個概念被克服的對德意志人的早先看法——正如在不久以前那樣，一個男性化的女人[40]還敢僭妄地把德意志人當作柔和、好心腸、意志虛弱和詩人樣的蠢貨，提醒歐洲人要關切他們。最後，人們確實應該至深體察一下拿破崙得見歌德時的那種驚異：它透露出，數百年來人們本來是怎麼想那個「德意志精神」的。「Voilà un homme!（這是一個人）」——這句話想說的是：「這真是個男人！我還以為只會見到一個德意志人呢！」——

210

所以，假如在未來哲學家的肖像中有某處特徵，讓人以為他們也許未必是剛才所提示意義上的那種懷疑論者，那也只標識出他們身上的某一點——而不是他們本身。依同樣的理由他們可以讓人稱自己為批

---

37 「人道人」（Menschichkeits-Menschen），蓋與本書中出現的「科學人」「客觀人」「平均人」「實驗人」「問號人」等同為尼采自造的表達。——譯注

38 「米什萊」出處未詳。——編注

【譯按】儒勒·米什萊（Jules Michelet），十九世紀法國史學大家。——譯注

39 「教條主義假寐」（dogmatischen Schlummer），康德自言休謨的學說驚醒了他在教條主義假寐。——譯注

40 此當指德·斯戴爾夫人（Madame de Staël），她的《論德國人》（*De l'Allemagne*）首版於一八一三年。——譯注

判者；而且一定會成為實驗人。用這個我冒險用以命名他們的名稱，我已經鮮明強調了嘗試和嘗試的樂趣：之所以如此，是因為他們作為身體和靈魂的批判者，喜歡在一種新的、也許是更廣闊、也許是更危險的意義上拿自己做實驗吧？在認識的激情中，他們必將以諸種果決而痛切的嘗試，比一個民主世紀所具有那種軟心腸的柔化趣味所可能贊同的，走得更遠吧？——毋庸置疑：這個正到來者至少不能失卻那些嚴肅的、並非不令人疑慮的特性，那些將使批判者從懷疑論者當中脫穎而出的特性，我指的是，價值尺度的可靠，方法上有意識地把持住某種一致性，隨機應變的勇氣，獨來獨往、自負其責；是的，他們坦承自己在說不和肢解時有一種**樂趣**，自己有一種特定的、深思熟慮過的殘忍，知道沉著精細地用刀，即使心在滴血。他們將比人道之人們（humane Menschen）所能願望的**更為強硬**（而且也許不總是只針對自己），他們將不會為了「真理」使自己「愉悅」「崇高」或者「激動」便與之為伴：——他毋寧是不怎麼相信，為感覺帶來這樣一些娛樂的正好是**真理**。如果有人說「那種思想提升了我：它怎麼不該是真的呢？」或者說：「那件作品讓我迷醉：它怎麼不該是美的呢？」或者說：「那位藝術家拓展[41]了我：他怎麼不該是偉大的呢？」他們，這

41 「拓展」（vergrössert），字面義為「使……（偉）大」。——譯注

些嚴格的精神們，便會微笑——在一切諸如此類的癡迷者、理想主義者、女人氣的人、陰陽人面前，他們預備的也許不是一個微笑，而是實實在在的噁心，而若有人懂得跟隨他們直抵他們隱祕的心室，在那裡頭也很難找到這種意圖，讓「基督教情感」跟「古典趣味」，甚或還跟那種「現代議會制度」和解的意圖（好像在我們這個非常不穩定因而非常要和解的世紀裡，甚至在哲學家身上也應該出現諸如此類的和解狀態似的）。批判性的培養，造就精神事物的純淨和嚴格的每一個習慣，未來哲學家將不只是期望自己擁有這些：他們會把這些當作他們特有的裝飾品那樣佩戴起來，甚至戴給別人看——儘管這樣，他們還是不願意因此被叫作批判者。每當，像今天這樣常常發生的那樣，有人頒布道：「哲學本身就是批判和批判性的科學——此外決無他事！」則在他們看來，對哲學可不算個小侮辱。且讓這種對哲學的評價得到法國和德國所有實證主義者的鼓掌歡迎吧（——這評價甚或有可能曾經是迎合康德的心意和趣味的：人們可以回想一下他的主要著作的題目——）：我們的新哲學家儘管如此仍然會說：批判者是哲學家的工具，恰恰因為這一點，作為工具，他們本身離哲學家還差得老遠呢！哥尼斯堡的那位偉大的中國人[42]，也只是一個偉大的批判者。——

42　「哥尼斯堡的那位偉大的中國人」，原文為 Chinese von Königsberg，蓋指出生於哥尼斯堡的康德。

211

我堅持，人們最終不該再把哲學勞動者及根本上的科學人跟哲學家混淆——恰恰在這裡，人們應該嚴格「給予每個人他所應得的」[43]，給前者的不要過分，給後者的不要少得過分。對於真正哲學家的教育來說必需的是，他的侍從，即那些哲學的科學勞動者所駐留——**必須**駐留——於其上的所有這些階段，他自己也都要駐紮一遍；他自己必須也許曾經是批判者及懷疑論者及教條論者及歷史學者，此外還是作詩者及收集者及旅行者及猜謎者及道德主義者及觀看者及「自由的精神」及幾乎一切，周遊巡遍人類的諸多價值和價值情感，**能夠**用多種多樣的眼睛和良知張望，從高處向每一個遠方，從深處向每一個高度，從角落向每一處開闊地帶。而所有這一切，只是他使命的前提：這項使命本身意願著某種有所不同之處——它要求他**創作**[44]**價值**。那些哲學勞動者，遵照康德和黑格爾的高貴模範，要把一種宏大的、關於諸種價值評估——即以前一度占統治地位並且在某一時代被稱為「真理」的價值設**定**和價值創造——的事實要件固定下來，強行賦予一個說辭，或是在**邏輯**領域，或是在**政治**（道德）領域，或是在**藝術**領域[45]。這些研究者的職責則是，使迄今發生過、評價過的一切可以被看得穿、

---

43 「『給予每個人他所應得的』」，原文為 Jedem das Seine，當出自拉丁格言 suum cuique（各得其所）。——譯注

44 「創作」原文為 schaffen，它與下句中的「創造」（schöpfen）同源，但 schaffen 兼有「完成、實現」之義，在古德語和現在的奧地利、瑞士德語中亦有「勞作」（arbeiten）之義。故該詞狹義上固然表示「創作藝術作品」，此處與下處加重點號者當作廣義的「創立、作出」解。這裡所暗含的「生活（leben）即創作（schaffen）」之義與「勞動者」（Arbeiter）的對比，亦可參見第256節。——譯注

45 打字稿此處刪去如下內容：（歷史亦屬此列——）。——編注

想得透、把握得定、操作得了，是縮短一切長久者，乃至縮短「時間」本身，制服整個過去：一項艱巨而絕妙的使命，在這樣的功績中，每一個精細的自負，每一個堅韌的心願都保證能夠滿意。真正的哲學家是命令者和立法者：他們說：「應該這樣！」他們首先確定人類向哪裡去和做什麼，並在這些問題上指配所有哲學勞動者、所有制服過去者的前期工作——他們用創造之手去把握未來，一切現在和過去之所是者皆在他們這裡變為手段、變為工具、變為錘子。他們的「認識」[46]是創作，他們的創作是立法，他們求真理的意志是——求權力的意志。今天可有這樣的哲學家嗎？以前曾經有過這樣的哲學家嗎？難道不是必須有這樣的哲學家嗎？

212

在我看來情況越來越是這樣了：哲學家，作為明天和後天的一種必需之人，在每個時代都與他的今天處在並且必須處在矛盾之中：每一次他的敵人都是當今之理想。迄今為止，一切超逾常規、人們稱之為哲學家的人類促進者，很少覺得自己是智慧的朋友，毋寧覺得自己是讓人難受的傻子，是危險的問號——，並且發現，做他們所在時代的

46 「認識」（erkennen）此處讀為動詞；它區別於「知道」（wissen）。參見192節「知識與認識」、194節「認得」注。——譯注

壞良知是他們的使命，他們無意得之又無可回避的嚴酷使命，他們任務的偉大之處最終竟在於此。他們把活體解剖的刀徑直切入時代美德的胸腔，由此披露出它特有的祕密：這樣做是為了知道人類的**新的**偉大，走一條從未走過且將拓展人類的新路。每一次，他們都揭示出，有多少虛偽、怠惰、率意自為、自甘墮落，有多少謊言藏匿在當代道德狀態最受尊敬的類型中，有多少美德已經**為生命所超越**[47]；每一次，他們都說：「我們必須出發，出去，到**你們**今天最不親切自在的地方去。」面對一個「現代理念」的世界，一個想把每個人都祛使到某個角落和某個「專長」裡去的世界，一位哲學家，倘若今天還能有哲學家的話，將被迫去設定人類的偉大，將偏偏在人的廣闊與駁雜中、在他由多方面構成的整體性中設定「偉大」這個概念：他甚至將根據一個人能夠承載和承擔多少分量和多少多樣性，能夠把他的職責抻得多**寬**，來確定價值和等級。今天，時代趣味和時代美德使意志變得虛弱和稀薄，沒有比意志虛弱更切合時宜的了：那麼在哲學家的理想中，「偉大」這個概念則恰恰必須包括意志的力量，作出長期決定所需的強硬和能力；基於與此同樣充分的理由，跟它相反的學說，一種昏昧、放棄、恭順、無私的人道的理想，乃適合於一個顛倒的年代，一個跟

---

47 **為生命所超越**（überlebt sei）既表示人類曾經崇尚的美德已死而人類仍將活下去，也可表示人類將度過他們的美德所造成的「劫難」。——譯注

十六世紀一樣苦於它久蓄的意志能量和對自身的專注所引發的最狂野的洪水與海嘯的年代。在蘇格拉底的時代，在那些本能已經疲憊的純屬人類的人中間，在保守的雅典人中間，這些雅典人率意而行——按其所言是「求幸福」，按其所為則是找樂子——且為此總有滿口古老而堂皇的說辭，他們的生活早就不再給予他們訴說這些言辭的權利了，就是在這些人中間，也許亟需的是對靈魂之偉大[48]的**反諷**，是古代醫生和群氓之輩的那種蘇格拉底式惡毒的沉著，他們用一道目光毫不顧惜地切入自己的肉，同樣亦切入「高尚者」的肉和心，那目光明白說道：「在我面前你們就別裝了！在這裡——我們是平等的！」今天則顛倒過來，在歐洲，唯有群畜可達到榮耀和分配榮耀，「權利平等」可以輕而易舉轉變為平等地不公[49]。我想說，轉變為向一切稀有者、陌生者、有特權者、更高等的人類、更高等的靈魂、更高等的義務、更高級的職責、創造性的權力擴張和統治狀態的宣戰——今天「偉大」這個概念包括做高尚者，意願獨立自為，能夠有所不同，獨來獨往並一定要獨當一面地生活；而哲學家自己的理想，則在下面這樣的建言中有所透露：「那能夠成為最孤獨者、隱藏最深者、偏離最遠者的，超然於善惡彼岸的人類，自己美德的主人，意志充沛者，應該是最偉大者；這

48 據考夫曼，「靈魂的偉大」（Größe der Seele）可追溯至亞里斯多德在《尼各馬可倫理學》中稱讚的megalopsychia（大氣），該詞字面義為「心靈寬廣」，則適與後267節所引中文之「小心」相對。——譯注

49 「平等」，原文為gleich，亦可解為「相同、相像」；故下文「平等地不公」亦可解為「相同地無權」（參見第42節「不公的權利」譯注）。——譯注

些就應該叫作偉大：能夠既多樣又完整，既寬廣又飽滿。」再問一句：今天——偉大是否可能？

213

哲學家之所是者，之所以難學，是因為不可教：必須從經驗中去「知道」，——否則就應該有不去知道的自負。可是時至今日，全世界都在談論他們不能夠擁有其相關經驗的事物，這種情況在哲學家方面、在哲學的形勢上最廣泛也最嚴重：了解和可以了解哲學形勢的是極少數者，所有關於它的流行意見都是錯的。所以，比如那種真正哲學意義上的並舉[50]——一邊是果敢恣肆的精神狀態，踏著快板疾走，一邊是辯證法的嚴格和必然性，從不會走錯步——就是大多數思想者和學者從他們的經驗出發無法了解的，而萬一有人要在他們面前談論這個，他們又以為不可信。他們把每個必然性想像為窘迫，想像為那種尷尬的「必須遵循」和「被迫勉強」；而思想本身對他們則是某種緩慢、猶豫之事，近於一種辛勞，並且相當常見地被認為「值得流些貴族的汗水」——而完全未將它當作一種輕盈、神性之事，最親近於舞蹈和狂歡之事！在他們那裡，「思考」，和「嚴肅對待」「沉重對待」某事——

---

50 「並舉」，原文為 Beieinander，既表示「並排、並列」，也可以表示「狀況」，即關聯上句說的「形勢」（Zustände）。——譯注

是一回事情：他們對此只有過這樣的「體驗」——。在這方面藝術家們則喜歡有一種更精微的氛圍：他們知道得太清楚了，恰恰當他們對所有事物都不再「專斷地」而是「必然地」去做的時候，他們那種自由、精妙、全權在握的感覺，創造地設定、支配、賦形的感覺，才達到其高點，——簡言之，這時，必然性和「意志自由」在他們這裡合而為一。終歸會有一個靈魂狀態的等級序列，它與問題的等級序列相對應，每一個沒有通過其精神狀態的高度和權力被預定為最高問題之解決者的人，會在最高問題上無情碰壁。什麼都知道一點的活絡腦袋，或者不太活絡的老實的機械師和經驗論者們，正如今天屢見不鮮的那樣，懷著他們的平民虛榮心朝著最高問題旁邊擠過來，彷彿要擠上這個「宮廷中的宮廷」，這又有什麼用呢！這些粗腳板是永遠不允許踏上那樣的地毯的：在事物的元法則中就已經對此作出安排；對此等糾纏不休者，門始終是關上的，讓他們把腦袋往上面撞吧，哪怕撞碎了！對於一切高等世界，其人必須是為之而生的；更確切地說，必須是為之而培育的：即使在這裡，對哲學——就這個詞最廣泛的意義上講——的權利亦只能憑藉其人的出身、即他的祖先和「血統」來決定。必定有許多世系已為哲學家的誕生做了前期工作；哲學家的每一美德都必定是單獨地被獲得、照料、傳承和化為血肉的，不僅限於思想上果敢、輕盈、細緻的運轉推進，首先更在於對重大職責的熱心，統治時張望和俯視的威嚴，對自己脫略於群眾及其義務與美德之外的感覺，為受到誤解和誹謗者（可以是上帝，也可以是魔鬼）的親切維護與辯護，對偉大公正的興致和修習，命令的藝術，意志的廣闊，罕有驚訝、罕有仰視、罕有愛意的悠緩的眼睛……

第七章　我們的美德

214

我們的美德？很有可能，我們也還擁有我們的美德，雖然已經不是祖輩們率真粗樸、我們會因之尊敬但也因之疏遠他們的那種美德了，這本是合乎情理的。我們這些屬於後天的歐洲人，我們這些二十世紀的初胎兒——帶著我們所有危險的好奇、我們在偽裝上的花樣和藝術、我們在精神和感官中酥軟的泛著甜味的殘忍——倘若我們應該擁有美德，我們估計將只擁有這樣一些：它們會學習跟我們最親熟、最衷心的偏好，跟我們最熱烈的需要好好相處：來吧，讓我們到我們的迷宮裡找找看吧！——在這個地方，正如人們知道的，好些是找不到了，好些是完全消失了。有什麼事比尋找自己的美德更美妙嗎？這豈不是已經近於：信仰自己的美德嗎？——從根本上說，這跟人們從前稱為其「好良知」[1]的不是同一個東西嗎？不就是那根值得尊敬、拖得長長的概念辮子嗎？我們的祖輩們不就是把它垂在腦後，至為常見的還是垂在他們的理智後面嗎？由此看來，儘管我們自以為無論怎樣不算老式了，不像祖父們那樣正經了，但是，在總體上我們還是這些祖輩們的稱職子孫，我們這些有好良知的最後的歐洲人：我們也還拖著他們的辮子。——嘿！但願你們知道，很快就會、竟然這麼快就會——

---

1 「好良知」，原文為（sein），gutes Gewissen 此為直譯，通譯為「心安理得」；相應地，「壞良知」（schlechtes Gewissen）即「良知不安」。基於尼采的視角，常人從道德角度說的良知之安或不安，只是顯示出良知本身品第之好或壞。——譯注

有所不同了！……

215

正如在星球的王國中，有時是兩個太陽規定一顆行星的軌道，正如在特定的情況下，不同顏色的太陽繞著同一顆行星發光，時而是紅光，時而是綠光，還會同時照在上面，泛出斑駁色彩：我們這些現代人也是這樣，借助我們「星空」的複雜機械裝置——我們受到相異的道德的規定；我們的行為在相異顏色的輪番照耀之下，少有單一的意義，——我們做出斑駁行為的事例已經夠多了。

216

愛他的敵人？我相信，這件事已經學得夠好了：今天已經大大小小發生過千百遍了；甚至偶爾有更高明更精妙的事——當我們在愛、恰恰在我們最愛的時候，我們學著蔑視：——不過所有這一切都是無意識的，不喧嘩，不張揚，帶著那種對善意的羞恥和隱藏，以杜絕掛在嘴上的堂皇說辭和美德客套話。以道德為態度——今天對我們來說有悖於趣味。這也是一個進步：正如我們的父輩曾經取得的進步，在他們手上，以宗教為態度，包括反對宗教的敵意和伏爾泰式辛辣（以及此前屬於精神自由不羈者專用手勢語言的一切事物），終於也不容於趣味了。所有清教徒連禱[2]，所有道德布道和正派人士都不願意出聲附和的，就是我們良知中的音樂，是我們精神中的舞蹈。

217

有些人很看重別人信任他們能作出道德行動，能作出精細的道德區分，在這些人面前可要注意！當他們有時在我們面前出差錯（或者甚至在我們身上出差錯）的時候，他們從來不體諒我們，——即使跟我們還是朋友，他們也不可避免地成為我們的本能誹謗者和損害者——健忘的人有福了：因為他們還能「對付得了」[3]他們的愚蠢。

218

法國的心理學家——此外今天哪裡還有心理學家嗎？——在對那些資產階級愚蠢[4]所作的辛辣而花樣百出的戲弄上，總是不曾盡興，彷彿如果……盡了興，會暴露出某些東西。比如福樓拜，這位老實的盧昂市民，最終再也不會看到、聽到和嗅到什麼別的東西：無非是他那

---

2 連禱（Litanei），基督教以一啟一應的形式所做的連續性籲求的祈禱。——譯注

3 「『對付得了』」，原文為（mit）fertig（werden），兼有「了結」與「對付」之義。——譯注

4 「資產階級愚蠢」，原文為法語 bêtise bourgeoise，出自福樓拜，《通信集》第六卷，一八七一年十月四或五日致喬治·桑的信。——譯注

種自我折磨和較為精細的殘忍。現在我建議沉醉於另一種不同的事物，以供調劑——否則會無聊的——這就是那種無意識的狡猾，所有善良厚重老實的中等精神都用它來對待更高等的精神及其使命，那種精細而勾纏的耶穌會式狡猾，它比這個中間等級狀態最佳時的知性和趣味——甚至也比他們的犧牲品的知性——要精細一千倍：這又一次應證，在迄今所發現的一切種類的才智中，「本能」是最有才智的。簡言之，你們這些心理學家們，在對「例外」的鬥爭中研究一下「常規」哲學吧：這裡你們有一齣戲可以看，對諸神和神性的惡毒來說，這齣戲是夠善良的了！或者說得更清楚一些：這裡你們要對「善良的人」作活體解剖，對「homo bonae voluntatis[5]」（善良意願的人）……對你們自己！

219

道德判斷和判決是那些精神狹隘者最喜愛的復仇，對那些為數較少者的復仇，也是一種損失補償，因為他們從自然得到的饋贈很差，現在終於有了一個機會，可以很有精神並且變得精細：——惡意被精神化了。讓他們從心底感到痛快的是，有一個尺度，在它面前即使是那

5 homo bonae voluntatis（善良意願的人），語出《新約．路加福音》2：14：「在至高之處榮耀歸於上帝！在地上和平歸於他的喜悅的人！」尼采使用了正確的拉丁譯文（武加大版作：Gloria in altissimis Deo et in terra pax hominibus bonae voluntatis），今人考證「他的喜悅的人」（即上帝之「好意」所眷顧者）據希臘原本當為「善良意願的人」。——譯注

些精神中堆滿財富與特權的人，跟他們也是平等的：——他們為了「在上帝面前人人平等」而鬥爭，並且幾乎是為此而需要信仰上帝。無神論最有力的對手就在他們之中。誰若對他們說「一種高級的精神狀態，跟恰恰只有道德的人的無論哪一種老實和可敬，都是不可比較的」，那會惹惱他們：——我會防止自己這樣做。我毋寧要用我的話來恭維他們說：一種高級精神狀態本身只是作為諸種道德品質最後生就的怪材才持存下來；它是一個綜合，當那些在「只有道德」的人那裡廣受傳頌的狀態單個地、經過長期培養和練習、也許是在一連串完整世系中被獲得之後，對所有那些狀態的一個綜合；我還要說，高級的精神狀態恰恰是公正的精神化，是那種善意的嚴格精神化，那種嚴格知道自己得到委託，在事物本身中——而不僅僅是人類中，維持世界的等級順序。[6]

220

關於當今如此符合民眾口味地對「不計利害者」[7]的稱讚，人們必須，也許要頗冒一些危險，意識到民眾所指的利害究竟為何，平庸男人所透徹深入關心的，究竟是何事體：包括那些受教育者，甚至學

6 惹惱他們：……〕準備稿：惹惱他們。我的命題是，一切高級精神只是作為道〈德〉諸品質的最後生就的怪材而持存下來；它把所有那些在「只有道〈德〉」的人那裡廣受傳頌的狀態統一起來，使之發揮根本的功能。——編注

7 「不計利害者」，原文為 des uninteressirten，與後面所引法語詞「déintéressé」

者，如果並非一切都是假象的話，大概還包括哲學家們。這樣事實就會清楚：使更精細和更受嬌慣的趣味，使一切高等的本性覺得有利害、有刺激的那些東西，在那種平均人看來，絕大多數是完全「無關利害」的：儘管如此，平均人在這些事物中注意到一種獻身，他稱之為「déintéressé」（不計利害），並且驚詫地想知道，這是何以可能的。曾經有過些哲學家，他們還知道賦予這種民眾驚詫以一種誘惑性的、指向神祕彼岸的表達（——也許因為他們對那種更高等本性並沒有出自經驗的認識？），而避免把那種裸露的、平心而論合乎情理的真理擺出來，說什麼「不計利害」的行為是一種十分有利且得利的行為，只要假設……「那愛呢？」——怎麼！難道連出於愛的行為也應該是「非利己」的嗎？你們可真是些蠢貨呀！——「那對犧牲的稱讚呢？」——可是誰若真正犧牲過的，便知道他是為此意願並且得到某種東西的——也許是為了某種自己的東西而意願並且得到了某種自己的東西——他在此處獻身，為的是在別處擁有更多，為的是也許從根本上成為更多，或者感覺到自己確實「更多」。不過，這已到了一個提問和回答的領域，一個被嬌寵慣壞了的精神不喜歡在此逗留：到了這裡，真理已經那麼睏，不得不強忍住呵欠，如果它必須回答的話。終

皆有二義：「不感興趣（者）、淡漠（者）」或「不自私自利（者）、不偏不倚（者）」」。此節中該詞以及「利害」（Interesse，亦可譯為「興趣」）、「無關利害」（uninteressant，亦可譯為「不讓人感興趣」）和「使……覺得有利害」（interessiert，亦可譯為「讓人感興趣」）皆可作此二解。——譯注

歸，真理是一個女人：人們不應該對她施暴。

221

事情是這樣的，一位道德主義方面的學究和拘泥於細節者說，我尊敬並且推崇一個不自私自利的人：但不是因為他不自私自利，而是因為他在我看來有權以自己額外的付出而對另一個人有益。夠了，他是誰，而那個人又是誰，這還一直是個問題呢。比如說，倘若一個人已經被確定為、並且被造就成命令者，則自我否認和謙退就不是美德，而是對美德的濫用：在我看來就是這樣。每一種自認為絕對的、面向每個人的非利己道德，都不只是有罪於趣味：它們會刺激引發瀆職罪，毋寧是仁愛面具下的一種誘惑——而且恰恰是對那些更高等者、更稀有者、有特權者們的誘惑和損害。人們必須強迫這些道德從一開始就遵從等級順序，人們必須誡止它們僭越行事——直到它們最後彼此明白，「推己及人」[8]這種話是不道德的——也就是說，我所說的道德主義學究和老好人：當他那樣叨念著那些道德的道德性的時候，人們笑話他，不亦宜乎？不過，當人們想用笑話把觀眾爭取到自己這邊來的時候，不應該太過正確；有一丁點不正確，甚至算得上好趣味呢。

---

8 「推己及人」，原文為 Was dem Einen recht ist, ist dem Andern billig，德國諺語，直譯為「對一個合適的，對另一個也公道」，表示一個規則既然適用於一方，也當適用於另一方。——譯注

222

在今日人們為同情布道之處——確切聽來，現在人們不再為其他宗教布道了——心理學家該豎起他的耳朵了：透過此等布道者（同所有布道者一樣）的全部虛榮和全部喧嘩，他將聽見一陣沙啞而真切的哀嗚，訴說著自身蔑視。**自身蔑視**屬於那個到現在已推進了一個世紀之久的歐洲的陰鬱化和醜陋化過程（其第一個徵兆已經記載在加里安尼致德・皮奈夫人[9]的信中）：**如果它不是其原因的話**！那種「現代理念」人，那隻自負的猿猴，按捺不住地自己對自己不滿意：這一點是肯定的。他在受苦：而他的虛榮意願他只是在「一同受苦」[10]……

223

歐洲混合人——一種醜陋得尚可忍受的平民，整體說來——實在需要一套服飾：歷史學作為服飾儲藏室於他是必需。誠然他覺得，這裡沒有一套合他的身——他換來換去。看看十九世紀吧，看看這場風格的化裝遊行中飛快的喜新厭舊吧；再看看那些感到我們「沒什麼東西站得住腳」[11]的絕望瞬間——顯擺自己是浪漫主義的、古典主義的、基督教的、佛羅倫斯式的、巴洛克式的或者「民族的」，在道德和才藝

9 德・皮奈夫人（Madame d"Epinay）：十八世紀法國著名的沙龍女主人。——譯注

10 「一同受苦」（mit leidet）亦即「同情」，參見第202節「同罹苦難」譯注。——譯注

11 「沒有什麼站得住腳」，原文(uns)"Nichts steht"，同時又可解作「沒有什麼適合（於我們）」。——譯注

上都沒有用：「不好穿！」不過，即使在這樣的絕望中，「精神」，尤其是「歷史學精神」，依然見出自己的優點：總是會再來一件史前或異國的新貨，被試穿、套上、脫下、包好，尤其是被**研習**[12]：——我們是第一個在「服飾」[13]上作過in puncto（相關）[14]研習的年代，我指的是，為了偉大風格的謝肉狂歡[15]，為了精神的謝肉節[16]嬉戲和放情，為了達到胡說八道和亞里斯多芬式世界嘲弄的先驗性高度，前所未有地準備好那些道德、信仰綱目、藝術趣味和宗教。也許，我們在此恰恰還揭示出我們的**發明**領域，在這個領域裡，連我們，差不多作為戲仿世界歷史的倡優和扮演上帝的笨漢丑角，居然還能是原創性的，——也許，就算今日再沒有什麼東西擁有未來，恰恰是我們的**笑**還擁有未來！

224

歷史感[17]（或者那種能力，對於某個民眾、某個社會、某個人所據以生活的諸種價值評估的等級順序一猜即中的能力，對於這些價值評估之間的聯繫、對於價值的權威和起作用的力量的權威之間關係的「**預知本能**」[18]）：歐洲已經通過等級和種族在民主制度下的摻混而跌進**半野蠻狀態**[19]了，作為這種著魔的狂亂狀態的後果而來到我們面

---

12 研習，原文 studirt，原形 studieren 專指在大學中正規地學習。——譯注

13 「服飾」，原文為 Kostüme，專指具有特定歷史或文化特徵、代表特定地位的服裝。——譯注

14 in puncto（相關）：該拉丁短語表示「關於」，然至尼采時在德語中更多是作為對 in puncto puncti sexti（關於第六條）的戲謔性簡稱，表示跟十誡第六條（不可姦淫）相關者，即床笫之事。——譯注

15 「謝肉狂歡」，原文為 Karneval，通譯「狂歡節」或「嘉年華」，原指謝肉節（聖灰星期三），《杜登詞源辭典》以為源於中古拉丁語的 carnelevale（取走肉）或拉丁語的 carne vale（再見，肉）相關。尼采反用其義，言此歷史上各種道德登場亦如一次告別式的狂歡。——譯注

16 「謝肉節」，原文 Fasching，指齋前狂歡節（Fastnachtszeit），係復活節四旬齋期

前的，就是這個歷史感，我們歐洲人把它當作我們的特殊性，要求得到它——直到十九世紀才認識這個感性，它是這個世紀的第六感官。借助於那樣一種混合，那個由一切形式和生活方式、由早先彼此緊密接觸和交迭的諸種文化所組成的過去，洶湧而至，湧進我們「現代靈魂」，我們的諸種本能從此以後朝著各個方向回流，我們本身成了一種混沌——：精神，如前所言，終於在此見出它的優點。通過我們身體和欲望中的半野蠻狀態，我們有了高尚年代也不曾有過、通往各個方向的祕密通道，尤其是那些通向未完成文化的迷宮與通向一切只在大地上一度存在過的半野蠻狀態的通道；只要人類文化中迄今最顯著的部分正好是這種半野蠻狀態，「歷史感」就幾近意味著那種施諸一切事物的感官和本能，施諸一切事物的趣味和舌頭：由此它立刻證明自己是一種不高尚[20]的感性。比如，我們一再享受著荷馬：也許，我們懂得品味荷馬是我們最幸運的殊勝之處，擁有某種高尚文化的人類（如十七世紀的法國人，像聖愛爾蒙德，他責備這個世紀「性靈太過」[21]，甚至包括他們的末響伏爾泰）以前或現在都不會那麼容易就知道如何精通荷馬，——他們幾乎不允許自己去享受他。他們的齶[22]所作的「是」或者「否」的斷然判定，他們那隨時準備吐露的噁心，他們

前為期數周的狂歡節慶，於此歡饗之後照禮有數周不得食肉。——譯注

17 「歷史感」，參見第204節同條注。——譯注

18 「『預知本能』」，原文為 der der "divinatorische Instinkt"，此特指由神靈附體而得的預言能力。——譯注

19 「半野蠻狀態」（Halbbarbarei），通譯為「半開化狀態」。——譯注

20 「不高尚」，此譯意在保持譯名一致；「高尚」原文為 vornehm，又可解為「（不）講究」。——譯注

21 所引原文為法語，esprit vaste，無引號；esprit（性靈）亦即德文中的 Geist（精神）。——譯注

22 「齶」（Gaumen）在德語中又引申為「味覺、口味」。——譯注

在涉及一切異類事物時那猶疑的矜持，他們對缺乏趣味之事（甚至對活潑的好奇心）的羞惡，說到底，一切高尚和自足的文化都有的那種不甘願，不願坦白還有一種新的貪婪，不願坦白對自身的不滿意和對陌生事物的欽慕：所有這一切，都使他們毫無益處地跟世界上最好的事物對立、唱反調，倘若這些事物不歸他們所有或者不能夠為他們所掠取——對這樣一些人類來說，恰恰沒有比那種歷史感及其卑下的平民好奇更不可理喻的感性了。莎士比亞所處的情形也一樣，對這個令人震驚的西班牙─摩爾─撒克遜的趣味綜合體，一個古雅典人出於對悲劇作家艾斯奇勒斯的情誼，若不是笑個半死，就是氣得半死：但是我們——以一種莫名的親切和由衷，恰恰接受了這種狂野的斑斕，這種最細膩者、最粗俗者與最做作者的相互混雜，我們將之當作專門留給我們的藝術精粹來享受，嗆人的煙霧和湊到跟前的英國群氓（莎士比亞的藝術和趣味就活在他們中間）於我們的享受幾乎無所干擾，猶如在那不勒斯的基艾亞[23]：這時，我們像著了魔乖乖跟隨自己的所有感官一路走去，不顧群氓棚區下水道的氣味熏塞四空。我們這些有「歷史感」的人：我們就是這樣擁有我們的美德的，毋庸爭辯——我們無所希求、無私、謙遜、勇敢，充分地克服自身，充分地獻身，非常感

23 基艾亞（Chiaja）為義大利那不勒斯城的一個新興區域。——譯注

激、非常耐心、殷勤迎合：——儘管有這一切，但我們也許不是非常「富有趣味」。讓我們最終向自己坦白吧：對我們這些「歷史感」人來說，最難以把握、感覺、品味、愛慕者，於我們從根本上有偏見且幾乎有敵意者，恰恰是任何一種文化和藝術中的完滿者和最後成熟者，是作品和人的真正高尚，那海澹風寧、靜穆自足的時刻，所有已經完成的事物都會發出的金光與寒氣。也許，我們偉大的歷史感美德處在一種跟好趣味的必然對立之中，至少跟最好的趣味是對立的，恰恰對於人類生活中那些小而短暫、最高程度的欣幸和光華，對於它們怎樣有時於某處閃現一下，對於那樣的瞬間和奇蹟，當一種偉大的力在無尺度者和無界限者面前心甘情願駐留之際——當人們在那個驟然的馴化和石化過程中、穩穩立定並把自身固定在一塊尚且顫動的地面上盡情享受著精微樂趣之際：我們力所能及的，只是拙劣地、只是猶疑地、只是被迫地在自己身上做個仿造。尺度對我們是陌生的，我們供認不諱；我們的癢就是無邊際者和無度量者的癢。猶如騎士在吁喘前突的駿馬上，我們在無邊際者面前放下轡繩，我們現代人，我們半野蠻人——我們唯有在最大地——陷於險境時，才登上我們的福地。

225 或是享樂主義，或是悲觀主義，或是功利主義，或是幸福主義：所有這些根據**樂**與**苦**、亦即根據伴隨狀態和附帶之事來衡量事物價值的思維方式，都是前臺思維方式，都是天真，每一個於自己身上意識到**賦形**力量和一種藝術家良知的人，都將不無嘲弄亦不無同情地卑視之。同情**你們**呵！這誠然是跟你們所以為者不一樣的同情：這不是對社會性「窘迫」[24]、對「社會」及其患病者和不幸者、對一開始即沾染惡習者和支離破碎者、對他們圍繞我們四周躺倒在地的樣子的同情；更不是對忿懣不平、受壓迫而好造反的奴隸階層（他們爭求統治權而稱之為「自由」）的同情。**我們的**同情是一種更高超更有遠見的同情：——我們看見，**人類**是如何自行渺小化的，**你們**是如何將他渺小化的！——而有些時刻，那時我們恰恰懷著難言的擔憂注視著**你們的**同情，同時抗拒著這種同情——那時我們覺得你們的嚴肅比無論哪一種輕率都更加危險。你們要盡可能地——再沒有比這個更狂亂的「盡可能」了——**消除苦難**；而我們？——看來恰恰是，我們寧可要比以往任何時候都更高和更重的苦難！安樂，按你們所理解的那樣——可絕不是目標，在我們看來倒是一個**終結**！是一種使人類迅速變得可笑可鄙的狀

24 「社會性『窘迫』」，原文為 der socialen "Noth"，通譯「社會貧困」。——譯注

態，——它使人以他的沒落為願望！苦難、偉大苦難的培養——你們不知道麼，唯有這種培養做到迄今對人類的所有提高？靈魂在不幸中的緊張，那種使之養成強健的緊張，它在目睹偉大毀滅時的顫慄，它在承受、挺過、闡發、耗用不幸時的善於發明和勇敢，以及那些向來只通過深度、祕密、面具、精神、狡計和偉大而饋贈給它的東西：——這些難道不是在苦難之下、在偉大苦難的培養之下被贈予靈魂的嗎？在人類中創造與造物者合而為一：在人類中有材料、碎塊、富餘、糞土、胡鬧、混沌；在人類中卻也有造物者、教化者、鐵錘之強硬、觀者之神性和第七日：——你們理解這種對立嗎？你們理解你們的同情對人類中的造物者來說，就是必須被塑造、摧折、鍛打、撕扯、灼燒、焠火、濾清的東西——就是迫不得已而必須罹受和應該罹受的東西？而我們的同情——你們難道領會不了，我們這顛倒了的同情就適用於你們，同時又抗拒你們的同情，像抗拒一切柔化和弱化中最惡劣者？——亦即，反對同情的同情！——不過，再說一次，存在著比一切苦樂問題和同情問題更高級的問題；每一種只往苦樂問題和同情問題上跑的哲學，皆是某種天真——

226

我們非道德論者！——這個與我們相關的世界，我們不得不在其中怕和愛的世界，這個精細地命令又精細地服從的世界，幾乎看不見聽不到，一個在一切方面都是「幾乎」的世界，多鉤、窘促、尖利、溫柔：針對笨拙的旁觀者和親暱的好奇心，它倒是防護得夠好的！我們被包裹在一套嚴密縫製的義務襯衣裡了，不能夠出來——我們就在其中成了「義務人」，甚至是我們！間或，說真的，我們也在我們的「鏈條」裡、我們的「劍」叢中跳跳舞；同樣不假的是，更多時候我們在裡面喀喀作響，對我們命運所有那些隱祕的強硬全不耐煩。但是，我們喜歡作我們所意願的事：蠢貨和視覺顯像則反對我們說，「這是些不承擔義務的人。」——我們總會有跟我們對著幹的蠢貨和視覺顯像！

227

正直，假定它是我們擺脫不掉的美德，我們自由的精神——那麼，讓我們帶著所有的惡意與愛躬行之，並且不倦地在我們的、只在我們這裡還殘存的美德上使自己「完滿」：但願它的光輝，就像一道鍍金、發藍、嘲弄的暮光，曾在這個老邁文化和它沉悶而陰鬱的嚴肅上停留過一次！而且，即便有一天我們的正直疲倦了，唉歎著伸展肢體，覺得我們太強硬了，想要變得更好、更輕盈、更溫柔，就像某種舒適的惡習：我們依然保持強硬，我們最後的斯多葛主義者！我們要把我們身上僅有的魔鬼行徑送給它，以為幫助——給它我們對笨拙之物和含混之物的噁心，我們的「nitimur in vetitum」（求不當求之事）[25]，我們的冒險家勇氣，我們機巧的、慣壞了的好奇，我們那最精細、裹得最嚴實、最精神性的求權力和求征服世界的意志，那貪婪地掃蕩和席捲未來一切國度的意志，——讓我們帶著所有「魔鬼」前去幫助我們的「上帝」吧！人們大概會於此錯認和混淆我們：這有什麼相干！人們將說：「你們的『正直』[26]——這是你們的魔鬼行徑，根本不是什麼別的東西！」這有什麼相干！就算人們真的有理由這樣說又如何！迄今所有神祇不都是這般被神聖地施洗改名的魔鬼嗎？我們對我們最終又知道些什麼呢？引領我們的那位神靈[27]應該叫作什麼呢（這是一項跟命名有關的事體）？我們庇護著多少神靈啊？我們的正直，我們自由的精神——我們關心的是，它不會變成我們的虛榮，我們的飾物和排場，我們的界限，我們的愚蠢！每一種美德都傾向成為愚蠢，每一種愚蠢亦傾向成為美德；「愚蠢得直到神聖」[28]在俄羅斯人們這樣

---

25 據考夫曼，引文見奧維德《愛歌》（Amores）第三卷第四哀歌。奧維德原文為：「我們總是求不當求之事，要不許要的東西；正如病人就想喝醫生不讓他喝的水。」其旨蓋言人欲之難遏。——譯注

26 「『正直』」，原文為「Redlichkeit」，今偏指道德上的正派規矩，而舊時多強調人之行為「表裡如一」，參見《標準德語口語辭典》一七九八年版和《皮埃爾辭典》一八六一年版；尼采用此詞時多偏重其「直言無所曲諱」之義；參見第244節「正直」譯注。——譯注

27 「神靈」，原文Geist，亦即「精神」，同時可解作神靈、精靈、幽靈等。——譯注

28 據《尼采頻道》，參見伊萬·屠格涅夫，《怪人》，威廉·朗格譯，載於《從礁

說，——我們關心的是，我們不會從正直出發最終還是成了聖徒和無聊之徒！生命豈不是要長上百倍才夠——無聊[29]於其中嗎？人們信仰永恆的生命，原來竟是為了……

228

人們該會原諒我揭示出：迄今全部道德哲學都是**無聊**的，都屬於安眠藥物——並且，在我眼中，對「美德」損害之大，莫過於它的鼓吹者的這種無聊；雖然我還是想承認這些鼓吹者的普遍有用性。其原因很大程度上在於，人們對道德是盡可能少去思索的——其原因則又**非常**大程度在於，道德引起的興趣大概不會超過一天！然而不要擔心！這種情形今日一如既往：我在歐洲看不到任何人對下面這一點有過（或者**給出過**）概念：對道德的思索或許能夠被搞得危險、棘手、誘人——厄運有可能就在這裡！人們可以觀察一下比如那種不知疲倦和無法回避的英國功利主義者，看他們是怎樣笨拙而可敬地跟著邊沁的足跡繞來繞去（荷馬有個比喻說得更清楚），就像邊沁本人跟著可敬的愛爾維修的腳印繞一樣（不，這不是一個危險的人，這個愛爾維修！[30]）。不是新思想，不是舊思想細微的權變和褶皺，也從來不是一門關於早先

到海》，斯丕曼圖刊，第一卷，一八八一年十月，斯圖加特一八八一年，第228～241頁。——譯注

29 「無聊」，原文 langweilen，字面義為「漫長的間隔」。——譯注

30 愛爾維修！」自用樣本：愛爾維修，這個波谷居朗泰元老，用加里安尼的話說；參見加里安尼，致德·皮奈夫人的信」，

所思考過的東西的真正歷史學：整體上只是一部不像樣的[31]文獻，假如人們不善於帶著一點惡意把它醃漬起來的話。因為，就是這些道德主義者（萬一必須讀他們的話，人們無論如何要帶著附加意圖來讀），竟也悄然養成了那種古老的英國惡習，名曰 cant[32]（套話），實為道德的偽善，這一次則藏到科學性的新形式之下；即使在這裡，也不乏良知愧疚所作的祕密抵抗，一個當年清教徒組成的種族，儘管在對道德作著科學論述，依然合乎情理地苦於這種愧疚。（道德主義者，難道不是清教徒的對照嗎？也就是說，作為一個認為道德是值得一問的、值得打上問號的、簡言之就是把道德當問題的思考者，難道道德主義者不應該是——非道德的嗎？）最終他們全都想要英國式的道德性占住理：只要它正好被用來服務於全人類，或曰「普遍有用性」，或曰「大多數人的幸福」，不！是服務於英格蘭的幸福；他們想盡一切力量證明，對英國式幸福的追求，我指的是對舒適和時髦[33]（以及在最高級別對一個國會席位）的追求，同時也是正確的美德小徑，乃至要證明，迄今世界上有過的如許多美德，皆已經包含在這樣一種追求之中了。在所有這些滯重、良知不安的群畜（他們的事業是把利己主義之事當作普遍福利之事來經營——）中，沒有一個人願意對下面這些有所知

217，尼采圖書遺藏書。——編注

【譯按】波谷居朗泰元老（sénateur Pococurante）為伏爾泰小說《老實人》（第25章）中的人物，字面義為「不管事的參議員」。

31 「不像樣的」，原文 unmögliche，它最主要的義項是「不可能」。——譯注

32 「cant」，英文，既有「行話、套話」之意，也有「飾偽之辭、陳辭濫調」之義。——譯注

33 「舒適」，原文為 comfort；「時髦」，原文為 fashion，均為英文。——譯注

曉或者嗅到點氣味：「普遍福利」不是理想，不是目標，不是以任何方式可以把握的概念，而只是一劑催吐藥——對一方來說合乎情理的，絕對還不能說對另一方亦然，提倡唯一一種為一切人的道德，恰恰對更高等的人類來說，是損害，簡言之，人和人之間是有一種等級順序的，因而在道德和道德之間也有。這是一個謙遜的、全然中等的種類的人，這些功利主義的英格蘭人，而且，如前所述：鑑於他們是無聊的，對他們所起的功利，人們怎樣評價也不算高。人們應該再鼓勵他們：這正是下列詩句的部分用意。

埋頭苦幹的老實人，你們好呀，
一直是「幹得越久，越喜歡」呀，
腦袋和膝蓋，一直越來越僵呀，
沒什麼好激動，也沒什麼好玩耍，
經久耐用的中等貨色呀，
不用天賦也不用靈氣[34]。[35]

34 末句原文為法文，Sans genie et sans esprit，「靈氣與天賦」在十八世紀時期被描述傑出人物。——譯注

35 在打字稿中刪去如下詩行：德意志人

229

在後來那些對人性可以感到自豪的年代裡，遺留著這麼多的恐懼，這麼多出於對「野性而殘忍的動物」（人性年代的那種自豪正是由於成為這種動物的主人）的恐懼的迷信，以至於一些觸手可握的真相甚至長達幾個世紀一直未被道出，猶如約定好一般，因為這些真相貌似會幫助那種野性、終於滅絕的動物重新活過來。我也許要冒些風險，如果竟讓一種這樣的真相從我這裡溜走的話：但願其他人會重新逮住它，從它那裡多多汲取「虔誠心態的乳汁」[36]，直到它僵直躺在它的古老角落裡被人遺忘。——對於殘忍，人們應該重新學習，睜開眼睛；最終應該學習不耐煩，別再讓這樣一些不知謙讓的肥大謬論（比如關於悲劇的問題，新舊哲學家們把這些謬論餵得多肥）在周圍合乎美德地肆意晃蕩。幾乎一切我們稱為「高等文化者」，都涉及對殘忍的精神化和深刻化——這是我的命題；那種「野生動物」從來沒有滅絕過，它活著，它欣欣向榮，它只是把自己——神化了。造就悲劇那種痛楚的歡悅的，就是殘忍；所謂的悲劇之憐憫，從根本上看，甚至一切崇高事物、直至最高級和最細膩的形而上學顫慄，那裡面起著舒適作用的，其甜味無非得自於摻雜其間的殘忍成分。競技場上的羅馬人，

哪，此等英格蘭人的／群畜般的知性／你們竟也尊為「哲學」？／把「歌德」斯賓塞跟「達爾文」黑格爾並列——／——你們真可恥，德意志人！這叫作／對天才威嚴的冒犯。參見科利版第11卷，28［45．46］。——編注

【譯按】上引詩節中最後一句「天才」原文為genii；原形可為genie（神明、鬼怪）或genius（天才、守護神）。——譯注

---

36 引語出自席勒《威廉．退爾》，第四場第三幕，直譯為「虔誠思維方式的乳汁」（die Milch der frommen Denkungsart），後成為德語中一句慣用語，指虔誠無猜嫌的心態。——譯注

迷狂於十字架的基督徒，目睹火刑柴堆或鬥牛時的西班牙人，爭赴悲劇的今日之日本人，如有鄉愁一般念念不忘流血革命的巴黎近郊的工人們，那些華格納女信徒們，她們有意張揚地「忍受」崔斯坦和伊索德——所有這些人在享受的，他們在充滿祕密的發情期中所開懷暢飲的，是那偉大的喀耳刻[37]之「殘忍」所製的調味汁。這裡當然要攆走早先那種笨拙的心理學，它只知道教導人們說，殘忍是在目睹陌生人罹難場景時產生的：存在著一種對本身的苦難、對自作自受的苦難的充分和過分的享受——但凡人類讓自己被說服而在宗教的意義上否認自身，或者如腓尼基人或苦修者那樣自殘，或者說到底就被說服而去感性、去肉身、受愧怍之噬齧，像清教徒那樣在懺悔中痙攣，作良知的活體解剖，作巴斯卡式的知性的犧牲，則他已暗中為他的殘忍所誘，被那自己反對自己的殘忍所引發的那些顫慄逼著向前。最終，人們或該思量，即便是認識者，當他強制他的精神以違悖精神之偏好、同時也頻頻違悖他心靈之願望的方式——即在他想肯定、想熱愛、想禮贊的時候說不——去認識之際，他亦是作為殘忍的藝術家和潤飾者在行事；每一種深刻對待和徹底對待都已是一種強暴[38]，是一種被弄疼的意願，要被精神（它持續不斷地意求顯像和表皮）的基本意志弄疼——

37 喀耳刻為希臘神話中女神，美豔善歌，曾將魔藥拌入甜酒把奧德賽的夥伴變成豬；其名在希臘語中（Kipkn）表示鷹隼，亦屬於尼采所言「殘忍」的食肉猛禽。奧德賽是從她這裡知道在面對塞壬女妖時要封住耳朵，故下節提到「被封住的奧德賽之耳」。——譯注

38 「強暴」，原文 Verwaltigung，與本句中的「掌管」（walten）同根。——譯注

每一種認識意願中都已帶了一分殘忍。

230

也許人們一下理解不了，我在這裡關於「精神的基本意志」說的是什麼：且允許我解釋一番——有某種下命令者，民眾稱之為「精神」，它意願在自身中並圍繞自身成為主人，意願將自己感覺為主人：它有要從多樣變為簡單的意志，一個要把東西全部收束在一起、要馴化、要尋求統治且確實有統治氣概的意志。在此，它的需求和能力，跟生理學家們就一切活著、生長著和繁衍著的東西所列出的需求和能力，是同一回事。精神把陌生者化為己有的力量，顯露在一種強健的偏好中，好使新者與舊者相像，好化繁多為單一，好忽略或推開與之全然矛盾者：正如它會專斷地對陌生者、對「外部世界」的每個片段勾上特定的筆劃與線條，加以強調、突出並且偽造妥當。在這裡，它的意圖趨向於吞併新的經驗，把新事物排入舊的序列，——也就是趨向於生長；更為肯定的是，趨向於生長之*感覺*，力量增多的感覺。服務於那同一個意志的，是精神的一種貌似與此相對立的衝動，一種突然迸發出來的要無知、要斷然鎖閉的決心，它窗戶的一次關閉，對這個或那個事物內在地説一聲不，不讓事態自行發展，一種針對眾多可知之物的防護狀態，對昏暗、對閉合的視野的一陣滿足，對無知狀態的稱是與叫好：以上所有這一切皆為精神所必需，其所需之程度則各個依照精神那化為己有的力量之強弱，形象地説就是它「消化力」之強弱——「精神」實在最像一只胃了。同屬此類的，還有精神偶爾有之的要讓自己受騙的意志，也許懷著一種不懷好意的揣度，想著事情並非如此這般，人們只不過承認是它如此這般罷了；還有他從一切不安定和多義性中得到的一種樂趣，對蝸居一角時那種專任己意的狹隘和隱祕的一種欣幸的自行享受，享受那些靠得太近、居於前臺、被放大、被縮小、被推移和被美化的東西，享受所有這些權力外現的專斷狀態。屬於此類的最後還有精神那種並非不假思索的隨時準備狀態，準備著去欺騙其他精神、在他們面前裝假，那種由一股能創作、能成形和善變化的力量所作的持續的壓和擠：精神從中享受著他面具的花樣和狡猾，還從中享受著他的安全感——就是由於他這普羅透斯[39]式的藝術，他才得到最好的防護和隱藏！——後面這種[40]求顯像、求簡單化、求面具、求外套、簡言之求表皮——因為每層表皮都是一件外套——的意志，對立於之前那種屬於認識者（他深刻、多層次、徹底地對待事物，

39 普羅透斯（Proteus），希臘神話中海怪，能預言，為躲避回答而變形為動物，見荷馬史詩《奧德賽》4：410以下。——譯注

40 「後面這種」（Diesem）即自「服務

並且*意願*這樣對待事物）的精巧偏好：那種偏好，作為知性的良知和趣味所生的一種殘忍，每一個勇敢的思想者都會在自己身上認可它，假定，照他應當做的那樣，他自己把自己的眼光足夠長久地打磨得硬而尖了，並且習慣於嚴格的培養，也習慣於嚴厲的言辭了。他將會說：「在我精神的偏好中有某種殘忍的東西。」——那些合乎美德、足堪愛戴的人可以去試試看，去勸他不要這樣說！事實上，要是人們在我們——我們自由、*非常*自由的精神——身後所傳言、念叨和稱美的，不是殘忍，而是比如「過分正直」什麼的，那聽起來或許會順耳一些吧：也許有一天我們身後果然會被*如此*——稱美？在這期間——因為到那時還有段時間——我們自己倒真就可能至少有這樣的傾向：用諸如此類道德的言辭晶片和穗線裝飾自己：可我們迄今的整個工作恰恰要掃這個興，不讓這種趣味在我們身上成長。這是些美滋滋、亮晶晶、響噹噹的喜慶言辭：正直，對真理的愛，對智慧的愛，為認識而犧牲，真誠的英雄氣概——這裡有種東西會讓一個人的自負膨脹。不過，我們這些隱居者和穴居動物，我們早就在隱居者良知的全部隱祕當中說服自己了：即使上面這般莊重的堂皇說辭，也屬於那未被意識到的人類虛榮所敷設的老舊謊言的飾物、廢料和金粉；即使對這般諂媚的顏

於這同一個意志的，是精神的一種貌似與此相對立的衝動」以下所言者。行文夾雜處可見尼采自己說的，意志是個「複合物」。——譯注

色和敷繪，也必須在底下認出homo natura（自然人）的駭人底本。也就是說，把人類重新回譯為自然；使之躍居迄今在自然人的永恆底本之上所塗和所繪的諸般多樣、虛榮而紛擾的涵義和次要意義之上成為主人；使人類今後面對人類時，就像他今天（被科學培養得強硬了）面對那另一個自然那樣，以不驚不駭的伊底帕斯之眼和被封住的奧德賽之耳，對著古老的形而上學捕鳥者的誘招裝聾作啞，他們已經向他吹了好久的耳邊風了：「你是更多的！你是更高的！你是有不同出身的！」——以上這些可能是一項古怪而瘋狂的使命，但是它是一項使命[41]——誰會否認它呢！為什麼我們選擇它，這項瘋狂的使命？或者換一種問法：「認識究竟是為什麼呢？」——每個人都將向我們追問這個。而我們，被逼到這個地步的我們，已千百次同樣自己向自己這麼問過的我們，我們過去和現在都沒找到更好的答案……

231[42]

學習使我們變化，學習做的是一切滋養在做的事，滋養不只是「養活」[43]：生理學家知道這個。然而在我們的根基裡，在整個「那下面」[44]，誠然有某種不可教導者，一塊磐石，由精神性的天命（Fatum）、

---

41 「使命」，見第203節末尾譯注。——譯注

42 在謄清稿（筆記本W I 8）中標題作：「自在之女」。——編注

43 「養活」，原文為erhält，同時有「接受」和「維持」的意思；其名詞形式Erhaltung在本書中出現過多次，即「保存」。——譯注

44 「那下面」（da unten）或出自席勒的《潛水者》，其中「那下面真可怕」（Da unten aber ists fürchterlich）一句已成為慣用

預先確定的決斷以及對預先確定、經過挑選的問題的回答所摶成的磐石。在每一個樞要問題上，都是一個不可變的「這是我」在說話；比如在關於男人和女人的事情上，一個思想者不可能重新學習，而只能完成學業，——關於這些最後只能揭示出在他這裡已經「篤定」的東西。人們及時找到對問題特定的、正好讓*我們*有了強大信念的解答；也許今後便稱之為他們的「信條」。後來——人們在這些解答中只看到通向自我認識的足跡，通向我們所*是*的那個問題的路標，——更確切地說，通向我們所是的那種偉大愚蠢，通向我們的精神天命，通向整個「那下面」的不可教導之事。基於那種充分的乖巧，即我怎樣偏偏自己幹出反對自己的事的那種乖巧，也許更應該允許我對「自在之女」[45]道出一些真理：假定人們此刻已經先行知道，在何等程度上，這些偏偏只是——*我的*真理。——

232

[46]女人想要自立：為此，開始了男人對「自在之女」的啟蒙——*這*屬於歐洲普遍的*醜陋化*進程中最惡劣的步驟。要女人合乎科學和自行裸裎，這些粗笨的嘗試是要把什麼東西大白於天下啊！女人有那麼多

語，形容深入陰森未知處時的恐懼。——譯注

45 「自在之女」（Weib an sich）參見序言「自在之善」譯注。——譯注

46 謄清稿（筆記本W I 5）第一稿作：對女士們人們思考得還遠遠不夠，不過因此人們倒還不需要對她們作虛假的思考：這裡應該極為小心。她們不太可能做到對男人作關於「永恆的女人之事」的啟蒙：看來是因為她們跟自己離得太近了——而此外，啟蒙本身，至少迄今為止，是男人

的理由可以羞恥；在女人身上，藏著如此多細謹、膚淺、小規矩、小僭越、小放肆和小不遜——人們可以研究一下她們與孩子們的交道！——這些迄今從根本上是通過面對男人的恐懼被抑制和馴化的。不幸啊！要是「女人永恆的無聊事」——多得很哩！——竟敢放上檯面！假如她開始徹底從原則上荒廢她在優雅、遊戲、小心走路的驚怯、讓人輕鬆以及自己輕鬆行事等方面的聰明和藝術，荒廢她趨向舒適欲望的精細伶俐！現在，女人那些（神聖的亞里斯多芬為證！[47]）令人驚駭的聲音行將變得響亮，女人最初和最終意願從男人那裡得到的東西，將受到醫學直白表述的威脅。這豈不是最壞的趣味麼，如果女人這樣著手去符合科學？幸運的是，迄今為止啟蒙乃是男人的事情和男人的秉賦——這方面大家都是「自己人」；不管女人們關於「女人」都寫了些什麼，人們最終還是可以保留一種好心的不信任，不信女人意願——和能夠意願對自己作真正的啟蒙……如果一個女人就此不再去為自己尋找一件新飾品——我想，修飾自己恐怕亦屬於永恆的女人之事[48]吧？——到這個時候，她會激起對她的恐懼的：她也許會因而意願統治。不過，她不會意願真理：女人與真理何干！對女人而言，從一開始就沒有什麼比真理更陌生、更悖逆、更敵對的東西了——

的事情，男人的秉賦。不管女人們關於「女人」都寫了些什麼，人們最終還是可以保留一種好心的不信任，不相信女人。——編注

47 當指亞里斯多芬的喜劇《女人在公民大會》（Ecclesiazusae）。——譯注

48 「永恆的女人之事」（Ewig-weiblichen）蓋對歌德《浮士德》（第二部結尾）中「永恆女性」（das Ewigweibliche）的戲仿——譯注

她的偉大藝術是謊言，她最重要的事務是顯像和美。坦然說出來吧，我們男人們：我們於女人所敬和所愛者，正是這種藝術和這種本能：我們，在這方面有困難、本性喜歡與令我們輕鬆者為伴的我們，在她們的雙手、目光和柔軟的愚癡中，我們的嚴肅、沉重和深刻在我們看來亦近乎一種愚癡了。最後，我提出問題如下：可曾有哪個女人自己承認過，一顆女人頭腦會是深刻的，一個女人心靈會是正義的？大致算來，迄今最為女人所輕視者為「女人」，這難道不是真的嗎？——我們男人的心願是，女人不要再繼續通過啟蒙讓自己出醜：這便是男人對女人的照顧，男人對女人的愛護，正如教會所頒布的：mulier taceat in ecclesia（女人應該在教會中沉默）[49]！這樣做是為了女人好，就像拿破崙讓過於能言善辯的斯塔爾夫人[50]理解的那樣：mulier taceat in politicis（女人應該在政治方面沉默）！——而我想，一個在今天衝著女士這樣喊的人更稱得上女性之友：mulier taceat de muliere（女人應該在女人問題上沉默）！

233

這暴露出本能的腐化——且不說暴露出壞趣味——如果一個女人偏

49 見《新約．哥林多前書》14：33～34：「在聖徒的眾教會中，婦女應該閉口不言。」——譯注

50 引文出處不詳；然德．斯塔爾夫人與拿破崙的衝突當時相當有名，並為前者帶來挑戰獨裁的美名。——譯注

要引用羅蘭夫人或斯塔爾夫人或喬治．桑先生[51]，彷彿這樣就給出了某種有利於[52]「自在之女」的證明。在男人們中間，上述幾位乃是三個滑稽的自在之女——不過如此！——而且不經意間適成反駁解放[53]和女人自尊自愛的最佳反面論證！

234

廚房中的愚蠢；作為廚娘的女人；在照料家庭和家長的營養時那種可怕的漫不經心！女人不理解：飯菜意味著什麼：卻想做廚娘！倘若女人是一個會思考的造物，那麼，做了幾千年廚娘的她，肯定早就發現了那些最大的生理學事實，並且同時掌握了醫療的藝術！因為糟糕的廚娘們——因為在廚房中理性的全然缺失，人類的發展受到最為長久的阻滯和最為嚴重的損害：時至今日情況亦無甚好轉。對閨秀們[54]的講話。

235

精神的一些措辭和脫口之句、一些警句、一小叢話語，會有一整個文化、一整個社會在其中驀然結晶。朗伯特夫人對她兒子所說的即屬

---

51 喬治．桑（George Sand）：十九世紀法國女性主義作家的筆名，其原名為胡洛爾．杜平（Lucile Aurore Dupin）。此筆名本為男性名字，故尼采稱之為先生。——譯注

52 「有利於」（Gunst），同時亦可解為「（得）寵」。——譯注

53 「解放」（Emancipation）一詞在德語中有時專指女性解放。——譯注

54 閨秀（höhere Töchter），指中上層出身的少女們。——譯注

此類：「朋友啊，決不允許自己幹傻事，除了那種讓你感到極大快樂的傻事」：——大約是向來針對兒子所說的最有母性和最聰明的話了。

236

關於女人，但丁和歌德所相信的——前者見諸他所吟唱的「她望著上空，我望著她」[55]，後者則見諸歌德對此句的轉寫，「那永恆的女性，引領我們向上」[56]——：我不懷疑，每個高貴的女人都將反對這樣的信念，因為，關於永恆的男性，她想到的同樣是這個……

237

女箴七則

正如最漫長的辰光[57]在流逝！一個男人向我們匍匐而至。

* *

韶光，哦！還有科學，把力量也賜給虛弱的美德。

* *

55 參見《神曲．天堂篇》II，22：「貝雅特麗齊望著上空，我望著她。」——編注

56 《浮士德》第二部最後兩行。「引領……向上」，原文為 zieht...heran，更通用的義項是「培育、照料」，尼采則強調其分綴 heran 的「向上」之意。——譯注

57 「最漫長的辰光」，原文 längste Weile 出自 langweilig（無聊、乏味）。——譯注

黑袍和安靜——每個女人穿了——都精明。

**

我感激誰，在幸福之中？上帝！——和我的女裁縫。

**

青春：暗室裡鮮花簇擁。老年：一條爬出的巨龍。

**

高貴的姓氏，帥氣的腿，這就是男人：他不歸我歸誰！[58]

**

話雖短，意思長[59]——母驢兒專走在冰面上[60]！

237[61]

迄今妻子們是被丈夫們當作鳥兒那樣來對待的，她們迷了路，從高處某個地方落到他們這裡：被當作某種更精緻、更空易受傷、更有野性、更奇異、更甜、靈魂更飽滿的東西來對待——卻也是當作某種必須關起來的東西，這樣它就飛不走了。

---

58 此節打字稿作：金絲鳥兒，小心點兒！——編注

59 據考夫曼，此反用德國習語「話雖長，意思短」（Lange Rede, Kurzer Sinn），本出自席勒劇作《皮柯洛米尼父子》（第一幕第三場）。——譯注

60 德語中有「蠢驢溜冰」的諺語，諷刺人得意忘形，終吃苦頭；「冰面」（Glatteis）且有「陷阱」之義。——譯注

61 此節與上節俱標為237，蓋本此書最初版式。——譯注

238

錯誤領會「男人和女人」的基本問題，否認這裡深不見底的對抗和一種永恆敵對的緊張的必然性，夢想在這裡也許有相同的權利、相同的教育、相同的權利主張和義務：這些是頭腦淺薄的典型標誌，而一位已在這個危險立場上證明自己淺薄的思想者——本能方面的淺薄！——究竟可以被看成有嫌疑的，甚至是已經暴露和被揭露的：即，有可能對於所有跟生命（包括未來的生命）相關的基本疑問，他都「太短」了，不能下到深處。一個與之相反的有深度的男人，在其精神中、一如在其欲望中也具有那種友善的深度（這深度擅長嚴格和強硬，且易被混同於此二者），他對女人能夠總是僅以東方的方式思考：他必然把女人當作占有物、可以鎖上的財產、當作某種預定要去服侍且在服侍中完善自身的東西來把握——他在此必定是站在陰森叵測的亞洲理性上，站到亞洲的本能優勢一邊：從前希臘人已經這樣做過了，這些亞洲最好的後裔和學生，眾所周知，從荷馬直到伯里克利的時代，他們的文化和力量範圍越增長，對女人也一步步地越來越嚴格，簡言之，變得越來越東方。這些曾是那樣必然，那樣合乎邏輯，甚至在人性上是那樣可願望：但願人們在自己身上思索這一點！

239[62]

從來沒有一個年代像我們的年代這樣，那個較弱的性別從男人這邊得到如此尊重的對待——這屬於民主的偏好和基本趣味，正如對老人的不恭敬——：這種尊重即將被再次濫用，這有什麼好奇怪呢？人們想要更多，人們學著提要求，人們最後發現那樣一筆尊重稅已幾乎是病痛，人們會寧願圍繞權利進行競爭，甚至是進行真正的戰鬥：夠了，女人正失卻羞恥。讓我們緊接著加上一點：她也正失卻趣味。她荒疏了對男人的恐懼：而這種「荒疏了恐懼」的女人，付出的代價是她那最富女人性的本能。當男人身上能灌輸恐懼的東西，讓我們說得更確定些吧，當男人內部的男性[63]不再被意願和培育壯大的時候，女人之敢於上檯面，是相當合乎情理，也相當可以理解的；而比較難以理解的是，恰恰隨之——女人蛻變了。這就發生在今天：我們別在這一點上欺騙自己了！只要是工業的精神對軍事和貴族的精神取得勝利的地方，現在女人便在努力爭取一個幫工所應有的在經濟和法律上的自立：「作為幫工的女人」站在一個正在成形的現代社會的山口上。她這樣去強奪新的權利，爭取當「主人」[64]，並在她的大小旗幟上寫下婦女之「進步」，事情遂以駭人的直白走到了反面：女人在退步。在

62　準備稿（筆記本W I 4）：關於德意志的女士們：我不認為還應該對她們以「文化」之。首先，她們不應該彈鋼琴，這會腐蝕她們的神經（而且，作為女人式的飾物和賣弄風情，這會激怒那種真正的音樂之友）並且使她們生不出強有力的孩子。她們應該被教育得虔誠：在一個深刻而不信神的男人的眼裡，一個不虔誠的女人是某種十足可笑之物——如果唯一一種她們能夠在上面繁盛地生長為優雅的好植物失卻了架欄和防護，會把他氣壞的；而如果在女士們身上竟超出期望地見到了最嚴重地依賴於諸種統治力量、依賴於某種自身改善的東西，則是件可怕的事，她們會立刻從中再為自己安排一件「頭飾」或者一場「閒談」。——編注

63　「男人內部的男性」，原文為der Mann im Manne，直譯即「男人中的男人」；尼采在《查拉圖斯特拉如是說》第一部「年老和年輕的女人」中說到「男人內部的兒童」（das Kind im Manne）。——譯注

64　「主人」，原文Herr，亦指與「女士」相對的「先生」（男士）。——譯注

歐洲，自法國革命以來，女人的影響變得越來越**低微**，與她權利和權利主張的增加正成反比；「婦女解放」，只要這是由女士們自己（而不只是由那些男性化的淺薄頭腦）所要求和支持的，這種情形本身便表明，這是一個值得注意的症狀，兆示著那種最富女人性的本能的日益弱化和鈍化。一個長得很好的女人——亦總是一個聰明女人——將從心底為之感到羞恥的，正是這種運動中的**愚蠢**，一種近乎雄性的愚蠢。那種能嗅出在怎樣的地面上最有把握取勝的嗅覺喪失了；忽視練習使用自己真正武器的技藝；在男人面前撒野，也許甚至撒「到書本上」，早先人們是在那上面管教自己、學會精細狡獪地謙恭；合乎美德地跟男人的信念——相信在女人中**掩藏**著一個迥異的理想，相信總有一種永恆且必然的女性——肆意作對；苦口婆心叨勸男人不要把女人比作一隻很溫柔、帶著奇異野性且通常討人歡心的寵物，不要以為她就必須被保養、照顧、保護和愛惜；笨手笨腳而憤憤不平地四下搜尋一切關於奴隸和人身依附之事，一切跟女人至今的社會地位曾經和仍然有幾分聯繫的東西（彷彿對每一個更高等文化和文化的每一次提升來說，奴隸制竟然是一個反面論據，而非毋寧是一個條件）：——上述所有這一切還能意味著什麼呢，如果不是意味著女性本能的消蝕，一種去女性化？誠然，在那些性別為男的博學的驢子中，有夠白癡的女性之友和敗壞女人者，建議女人這樣將自己去女性化，去模仿歐洲「男人」、那種歐洲式「男子氣概」所患的愚蠢病——這些人想要帶壞女人，一直帶到「普遍教化」裡，乃至帶到讀報紙、搞政治的地步。有時，人們甚至想把女士們造就為自由思考者和文人：彷彿對一個深刻而不信神的男人來說，一個不虔誠的女人竟然還不算十足的悖逆或笑料；人們幾乎到處在用一切音樂中最最病態和最危險者（我們的德意志新音樂）來腐蝕女人的神經，使她成天歇斯底里，而不能勝任她最初和最後的天職，生育強有力的孩子。人們還想進一步徹底以「文化」[65]之，並且如他們所說的，把這個「弱者性別」通過文化變得強健：彷彿歷史不是已經盡可能急切地教導過，人類之「文化」和弱化——即意志力的弱化、碎裂和消損，總是交替邁進的，世界上最有權勢和最有影響力的女士們（最後一位是拿破崙的母親）對男人們的權力和優勢正是歸功於她們的意志力——而不是歸功於那些教書先生！向女人們灌輸敬意、屢屢還灌輸恐懼的，是她的本性[66]，那比男人之本性更「本然的」的本性，她那當真是食肉動物的狡獪的柔軟，她手套下的虎爪，她在利己主義中的天真，她的不可教育和內在野性，她欲望

65 此句（cultuviren）及下句（Cultivirung）加引號的「文化」皆讀作動詞，即「以文教化」之意；德文中（正字法作 kutivieren）本義則為「耕作、栽培」。——譯注

66 「本性」，原文 Natur，兼有「自然」與「本性」兩義；「本然的」（Natürlich）通譯為「自然的」。——譯注

和美德中那不可捕捉、渺遠超忽之處……而不管她有多少恐懼，這隻危險而美麗的貓「女」惹人憐憫之處在於，比起任何一種動物，她顯然要遭受更多苦難、更容易受到傷害、更加需要愛又更加注定了要失望。恐懼和憐憫[67]：迄今，男人是帶著這兩種感覺面對女人的，一腳已經踏入了悲劇，那出迷狂而撕裂的悲劇。怎麼？事情就應該這樣結束嗎？對女人的祛魅正在進行？女人的無聊化就是這樣來到的嗎？哦，歐羅巴！歐羅巴！人們認得那隻有角的動物[68]，那隻永遠最讓你著迷的、你永遠被它威脅的動物！你古老的寓言或許能夠再一次成為「歷史」——再一次，一種巨大的愚蠢或許能夠成為你的主人，把你從那裡拖走！在它下面沒有藏著任何神祇，沒有！只有一個「理念」，一個「現代理念」！……

67 亞里斯多德在《詩學》認為悲劇帶來的效果即此二者，「憐憫」原文為Mitleiden，在批評基督教道德的語境下乃譯為「同情」。——譯注

68 用宙斯化為公牛誘走腓尼基公主歐羅巴的神話。——譯注

第八章　民眾與祖國

240[1]

我聽了，又是第一次聽——理查·華格納獻給工匠歌手的序曲[2]：這是一種飾滿華彩、負載過多的繁重而遲暮的藝術，它自負己見，認定兩百年的音樂還是活的：——讓德國人榮耀的是，這樣一種自負居然沒有落空！諸種汁液和力量，季節和分野（Himmelsstrich），還有哪些沒有被混在這裡頭啊！它時而讓我們覺得老氣，時而陌生、酸澀而過於年輕，既任性又習於擺闊，不乏促狹之筆，更多的是粗壯和粗糙——它有火焰與勇氣，同時也有成熟得太晚的水果那乾癟灰暗的皮。它流得又寬又滿：突然會有一刻說不清楚的猶豫，彷彿一道縫，開裂在原因與效用之間，一陣厭抑，令我們入夢，幾乎是一場夢魘[3]——但依然流得寬廣遠長，這道由快意、由駁雜的快意、由舊和新的幸福匯成的陳年流波，其中相當程度上也包括藝術家自己身上的幸福（對此他毫不隱諱），包括他驚奇而又幸運地跟我們一樣清楚知道，他在此所用手段達到大師的水準，那些新穎、新掌握、還沒有排練窮盡的藝術手段（一如他似乎向我們透露的那樣）。總而言之，不是美、不是南方，毫無南方精微的天空之神聖[4]，毫無優雅，沒有舞蹈，幾乎沒有一個求邏輯的意志；甚至是一種特定的、被特別強調的粗笨，彷彿藝

---

1 謄清稿（Mp XVI 1）第一稿：我聽了獻給工匠歌手的序曲：這是一種飾滿華彩、負載過多的繁重而遲暮的藝術，它很自負，照自己的理解，預設兩百年的音樂還是活生生的：——讓德國人榮耀的是，一個這樣的自負居然沒有落空！在這裡還有哪種金屬沒有被混在一起啊！它時而讓我們覺得老氣，時而朝氣，時而博學，時而反覆無常，任性使氣，時而好擺闊，時而和氣粗壯，有男人味——它有著無辜，腐朽，一次性給出全部的秀節，各種各樣花蕾式幸福，各種各樣的蟲蛀和晚秋。還有些瞬間，發生了說不清的猶豫，彷彿是些開裂在原因與效用之間的裂縫，不乏有場小小的夢魘，以及與之類似的我們在夢中曾經遭遇的東西：而現在一道快意的流波重新流得寬廣遠長，包括藝術家對他的手段的大師水準的自我享受，對此他毫不隱諱；而從整體上看，不是美，不是南方，毫無天空和心靈之神聖，沒有舞蹈，甚至沒有邏輯，而甚至是一種特定的、被特別強調的粗笨，彷彿藝術家想對我們說：「我就故意這樣」；是一堆滯重的褶縐，博學的瑰寶們所發出的一陣顫音。——編注

術家想對我們說：「我就故意這樣。」是一堆滯重的褶縐，一種任性野蠻而又莊重之物，博學而可敬的瑰寶和領袖們所發出的一陣顫音；是某種德意志（在這個詞最優和最劣的意義上）的東西，其多層次、無定形、難以窮盡都是德意志式的；是靈魂某種特定的、德意志式的強勁和充沛，這靈魂竟不怕把自己藏在衰頹的精緻裡——或許在那裡面它才感覺最完好；這是德意志靈魂恰當而貨真價實的標記，這個既老邁又年輕、既已折損得酥脆又前景廣闊的德意志靈魂。上述這種音樂最好地表達出我關於德意志人的看法：他們是昨天和後天——**他們尚未有今天**。

241

我們「好歐洲人」：甚至連我們，也會在某些時分允許自己來一點熱心腸的祖國情懷，砰地摔回到那古老的愛與狹隘中——我甚至曾這樣試驗過一次——在某些時分搞點民族的澎湃、愛國的憂憤和其他形形色色的情感氾濫[5]。在我們這裡只是定時操演完畢的那些事，比我們更加滯重的精神則寧願在一個更長久的時間段裡去完成它們，各按其消化和「新陳代謝」的速度和力量的不同，有的精神要花費半年，

2 指華格納的歌劇《紐倫堡歌手》，通譯所謂「歌手」者（Meistersinger）原指專事吟誦工匠歌（Meistergesang）的工匠詩人。——譯注

3 「夢魘」（Alpdruck）與「厭抑」（Druck）在德文中同根，漢譯姑且以「厭」（兼取「壓抑」與「厭惡」之義）表之。——譯注

4 「天空之神聖」（Helligkeit_des_Himmels）作一氣讀。——譯注

5 氾濫）準備稿（N VII 2）：氾濫。這一點在根本上正是我們向祖先所表露的一種禮貌。——編注

還有的要花費半生。是的，我能夠設想，即使在我們這快步的歐洲，沉悶、猶豫的諸種族也必須花費半個世紀，方能克服祖國情懷和鄉土情懷的那樣一種返祖式發作，再次回到理性，我想說的是，回到「好的歐洲氣質」。因為過度耽於這個可能性，我竟不期親耳見證了兩個老「愛國者」之間的一段對話——他們的聽力都很差，因而越說越大聲。「此人[6]對哲學的看法與知識就跟個農夫或學生團團員[7]一個水平。」——其中一個說道：「他還太清白。但在今天這有什麼關係呢！今天是大眾的時代：大眾面對所有龐大眾多之物都會匍匐在地。在政治[8]上也是。一位治國者若為他們壘起一座新巴別塔，也就是不管哪一類的龐大財富和權力，對他們來說都可以稱作「偉大」：——我們這些更謹慎和更矜持者在這期間還不放棄舊的信念，還以為唯有偉大的思想才把偉大賦予一次行動和一件事情：這又有什麼用呢？假定，一位治國者將他的民眾帶入這樣的境遇中，即從今而後必須搞「大政治」，而這族民眾生性對此等大政治的資質和準備都很差：以至於或將為了一種新的值得懷疑的中等狀態，被迫犧牲他們古老而可靠的美德，——假定，一位治國者勒令他的民眾全去「搞政治」[9]，而他的民眾迄今或本有更好的事情可以做，可以思考，而且他們的靈魂對於真正在搞政

6　「此人」（Der）蓋指下面對話中討論的大眾時代的治國者（Staatsmann），亦可譯為「這種人」；《尼采頻道》注及法伯爾皆以為指俾斯麥。——譯注

7　「學生團團員」（Korpsstudent）指被選入某所大學學生團的大學生。學生團（Korps，舊作 Corps，亦可指軍事單位）起源於十八世紀德國大學，後發展為學生自主管理和選拔的精英學生組織，以人格培養和心性鍛鍊為宗旨，遍布各大學。十九世紀上半葉的德意志各地的政治風潮有許多革命人士即是學生團團員，亦有許多在政府中任高職。跟拿破崙入侵時湧現的青年社（Burschenschaft）不同，學生團早期的立場不是以民族為本位的。在尼采寫作此文的帝國時期，學生團團員已被公認為青年精英，許多政界人物（如俾斯麥和德

治的那些民眾的不安分、空洞以及喧囂的健訟陋習，從骨子裡擺脫不了一種謹慎的噁心：——假定，一位這樣的治國者蜇醒了他民眾的那些沉睡的激情與貪欲，使他們迄今的羞怯和樂於旁觀成為他們的污點，使他們的異國情懷和暗中的無限性成為虧欠，貶低他們最真心的偏好，扭轉他們的良知，使他們的精神狹隘，使他們的趣味變得「民族」——怎麼！一位將以上一切付諸實施的治國者，或將把他的民眾在未來（如果有未來的話）所有日子裡必須為之贖罪的那些事體全都幹盡，一位這樣的治國者會是**偉大**的？」「毫無疑問！」另一個老愛國者激烈地回答他說：「除非他不能做到這些！想要那樣的事發生，也許是瘋狂了吧？但也許一切偉大者在開始時都只是瘋狂呢！」——「亂說亂說！」他的對話者對象駁斥道：「——是強大！強大！強大而瘋狂！**不是**偉大！」這兩個老男人這樣把他們的「真理」當面喊出來的時候，他們顯然是激動了；而我，則在我的幸運和超然裡忖度著，多快就會有某位更強健者成為那些強健者的主人；以及，有一種作法可以對某一族民眾的這種精神上的淺薄化做出補償，那就是讓另一族民眾深刻起來。——

皇威廉二世）都曾經是各自大學的學生團首領。——譯注

8 「政治」用了英文詞 politics。——譯注

9 「搞政治」原文為 Politizieren，亦可譯為「政治化」。——譯注

242

現在歐洲人被認為值得嘉許的那些方面，就讓人們把它們叫作「文明化」或者「人性化」或者「**進步**」吧；就讓人們簡單地、不帶褒貶地用一句政治用語稱之為歐洲民主運動吧：在此類用語所指向的所有道德前臺和政治前臺的背後，一個龐大的**生理學**進程正在展開，在匯成潮流——歐洲人趨向某種相似化的進程，他們日益脫離了那些條件，那些使受到氣候和等級束縛的諸種族得以產生的條件，越來越出離於每一種**確定**的處境（Milieu），那種本該歷經幾個世紀用相同的期望刻進靈魂和身體裡去的處境——也就是說，一種在本質上超民族的、遊牧的人類在緩慢降生，從生理學上講，具有最高的適應術和適應力，乃是他們這個類型值得嘉許之處。**生成著的歐洲人**的這一進程，可能經過若干次大倒退而在節奏上被推遲，卻也許恰恰因此而贏得並增加其猛烈和深沉——目前勢頭正盛的「民族感情」的狂飆突進即屬於此類，新近出現的無政府主義也是——：這一進程大概會導致它那些天真的推動者和讚頌者、那些「現代理念」的門徒們最不願意看到的結局。人類的某種平衡化和中等化——一種有益、勤勞、用途廣泛和行事幹練的群畜人類——將在新的條件下均勻形成，而同樣是這些條件，在最高的程度上亦適宜誕生有著最危險和最迷人品質的例外之人。而同時，那種適應力，那種經受得了永遠變換的條件的檢驗並在每個世系、幾乎在每個十年都開始一種新的勞動的適應力，使得這個類型完全不可能有權勢[10]；這種未來歐洲人造成的總體印象，大概就是各種各樣意志貧乏而極為幹練的貧嘴工人給人的印象，他們需要主人和下命令者猶如需要每日的麵包；歐洲的民主化於是將誕生一種為最精細意義上的奴隸制作準備的類型：而與此同時，在單個和例外的情況下，那種強大的人類則必須超過他迄今為止也許一度有過的生長態勢，必須長得更為強大，更為豐富——這要歸功於他所受的不帶成見的訓練，歸功於在練習、技藝和面具方面的繁多花樣。我本來想說的是：歐洲的民主化同時是為培養霸主而作的不自覺的部署——可以從任何意義上來理解這個詞，包括在最精神性的意義上。

243

我滿足地聽到，我們的太陽正處在朝向武仙座急速運動[11]中：我並且希望，這片大地上的人類亦在此對太陽做同樣的事。我們前進吧，我們好歐洲人！——

---

10 權勢，原文為Mächtigkeit，字面意思為「有權力（的狀態）」。——譯注

11 「武仙座」，原文為Herkules，古希臘八十八星座之一。現代天文學認為，太陽帶著太陽系在自轉和公轉之外，還以每小時約十九．五公里的速度向武仙座方向移動。這一發現首先在一七八三年由赫歇爾（Sir William Herschel）提出。——譯注

有一段時間，人們曾慣以「深刻」嘉許德意志人：現在，新德意志氣質的最成功類型則貪求完全相反的榮耀，也許在嚮往一切有深度者所不具的「慓悍」，這時來懷疑一下，人們莫非是用先前那種誇獎在自欺，就庶幾合乎時宜而且愛國了：夠了，德意志的深刻莫非在根本上是某種異樣和劣等之物——某種但願上帝保佑大家成功擺脫的東西。既然如此，讓我們學習對德意志的深刻轉變看法吧。為此所必需者，不過是對德意志靈魂來一次活體小解剖——德意志靈魂首先有多種多樣的不同起源，聚合層迭而成甚於實際生長而成：這跟它的出身有關。一個德意志人倘若竟斗膽主張：「嘿，我的胸膛裡有兩個靈魂[12]。」那他可大大曲解了真相，更確切地說，離真相還差得遠，差好幾個靈魂。作為經過最狂暴的種族混合與攪拌、也許甚至前阿利安元素還占著優勢的民眾，作為無論怎麼理解的「中間民眾」[13]，比起其他任何民眾，德意志人之於自身更不可捉摸、更包羅萬狀、更充滿矛盾、更未被認識、更未被估量、更驚人甚至更駭人：——他們逸出定義之外，憑這一點就已經使法國人絕望。識別德意志人的標誌是，在他們那裡「什麼是德意志的」這個問題從未消停過。柯則布[14]對他的德意志同胞

12 嘿……」典出於《浮士德》第一卷，第1112行。——編注

【譯按】此名句已幾成浮士德精神之代名詞。

13 「中間民眾」，原文為Volk der Mitte，既可解為「（歐洲）中央的民眾」，又可解為「折中的民眾」。——譯注

14 柯則布（August von Kotzebue）：拿破崙入侵時代德意志著名的劇作家，尤以喜劇和評論聞名，曾在自辦文學週刊上譏

的肯定夠認得的了：他們對他歡呼道：「我們認識嘛」，——不過，桑德[15]也自信認得他們呢。當尚．鮑爾[16]氣憤表示反對費希特那些撒謊卻愛國的諂媚誇大之辭的時候，他知道自己在做什麼——而歌德在費希特這件事上固然支持尚．鮑爾，對德意志人的看法大概卻跟他不同。歌德到底對德意志人是怎麼想的？——可是，他對他周圍的許多事物從來未曾有過清楚的說法，終其一生他都擅長這種微妙的沉默：——他這樣自有其充分的理由吧。肯定，「自由之戰」[17]是不會讓他欣喜仰望的，法國革命也不會——那個使他因之而對他的浮士德、也就是對整個關於「人」的問題作出重新思考的事件，是拿破崙的出現。在說有些話的時候，歌德好像是從外國來的，以一種不耐煩的嚴厲抨擊德意志人所引以自負的那些東西：有一次他把著名的德意志性情[18]定義為「容忍他人和自身的弱點」[19]。他這樣說可是不公正的嗎？——德意志人的標誌就是，人們鮮少完全不公正地對待他們。德意志靈魂是朝向自身內部的通道和過道，它的裡面是孔洞、藏匿之處和城堡地牢；它的無序頗有些奧妙的媚惑（Reize），德意志人擅長走通往混沌的祕徑。正如一切事物皆愛與其成模擬者，德意志人亦如此愛著雲霧和一切不清晰、變化著、乍明還暗、潮濕和朦朧的東西：每一種不肯

諷傾向自由主義的德國學生組織和民族運動，其戲劇作品則備受德意志各地公眾喜愛；而把他當作「判國者」和「蠱惑人民者」刺殺的桑德亦自視代表了德意志人民的意願。——譯注

15 桑德〕卡爾．路德維希．桑德（Karl Ludwig Sand），神學系學生，在拿破崙入侵時期組織學生會黨，持國家主義和自由主義理想，刺殺柯則布後被處死，一度被公眾視為民族理想的化身。——編注

16 尚．鮑爾〕見他關於費希特《對德意志民族的演講》的評論，海德堡年鑑一八一〇年。——編注

【譯按】尚．鮑爾（Jean Paul），活躍於歌德時代的德國小說家，他有一部小冊子《費希特的鑰匙》（Claivs Fichtiana seu Leibgeberiana，一八〇〇年）諷刺費希特哲學。

17 「自由之戰」（Freiheitskriege）指一八一三年到一八一五年間在德意志及中歐反抗拿破崙軍隊的戰爭。這個名稱主要為以憲政立國為理想的民族主義者所用；而既反拿破崙亦反民主的復辟勢力則稱之為「解

定者、未外化成形者、無章法者、自行延宕者、正在成長者，他都感覺為「深刻」。德意志人本身尚未是，他將是[20]，他在「展開自身」。因此，「發展」在哲學習語的偉大王國裡成了真正德意志的發現和壯舉：——某個統治性的概念，與德意志啤酒和德意志音樂一道，聯手致力於把整個歐洲德意志化。外國人吃驚而入迷地站在這些謎語面前，這些向他們揚棄著德意志靈魂根柢裡的那個矛盾本性（黑格爾將之築入體系，理查．華格納最終還放到音樂中去）的謎語面前。「好性情而工心計」——一種這樣的並置，用到任何其他民眾那裡皆有悖情理，可惜在德意志則太經常地證明是正當的：人們且在施瓦本人[21]之中生活一段時間看看！德意志學者的滯重，他在社交方面的乏味，跟某種踏繩而舞的內在靈活和輕率的果敢（對此類事物一切神祇皆預讚學習過懼怕）駭人地融洽搭配在一起。人們若要親眼見證德意志靈魂，則只需朝德意志趣味、德意志的諸藝術和諸禮教中看去：怎樣一種農民般的對「趣味」的漠然啊！最高貴者和最平庸者是怎樣相並而立啊！這整個的靈魂家族是怎樣的無序而又豐富啊！德意志人在他的靈魂上流浪[22]；他在他所有的經歷上流浪。他對他的事件消化得很差，從來沒有「了結」[23]過，德意志的深刻經常只是一次困難重重、猶疑不定的

放戰爭」（Befreiungskriege）。——譯注

18 「性情」，原文為 Gemüth，據諾爾曼，該詞暗示一種豐富、熱忱的內心活動，或和於中文所謂「性情中人」者，而後言「好性情」（gemütig）者，字面義為「（富）有性情」。——譯注

19 引文參見歌德，《格言和反思》，340。——編注

20 「是」（ist）和「將是」（wird）亦可譯為「存在」和「生成」；與後面的「展開自身」（entwickelt sich）、「發展」（Entwicklung）及「揚棄」均屬於後面所謂「哲學習語的偉大王國」，出自下文提到的黑格爾。——譯注

21 施瓦本（Schwaben）位於德國西南部巴登－符騰堡州和巴伐利亞州，德國民間多有嘲笑施瓦本人輕謀好利的傳說。黑格爾是施瓦本人，圖賓根神學院和紐倫堡皆位於施瓦本地區。——譯注

22 「流浪」，原文的原形 schleppen 在此處同時可作「拖曳」和「流浪、亡去」解。——譯注

「消化」。如同一切習慣性疾病，所有消化不良者皆有對舒坦的癖好，德意志人亦如此愛著「坦誠」和「篤實」[24]：坦誠和篤實，是多麼的舒坦[25]啊！——德意志人所擅長的，在今天也許正是這種最危險而最幸運的偽裝，這些懷著德意志式正直[26]的信賴於人、迎合於人、把牌放到桌子上來的人們啊：正直是他們真正的梅菲斯特藝術[27]，他們憑此藝術「還要成就遠大的前程」[28]呢！德意志人信步而行，用那忠實、藍色、空洞的德意志眼睛[29]看著路——外國人馬上把他跟他的睡袍混淆了！——我願意說：「德意志的深刻」想是什麼就是什麼，由它去吧——完全是在私下裡，且允許我們嘲笑一下它吧？——我們今後仍然尊重它的假象和好名聲，不要把我們有深度民眾的古老聲譽變賣得太便宜，去換來普魯士的「剽悍」和柏林人的詼諧和桑德[30]。對一族民眾來說，使自己顯得、任憑自己顯得深刻、不機靈、好性情、正直、不聰明，這種作法是聰明的：甚至還可能——是深刻的！最後：人們應該顯揚其名——這群「刁意志」[31]民眾的稱呼可不是白白得來的，這群刁猾的民眾……

---

23 參見第217節「對付得了」譯注。——譯注

24 「坦誠」（Offenheit）、「篤實」（Biederkeit）與下面的「正直」（Redlichkeit）及上文的「深刻」皆為當時德意志人自許民族特性的慣用讚辭。——譯注

25 「舒坦」，原文為bequem，同時有「舒坦」和「怠惰」二義。——譯注

26 此處「正直」偏重「正派、規矩」之義，未必盡為褒意，與他處不同，參見第227節「『正直』」譯注。——譯注

27 「梅菲斯特藝術」（Mephistopheles-Kunst），或出自《浮士德》第一部1433～1435行：梅菲斯特說可用自己的法術（Kunst，亦即藝術）來取悅浮士德，使他的感官在片刻獲得比一年更豐富的享受。——譯注

28 引文出自歌德，《浮士德》，第一部573行。——編注

【譯按】引文上下文為：華格納：[……]沉浸到各個時代的精神裡去，／看看先賢在

245 「美好的舊」時代完了，在莫札特那裡唱完了：——我們是多麼幸運，他的洛可可風還在對我們說話，他混跡的「上流社會」，他那溫文的陶醉，他對中國文字和渦漩圖案的孩童般的興趣，他心靈的彬彬有禮[32]，他對嫵媚、熱戀、舞蹈、熱淚滂沱的渴望，他對南方的信念，這些都還可以喚起我們中間的某種餘緒！唉，這些終歸會在某個時候消逝！——但是誰能懷疑，對貝多芬的理解和品味，將消逝得更快！——後者乃不過是一場風格過渡和風格斷裂的絕響，而不是如莫札特那般，是長達幾個世紀的偉大的歐洲趣味的絕響。一邊是古老的酥脆的靈魂在持續碎裂，一邊是未來的過於年輕的靈魂在持續到來，貝多芬中與於其間；投在他音樂上的是那道夾在永恆的失落和永恆的過分希望之間的微光——歐洲，當它隨著盧梭作夢，當它圍著革命的自由樹[33]跳舞，當它最後在拿破崙面前幾乎是膜拜的時候，就沐浴在這道光線之中。然而，現在，恰恰是這種感覺，褪色得多麼快，對這種感覺的知曉，在今天已經多麼難得——那些盧梭、席勒、雪萊、拜倫們的語言，我們的耳朵聽起來多麼陌生，歐洲的命運，那個在貝多芬那裡才知道怎樣歌唱的歐洲命運，就是在他們那裡找到共同表達的呀！——在那

我們之前怎樣思想，／看看我們最後怎樣成就遠大的前程，／這些都是莫大的歡悅。／浮士德：是的，遠到星星上去吧！〔……〕」。「成就遠大的前程」蓋接應上文「流浪」與「從來沒有『了結』」而言。

29 德語中「藍眼睛」亦指天真無邪的目光。——譯注

30 此句可作二解，譯文為一解，桑德即上文所指民族主義青年學生；另據考夫曼，「桑德」（Sand）當解為「沙子」，蓋在柏林周邊的勃蘭登堡地區土質多沙而貧，嘗被稱為「神聖羅馬帝國的沙園」（此亦暗指神聖羅馬帝國在這裡演練其夢想，如兒童戲於沙地）。——譯注

31 「刁意志」，原文為 tiusche，或為「德意志的」（deutsch）在中古德語中的一種拼法，而與「Täusche」（刁滑）諧音。——譯注

32 「心靈的彬彬有禮」即第122節中「心靈的禮貌」。——譯注

33 自由樹（Freiheitsbaum），亦可譯為「自由之竿」，起源於北美革命，後傳到歐

之後於德意志音樂中出現者，屬於浪漫派，也就是說，從歷史上看，屬於一個比從盧梭到拿破崙及民主興起的那段歐洲過渡期、那場偉大的幕間劇還要更短暫、更倉促和更膚淺的運動。韋伯：可是，今天什麼是我們的魔彈射手和奧伯龍呢！或者馬施納的漢斯．海林和吸血鬼！[34]或者甚至是華格納的唐懷瑟[35]！這是已經漸趨末響的音樂，就算還不是已被忘卻了的音樂。反正，整個浪漫派音樂還不夠高雅，不夠音樂，在戲院和群眾之外即不中聽；它從一開始就是不太入真正音樂家法眼的二流音樂。此外還有菲利克斯．孟德爾頌，這位靜穆的大師，由於他那更輕鬆、更純粹、更討人喜歡的靈魂，他迅速地受推崇又同樣迅速地被遺忘：是為德意志音樂的美麗意外。而至於羅伯特．舒曼，他把事情看得太艱難，從一開始也被接受得很艱難——他最後一次建立了一個流派——：這種舒曼式浪漫派今天剛剛被克服，這在我們中間豈非一件幸事、一次深呼吸、一次解脫嗎？舒曼，逃進他靈魂的「薩克森瑞士」[36]中，半作維特狀，半作尚．鮑爾狀，但肯定不是貝多芬式的！肯定不是拜倫式的！——他的曼弗雷德音樂[37]是一次到了不公正地步的誤會和誤解——舒曼和他的趣味，一種根本上更小的趣味，（即一種危險的、在德意志人中又加倍危險的對於靜謐的抒情詩和感

洲，多以一支挑著旗幟或自由帽的高竿的形式，象徵自由，在法國大革命和德國一八四八年革命中均使用過。據說法國革命的消息傳開時，黑格爾、謝林與荷爾德林到城外種了一棵自由樹。——譯注

34 此處所舉皆為浪漫派音樂家，分別為卡爾．韋伯（Carl Maria von Weber），代表作有歌劇《魔彈射手》和《奧伯龍》；馬施納（Heinrich Marschner），著有歌劇《漢斯．海林》和《吸血鬼》，其題材皆取自歐洲中古傳說。魔彈射手，德國民間傳說操縱魔彈的射手，據說有七顆由魔王掌管的，射手若以靈魂向魔王交換前六顆，可保百發百中，但第七顆則由魔王控制；奧伯龍，中古歐洲神話中的精靈之王；漢斯．海林是德意志中古神話中的侏儒。——譯注

35 唐懷瑟（Tannhäuser），華格納同名歌劇的主角，原型為中世紀一位吟遊騎士。——譯注

36 薩克森瑞士（die sächsische Schweiz），德國東部山區著名山地風景區，舒曼年輕時曾遊歷其間。——譯注

37 《曼弗雷德》（Manfred，一八一七年）

覺的醉醺醺狀態的偏好），一直在靠邊站，在羞怯地溜開和退場，一個沉湎於純然無名的幸福與痛楚的嬌貴寵兒，從一開始就是一種少女般的東西，一種 noli me tangere（別碰我）：這個舒曼已經只不過是音樂上的一個德意志事件，不再像貝多芬那樣，不再像莫札特當初在更為廣闊的規模上那樣，是歐洲的，——在他這裡，德意志音樂面臨巨大的危險，失落了為了歐洲靈魂的聲音，而降格為一種純然的祖國情懷。——

是拜倫的一部詩劇，舒曼曾改編為一部同名音樂詩劇（一八五二年）。——譯注

246

——對有著第三隻耳朵的人來說，用德語寫成的書是怎樣的磨難啊！他是多麼不情願站在這片緩慢渦漩的沼澤邊上，這片有混鳴而無聲響、有韻律而無舞蹈的沼澤，這種被德意志人叫作「書本」[38]的東西！可曾有讀書的德意志人麼！他讀得多麼懶惰、多麼不情願、多麼差勁！有多少德意志人知道而且是自己要求知道，在每一個好句子中都蘊含藝術——只要句子理解得了就能捉摸得到的藝術！比如在某處誤讀了句子的節奏：那麼句子本身就被誤解了！對於在韻律上起決定作用的音節決不允許有所懷疑，把打破過於苛嚴的對稱性感受為刻意

38 德語中「書」（Buch）的原義是裝訂成冊的一疊紙。——譯注

和刺激，對每一個跳音和彈性樂段[39]都豎起一隻精細而不耐煩的耳朵，在母音和複合元音的序列中猜測意義，聽出它們在其前後相繼中能夠多麼細緻而豐富地著色和改色：諸如此類的義務和要求，在閱讀書籍的德意志人中，有誰會樂意認可，有誰會在語言中傾聽這麼多的藝術和意圖？人們最終恰恰長著「不是為這些而長的耳朵」：於是，那些最強烈的風格對比未被聽見，最精妙的藝術性就像在聾子面前一樣**浪費**掉了——以上這些曾是我的想法，當時我注意到人們是多麼粗笨而茫然地混淆了散文藝術的兩類大師，一類，辭句就像從一個潮濕洞穴的頂層一樣，遲遲冷冷地往下滴——他在期算著它們低沉的聲響和回響——而另一類，操持他的語言猶如柔韌的劍，從手臂到腳趾都感覺到鋒刃[40]的危險的僥倖，那銳利顫抖、要齧咬、要嘶吟、要切削的鋒刃。——

247

德意志風格跟聲響和耳朵幾乎沒有關係，這表明的事實是，我們的好音樂家們恰恰寫得很糟。德意志人沒有響亮地讀，沒有為耳朵而讀，而是純用眼睛讀：同時把耳朵放到抽屜裡。古代人的讀，是在他們自

39 「跳音」（staccato），指每個音符在演奏時略短於標準音長，從而形成非連續的跳蕩，演奏上即「斷奏」；「彈性樂段」（rubato，完整表達應為「tempo rubato」，或譯「彈性速度樂段」），讓演奏者掌握基本速度的前提下拉寬某個音，又保持整個節奏不變。——譯注

40 「鋒刃」原文 Klinge，與上文「聲響」（Klang）同根，皆源於 klingen（響，鳴）。——譯注

己給自己——這相當少見——朗讀一些東西之時，而且是用響亮的聲音；如果有人輕聲讀並且暗中俯首自問，他們會很驚奇。用響亮的聲音：意思就是，極盡音調之鼓蕩、曲折與翻騰和節奏上的轉換，這些是古典的公共世界所引以為樂者。當時，寫作風格的法則與談話風格的法則是相同的；這些法則部分依賴於耳和喉所受的驚人培訓和飽經錘鍊而養成的需求，部分也依賴於古代人肺的強健、持久和有力。一個複句，在古人的理解中，首先是一個生理學的整體，只因它是在一次呼吸中完成的。在狄摩西尼、在西塞羅那裡，這類複句經過兩收兩放，在一氣中呵成：這對古代人是享受，他們在特有的訓練中知道品鑑其中妙處，鑑賞朗誦此類複句時的難處和難度：——我們則根本沒有資格用大的複句，我們現代人是一切意義上的呼吸短促者！上述古人本身在談話方面個個是業餘素習者，從而是行家，從而是批評家，——由此乃推動他們的演講者登峰造極；其情形恰如上一個世紀，那時義大利的男男女女皆知歌唱，就是在他們中間，聲樂名家[41]（還有旋律藝術也隨之而——）臻於極盛。在德意志卻真正只有過一種公開的、大致可用藝術衡量的講話：那就是從宣教臺[42]往下所作的講話（直到最近的時期，才另有一種看臺雄辯[43]扭捏而粗笨地聳開其甫豐的

41　「名家」原文為 Virtuosenthum，在尼采的時代已專指以獨奏或獨唱聞名的音樂表演家。據《布羅克豪斯百科全書》二〇〇四版 Konzert: Publikum und Virtuosentum 條，「名家」之稱興起之時亦是現代意義上有鑑賞力的公眾（Publikum，即「義大

羽翼）。在德意志，唯有布道者知道音節、詞語的分量，知道一個句子在怎樣的程度上搏動、騰躍、跌宕、飛奔和止步，唯獨他的耳朵中有良知，相當常見的是有一個愧疚的良知：因為，出於多種緣故，德意志人恰恰很少、幾乎總是太晚才獲得講話的才能。因而，合乎情理地，德意志散文的傑作就是德意志最偉大布道者的傑作：**聖經**，是德意志迄今為止最好的書。在路德聖經面前，幾乎其餘一切皆只是「文學」——某種不是在德意志國土上生長出來的、因而過去和現在也不會生長到德意志的心靈中去的事物：那是聖經做到的事。

248

有兩個種類的天才：一類首先是授孕和意願授孕，另一類則樂於讓自己受孕並分娩。天才的族民亦然，有那樣一類，懷孕這種女人的問題，這種賦形、孵熟、完成的祕密使命，就落到他們身上——比如希臘人就是這樣一類族民，法蘭西人亦然。而另一種則必須去授孕，成為生命新秩序的根源——如猶太人、羅馬人，以及儘管謙遜卻頗受歡迎的德意志人？——這類族民受著莫名高燒的煎熬而迷狂，從自身內部向外突進，熱戀和貪歡於異族（那些「讓」自己「受孕」的種族），

利的男男女女」）興起之時。——譯注

42 宣教臺（Kanzel）指教堂中專用於彌撒時布道的高架講壇。——譯注

43 「看臺雄辯」（Tribünen-Beredtsamkeit）蓋指面對看臺（Tribüne，指露天的大型層疊式座席）的議會式演講。——譯注

而同時跟所有知道自己充滿生殖力因而「受神恩典」的東西一樣，他們尋求統治。這兩個種類的天才尋找彼此，猶如男人和女人；可是他們也相互誤解——猶如男人和女人。

249

各族民眾都有他們特有的偽善，並且稱之為他們的美德。——人們不認得自己身上最好的東西——人們不能認得。

250

歐洲有什麼要感謝猶太人的？——很多，有優有劣，首先是一條，是最優者同時亦是最劣者：道德中的偉大風格，無限要求和無限意義的可畏與威嚴，道德疑難[44]的全部浪漫與崇高——從而恰恰是那些變色遊戲、那些勾引人去生活的誘惑中最迷人、最棘手也最受寵的部分，今日我們歐洲文化的天空，這片日落之天[45]，就是在這陣餘暉中發光——也許是在發暗。為此，我們這些觀眾中的藝人，我們這些哲學家，對猶太人——心懷感激。

44　「道德疑難」原文為 der moralischen Fragwürdigkeit，直譯當為「道德上有疑問的狀態」或「道德上有疑問之處」。——譯注

45　「日落之天」，原文 Abend-Himmel，通常作 Abendhimmel，指「暮色、傍晚的天空」，尼采此處蓋從 Abendland（字面義為「日落的國度」，特指歐洲）借意。——譯注

251

如果一族民眾患上、或者意願患上民族神經熱[46]和政治虛榮症——其精神中湧動著若干昏沉與錯亂，簡言之，小小地犯些愚蠢，那麼，人們必須容忍之：比如對今日之德意志人，必須容忍那種時而反法國、時而反猶太、時而反波蘭的愚蠢，時而是基督教——羅馬式的，時而是華格納式的，時而是條頓的，時而是普魯士的（看看那些貧乏的歷史學家，那些西貝爾[47]和特萊奇克[48]和他們訂成厚冊的腦袋吧），以及管他們叫什麼的任何東西，必須忍受德意志精神和良知的這些小糊塗。人們且原諒我吧，連我，在這片重度感染的領土上一次短暫的冒險停留中，也沒有完全倖免於這種疾病，並且跟所有世人一樣，我亦開始擺弄對跟我無關之事的思想：此乃政治上被感染的頭一個標誌。比如關於猶太人：且聽我說——我還沒有遇到一個善待過猶太人的德意志人；而即使從謹慎和政策出發斷然拒絕真正的反閃族行徑，這謹慎和政策卻終究不是針對比如這種情感類型本身，而只是針對這種情感的危險莫測之處，特別是針對這種莫測的情感所做出的無趣而可恥的表達——對這一點，人們不該自欺。德意志的猶太人夠多的啦，即使只是把這塊「猶太人」份額對付掉——就像義大利人、法蘭西人和

---

46 「神經熱」或譯「熱昏症」，原文為Nervenfieber，現代西醫亦指傷寒，十九世紀西醫蓋以為其症由神經系統受損所致。——譯注

47 西貝爾，（Heinrich von Sybel），當時德國史學名家，一八五九年創立《歷史學報》（Historische Zeitschrift），代表作有《威廉一世創建德意志帝國史》（Die Begründung des deutschen Reiches durch Wilhelm I，出版於一八八九至一八九四年），屬於小德意志派（die Kleindeutsche Schule）或普魯士學派（die Preußische Schule），即主張以普魯士為主導建立德意志國家。——譯注

48 特萊奇克（Heinrich Gotthard von Treitschke），當時德國史學名家，為普魯士學派的中堅，繼西貝爾主編《歷史學報》，一八八六年繼承蘭克成為普魯士王室史官。其著作充滿對法國和猶太人的敵意，學院影響及於威瑪時期。——譯注

英格蘭人經過一次強健的消化已經對付掉那樣——德意志的胃，德意志的血，也會頗感窘迫（這窘迫還將長期存在）：這是一種普遍本能的明確告白，人們必須聽從它，遵照它去行為。「別再讓新的猶太人進來了！快向東（也就是向奧地利[49]）堵住大門！」一族民眾的本能發布了這樣的命令，他們的種類尚且虛弱和不確定，以至於可能被輕易抹掉，被一個更強大種族輕易消滅。而猶太人毫無疑問是當今生活在歐洲的最強大、最堅韌也最純粹的種族；他們懂得甚至在最惡劣的條件下也遂其所願（做得甚至比在有利條件下更好），其所憑藉的乃是人們今天寧願認定為惡習的那些美德，無論哪一種——首先要感謝的是一份面對「現代理念」時毋庸自慚的堅毅信仰；他們在改變，**在這樣做的**時候，他們一直只像俄羅斯帝國在掠奪疆土時那樣——作為一個擁有時間而不屬於昨天的帝國——：也就是說，總是遵循那條原則，「盡可能地緩慢！」一位把歐洲的未來放在他的良知上的思想者，無論他自己關於這個未來所作的草圖是怎樣的，都要算上猶太人，正如要算上俄羅斯人，要在多方力量的偉大遊戲和鬥爭中，把他們首先算作最可靠和概率最大的因素。今日之歐洲所稱為「民族」者，其實與其說是 nata[50]（所生者）不如說是 res facta（所造者）（有時它看上去確

49　「奧地利」（Österreich）德語中字面義為「東土」。——譯注

50　歐洲諸語中「民族」（德語作 Nation）

實像是混淆於某種 res ficta et picta（所捏造者）），無論怎麼看，都是某種尚在生成、年輕而易於飄移的東西，還不是種族，更稱不上像猶太種類一樣，是那樣一種 aere perennius（堅於青銅者）[51]：這些「民族」應該仔細提防一切頭腦發熱的競爭和敵對！猶太人，倘若他們想要——或者，倘若人們像那些反閃族者們看上去想做的那樣，迫使他們想要——的話，現在已經能夠取得優勢，從字面上不打折扣地說，取得對歐洲的統治了，這一點是肯定的；他們沒有往這方面做工作和制定計劃，這一點同樣是肯定的。在此期間，他們毋寧是願意和盼望，甚至還有點急切，要被吸納和擢升到歐洲裡來，他們渴望最終能在無論哪個地方穩定下來，得到許可和尊重，給那種遊牧生活、給「永恆的猶太人」立定一個目標；對這個勢頭和這種迫切需要（也許它們本身已經是猶太本能的溫和表達了），人們本該好好重視和迎合：把反閃族的尖叫者驅逐出境的作法或許是有用且合乎情理的。小心迎合，極為謹慎、有所挑選地予以迎合；大約就像英國貴族做的那樣[52]。新德意志氣質的最強健和已經最穩固定型了的類型，比如來自馬克[53]的貴族軍官，就能夠最不帶疑慮地與他們交往，這是再清楚不過的：倘若能見到在那世代相傳的命令和服從的藝術——在這兩方面上述那片土

一詞皆源於拉丁詞 natio，其動詞不定式為 nasci（出生、產生），「nata」是它的過去分詞；「民族」即「生於斯長於斯者」。——譯注

51 所引拉丁短語本古羅馬帝國名詩人賀拉斯（Horace）之頌詩《我完成了堅於青銅的豐碑》（Ode，3，30）。——譯注

52 大約」改自謄清稿（筆記本 W I 5）：而不是什麼「張開雙臂」！不要，照那些癡迷者的方式，今天「乾杯結義」，明天乾架結疤。——編注

【譯按】「乾杯結義」（Brüderschaft zu trink-

地至今都是典範——之上，是不是能添加和新培育出在金錢與耐心（首先還是某種精神和精神修養，這些在上述那個階層都是嚴重匱乏的）方面的天才[54]。不過在此理應結束我這番俏皮的德意志作派和節日講話了：因為我已經觸及我的嚴肅話題，觸及那個「歐洲問題」，按我的理解，已經觸及對一個管理歐洲的新種姓的培育了。——

252

這不是一個哲學的種族——這些英格蘭人們：培根歸根到柢意味著對哲學精神的攻擊，霍布斯、休謨和洛克則在一個多世紀裡意味著「哲學」這個概念的貶低和價值縮減。康德是反對休謨才崛起的；對洛克，謝林是可以說「我蔑視洛克」[55]的；黑格爾和叔本華（跟歌德一道）同仇敵愾，都跟英國機械論式的把世界笨拙化的作法作對，這一對哲學上相抗敵的天才兄弟，他們分別追求德意志精神相互對立的兩極，不公正地對待彼此，恰如只有兄弟才不公正地對待彼此。——英格蘭現在和以往一直所缺乏的東西，那個半吊子演員和修辭學家是知道得很清楚的，那個無趣的糊塗蛋卡萊爾，此人試圖在激情的怪相下隱藏他自己對自己所知道的東西：也就是他卡萊爾缺乏的東西——缺乏精

---

en）指德國一種傳統飲酒儀式，兩個男人以此訂交，彼此以「你」相稱。

53 「馬克」（Mark）即勃蘭登堡藩區，古稱「勃蘭登堡馬克」（Markgrafschaft Brandenburg），原為神聖羅馬帝國時期為了向東擴展勢力而建（「馬克」本義為邊防區），其主稱勃蘭登堡藩侯，後成為選帝侯，並於腓特烈一世時期與普魯士合併，被視為普魯士乃至德意志帝國的龍興之地。——譯注

54 可能……）據謄清稿：而我很高興跟一位著名養馬行家對於一個在此要推薦的處方（基督教的牡馬，猶太的牝馬）看法一致。——編注

【譯按】括弧中所引語蓋出俾斯麥，指讓德國容克貴族娶富有的猶太女人以解決猶太人問題。

55 「我蔑視」，原文為法語 je méprise。席勒在一八〇三年十一月三十日給歌德的信中提到，有一次當一位法國人想跟謝林提起洛克時，謝林直接以此句回絕之。參見《歌德席勒通信集》編號923。——譯注

神修養的真正力度，缺乏精神性目光的真正深度，簡而言之，缺乏哲學。——這樣一個非哲學種族的標記是，他們嚴守基督教義：他們需要他們那種對「道德化」[56]和人性化（Verammenschlichung）的培養，英格蘭人，比德意志人更陰鬱、更感性、意志更強、更粗野——恰恰因此，作為兩者中的更平庸者，也比德意志人更虔誠：他們甚至還更迫切需要基督教。對於較精細的鼻子來說，這種英格蘭基督教義甚至還附帶一種地道英國式的使氣縱酒的味道，它有些很好的理由被用作針對這種放縱的治療手段——即相對較粗糙者而言的較精細的毒藥：事實上在粗笨的民眾那裡，一次精細的中毒已經是一次進步，朝向精神化的一次進階了。通過基督教的手勢語言，通過祈禱和唱詩，這種英國式粗笨和農民式的嚴肅態度還能相當差強人意地被偽裝起來，更確切地說：被解說和轉釋出來；一度在循道宗[57]的暴力下，不久前又作為「救世軍」，那些酗酒和放縱的牲口學會了道德酣睡，按照它們的標準，一次懺悔痙攣就是在它們那個比例上所能企及的最高的「人道」成就了：人們可以合乎情理地承認的就是這麼多。不過，讓最人道的英格蘭人受傷害的，還數他們在音樂上的匱乏，打個比方（且不帶比方地——）說吧：他們在他們靈魂和肉體的運動中沒有節律和舞

56 「道德化」，原文為 Moralisirung，亦可解為「講道德」。——譯注

57 循道宗（Methodismus）：或譯「衛理宗」，興於十八世紀英國的基督新教宗派，尤重在底層和邊緣人群中傳教。——譯注

蹈，甚至沒有對節拍和舞蹈的欲望，對音樂的欲望。聽聽他們說話吧；看看那些最美麗的英格蘭女人們**走路**吧——地球上哪個地方會有比這更美麗的聾子和天鵝，——最後：人們該聽聽它們唱歌！但我是太奢求了……

253

有的真理，中等程度的腦袋認識得最好，因為最適合他們的尺度；有的真理，只對中等程度的精神具有刺激性和誘惑力：——這個也許令人不快的命題，恰恰在現在，自從可敬而中等的英格蘭人的精神——我指的是達爾文、約翰·斯圖亞特·彌爾和赫伯特·斯賓塞——在歐洲趣味的中間地帶開始占據優勢之後，突然叫人們給撞上了。事實上，誰會懷疑暫時讓此等精神統治一下的益處呢？以為那些已生就高等的、離世高飛的精神就能分外靈巧地確證、收集許多小而平庸的事實並操切地得出結論，這或許是一個謬誤：——毋寧是，這些精神作為例外，從一開始對「常規」便不曾處在有利的地位。最終他們有更多的事要做，而不僅僅是**認識**——也就是他們要**成為**某種新東西，要**意味**著某種新東西，要**表現**出某種新價值！知道和能夠之間的裂縫也許比人們想的更大，也更陰森叵測：規模宏大的能夠者、創造者，或將必須是一個無知者——而同時在另一個方面，某種特定的狹隘、乾枯和用工精勤，簡言之，某種英國式的東西，對於用達爾文的方式作出的科學揭密而言，倒可能相當不壞。最後別忘了，那些英格蘭人已經以其深深的平均性，導致了一次對歐洲精神的總體壓抑：就是人們稱為「現代理念」或「十八世紀理念」或亦稱為「法蘭西理念」的那些東西——也就是**德意志**精神以深刻的噁心而奮起反抗過的東西——它們的起源是英國，這用不著懷疑。法國人只是表演這些理念的猴子和演員，也是它們最好的士兵，可惜同時是它們最初和最徹底的**犧牲品**：因為，由於那陣該詛咒的盎格魯風[58]，âme française（法蘭西靈魂）已經變得如此單薄乾瘦，以至於對她的十六和十七世紀，她深切激情的力量，她善於發明的高尚，人們今日在回想時已難以置信。不過，人們必須咬牙堅持這個合乎歷史情理的命題，並且要在這個時刻，在視覺顯像面前，為它辯護：歐洲之 noblesse（貴冑）——感覺上、趣味上、禮教上的，簡言之，在這個詞所具有一切高級意義上——是出自**法蘭西**的作品和發明；歐洲的平庸，現代理念的平民主義，則——出自**英格蘭**。——

58 盎格魯風（Anglomanie），指對一切英國事物的過分模仿。——譯注

直到現在，法蘭西仍然是歐洲最精神性和最精純的文化的所在地，是趣味的高等學院：不過，人們必須知道如何找到這個「趣味的法蘭西」。屬於她的人們會把自己藏匿得很好：——他們可能只是一個小數目，她便在其中有血有肉地活著，此外他們也許是些並未強健自立的人，一部分是宿命論者，陰鬱化了的人，病人，一部分是柔化的人，人工化的人，是這樣一些人，他們都有要把自己隱藏起來的野心。有些方面則他們全都一樣：在民主資產階級那發飆的愚蠢和喧囂的嘴架面前都要捂住耳朵。事實上，今日在前臺打滾的是一個愚蠢化和粗糙化的法蘭西——隨著維克多．雨果的下葬，它新近搞了一場無趣的、同時也是自讚自歎的狂歡慶典。還有另一些方面他們也是相同的：一種要反抗精神上日爾曼化的善良意願——和更加善良的無能！也許，在現在這個精神性的法蘭西（同時也是一個悲觀主義的法蘭西），叔本華會比曾經在德意志時更像在家裡，更加親切；更不用說海因里希．海涅，他老早就化身為巴黎精細而挑剔的抒情詩人中的一員了，或者黑格爾，他今天以丹納的形象——即第一個活著的歷史學家——施加著一種近乎霸道的影響。而至於理查．華格納：法國音樂越是學會根據âme moderne（現代靈魂）的那些現實需要來塑造自身，它將越來越「華格納化」，這是可以預見的——現在已經到了相當程度了！儘管趣味上有如許多自願或不自願的日爾曼化和群氓化，還是有三條，今日之法蘭西人依舊能夠自豪地表明是他們所繼承和特有的，是稱雄歐洲的古老優越性未曾失落的標記：一是有能力發揚藝人的激情，獻身給「形式」，就是為了這種能力，人們發明出了「為藝術而藝術」一說以及其他千百個種說法：——與此相類，多虧了對「小數目」的敬畏，三個世紀以來在法蘭西從來不缺乏、而是一再成就了一種在歐洲其他地方尚待尋找的文學室內樂。法國人能夠證明其稱雄歐洲的優越性的第二條，是他們古老而多樣的道德主義[59]文化，它使得在平均水準上，甚至在微不足道的romanciers（報紙小說作者）和偶然有之的boulevardiers de Paris（巴黎浪蕩子）[60]的身上，都能發現某種心理學方面的敏感和好奇，而比如在德意志，人們則對這些毫無概念（更不用說有這樣的事情了！）。要走到這一步，德意志人還要過兩三個道德化的世紀，這些世紀，如前所述，法國已經走過來了；誰若因此稱德意志人為「天真」，只是在勉強稱美。（亨利·拜爾[61]，那個值得注意的先行和先驅者，跟德意志人在voluptate psychologica（心理學之

---

59 「道德主義（的）」此處或不應理解為「對一切問題唯從道德角度苛評」或「以道德為人類文化一切方面之基礎」的傾向，寧當理解為「對道德關注且敏感的」的姿態；據考夫曼，尼采此處應當指法語 moraliste（道德家）所指者。——譯注

60 「浪蕩子」（boulevardiers），本指在林蔭大道上閒逛找樂的人。——譯注

61 即司湯達，他原名馬里—亨利·拜爾（Marie-Henri Beyle）。——譯注

樂趣）方面的生澀和無辜——這與德意志人交際方面的乏味是頗為相關的——恰好相反，對於這片細緻顫慄的領域，最成功地表達了地道法蘭西式的好奇心和發明天分，他以一種拿破崙式的速度穿越了他的歐洲[62]，穿越了歐洲靈魂的許多個世紀，作為這靈魂的一個伺察者和揭示者：——要無論以何種方式趕上他，要把他為之煎熬和癡狂的那些謎語解開一二，需要兩個世代，這個令人驚歎的伊比鳩魯和問號人[63]，法蘭西最後一位偉大的心理學家）。使他們有資格宣稱優越性的第三條是：法蘭西人的本質中，給出了一個對於北方和南方的半成功的綜合，這種綜合使他們領會了許多事物，並促使他們去做另外一些事，一個英格蘭人從來不會領會到的那些事；他們那種定期地轉向和逃向南方的性情，時時湧動著普羅旺斯和利古里亞[64]的血液的性情，保護了他們，抵禦了那令人毛骨悚然的灰茫茫北方，那種不見陽光的概念幽靈和貧血——抵禦了我們在趣味上的德意志病，眼下，針對這種病的氾濫，人們以大決心開出了血和鐵的藥方，我要說的是：「大政治」[65]的藥方（這適合一種危險的療法，教我等待又等待卻迄今還沒教給我希望的療法）。即使到現在，法國尚存一點夙愛，一份殷勤，用以款待那種較為稀有而難得滿意的人，那些廣博得難以在無論哪一種祖國

62 司湯達曾隨拿破崙轉戰歐洲。——譯注

63 「問號人」（Fragezeichen-Menschen），為尼采特有的表達方式，參見209節「人道人」譯注。——譯注

64 利古里亞（Liguria）其實位於義大利，毗鄰法國南部，拿破崙時期曾被法國吞併。——譯注

65 蓋指俾斯麥的鐵血政策。——譯注

情懷中得到滿足的人，他們知道如何在北方愛南方，在南方愛北方——用以款待那些生長於中陸的人們[66]，那些「好歐洲人」。——比才的音樂即為他們而作，這個最後的天才，已經看見一種新的美和誘惑，——已經揭示出一片音樂中的南方。

255

對德意志音樂，我以為宜多加提防。假定，一個人是愛南方的，像我那樣愛它，把南方當作一所偉大的康復學校，在最精神性和最感性之處去愛它，當作一派蓬勃陽光的充盈和潤澤，照臨在一個獨斷專行、對自己有信念的此在之上：那麼，這樣一個人將學著在德意志音樂面前有所警惕，因為這種音樂腐蝕了趣味，使之退化，從而也一併腐蝕了健康，使之退化。這樣一個不是從出身而是從信念上說的南國人，若他對音樂之未來[67]有所夢想，則一定也是夢想把音樂從北方解救出來，一定已在耳中聽到一種更深沉、更有權勢、也許更邪惡和更隱祕的音樂的序曲，一種超德意志的音樂，在目睹蔚藍而歡悅的海洋和地中海天空的明亮時，這音樂可不會像一切德意志音樂那樣，降調、發黃和變得蒼白，這是一種超歐洲的音樂，即使面對荒原上昏黃的日落，

66 「（生長於）中陸的人們」，原文為Mittelländler，字面義為「其國居於中間者」或「中央之國人」，可與244節所云「中間民眾」參見；又可解為「遠離海岸線、居於內陸的人」，亦「地中海」（Mediterranean）之古義。——譯注

67 據法布林，此影射華格納的《藝術作品的未來》。——譯注

這音樂依然是正當的，它那與棕櫚樹相親緣的靈魂，懂得在那些高大、美麗而孤獨的食肉動物中間安居和徜徉……我可以設想一種音樂，它最稀有的魔力在於，它再也不知道善和惡，在它這裡時不時掠過的，也許只是一陣水手的鄉愁，某些金色的影子和溫柔的虛弱：一種藝術，它看見，一個沒落的、幾乎已變得無法理解的道德世界的諸般色彩，從極遠處向自己奔逃而來，而它亦有足夠的好客和深沉，來接納這些遲暮的逃亡者。

256

多虧了民族主義瘋癲曾經和現在在歐洲各民眾之間造成的病態的疏離，同樣亦多虧了目光短淺而手腳毛躁、借助這種瘋癲於今身居高位的政治家們，他們完全沒料到，他們所推動的分離性政策，在何等程度上必然只是幕間劇式的政策——多虧了所有這一切以及有些今日完全不可言表的東西，現在那些確鑿無疑地表明歐洲意願統一的跡象，將被忽略，或者被專斷而虛誑地周納出別種含義。而在本世紀一切深刻廣博之士那裡，他們靈魂的奧祕工作中的真正大方向，乃是準備通向那種新綜合的道路，嘗試性地率先做那個未來的歐洲人：只有從他們的前臺來看，或者在較虛弱的時刻，大概是在老年，他們才屬於「祖國」——當他們成為「愛國者」的時候，他們只是讓自己休息。我想到的是像拿破崙、歌德、貝多芬、司湯達、海因里希·海涅、叔本華這樣的人：如果我把理查·華格納也歸入其列，人們該不會責怪我吧，對他，人們不應該被他本人的誤解所誤導，——他那個種類的天才很少有資格自己理解自己的。當然更不應該被那種不合禮教的喧鬧、即現在人們在法國用來阻礙和抗拒華格納的那種喧鬧所誤導：——事實一點也沒有改變，依舊是：四十年代的法國晚期浪漫派[68]和理查·華格納，在最緊密和最內在之處是聲氣相投的。在他們需求的一切高度和深度方面，他們有根本上的親緣關係：歐洲就是一個歐洲，通過他們駁雜而奔放的藝術，歐洲的靈魂向外和向上突進和追慕——朝向何處？到一片新的光明裡去嗎？是朝向一輪新的太陽嗎？而上述所有這些運用新的語言手段的大師們，他們不知道如何明確說出的東西，又有誰說得明白？肯定是同樣的狂飆和突進[69]在折磨著他們，讓他們以同樣的方式去搜尋，這些最後的偉大搜尋者們！皆受文學的統治，哪怕是其眼與耳——第一批有世界文學修養的藝術家——大多數甚至自己也是寫作者、撰述者、藝術與感性的仲介者與混和者（華格

68 法國晚期浪漫派：今日音樂史晚期浪漫派在時間上一般指十九世紀下半葉甚至更晚，尼采在此所指具體未詳。——譯注

69 尼采此處化用文學史上的術語「狂飆突進」（Sturm und Drang），此術語在漢譯中易被誤以為是一個主謂式片語，實則是並列式。——譯注

納作為音樂家當歸入畫家，作為詩人則當歸入音樂家，作為藝術家則從根本上當歸入演員之列）；皆是「不惜一切代價」表達[70]的狂熱信徒——我尤推德拉克洛瓦，這個華格納的近親——皆是崇高之國度以及醜陋與醜惡之國度的偉大揭示者，在效果方面、在展覽、在展示兜售的藝術方面尤其偉大，皆有遠遠超越其天才的秉賦——是不折不扣的名家，對於一切誘惑、逗引、強制、翻覆之事，有著玄妙莫測的領悟，是邏輯和直線的天生敵人，貪婪求索陌生者、外來者、陰森者、扭曲者、自身矛盾者；作為人類是意志的坦塔洛斯[71]，已經爬上來的平民，自知不善於以一種高尚的節奏、一種慢板去生活和創作——可以想想比如巴爾扎克——不羈的勞動者，幾近於以勞動自毀者；皆是禮教中的反律法主義者[72]和反叛者，是不講均衡、不求享受的野心家和貪得無厭者；最終皆將粉碎和墜落在基督教的十字架上（這自在情理之中：因為他們中有誰曾經足夠的深沉和原初，夠得上一種反基督者的哲學呢？）。總之，又是更高等人類中一個魯莽而冒進、奢華而強勁、高飛和向高處曳引的種類，在他們這個世紀裡——就是這個群眾的世紀！——第一次教授了「更高等的人類」這個概念……理查·華格納的那些德意志朋友們且仔細斟酌一番吧，在華格納式的藝術中是

70 「表達」，原文為Ausdruck，字面上亦有「向外推壓」之意。——譯注

71 坦塔洛斯（Tantalusse），希臘神話中，宙斯之子坦塔洛斯以蔑視諸神聞名，曾殺子享諸神以測神知。——譯注

72 反律法主義者（Antinomisten），由希臘詞根anti（反）和nomos（諾謨斯、律法）組成。十六世紀在德意志宗教改革者內部有過「反律法主義論戰」（Antinomistischer Streit），持反律法主義者不以嚴持本諸《舊約》的律法為然，而專重信仰本身與本諸《新約》的福音恩典。後亦泛指反對一切威權管制的無政府立場，或可譯為「反規範主義者」。——譯注

否有某些全然德意志的東西，或者，這種藝術的優異之處是否恰恰在於，它是從**超德意志**的泉源和動力中湧出的：這裡切莫低估了下面這一點：要造就他這個類型，巴黎是不可或缺的，在最具決定性的時候，他本能的深度叫他渴望巴黎，他出場和自我布道的整個方式，只有按照法國的社會主義榜樣[73]才得以完成。也許，出於對華格納的德意志本性的尊敬，人們通過一番精細的比較將會發現，十九世紀的法國人所可能搞的東西，他在一切方面都更強健、更魯莽、更強硬、更高超地搞過了——多虧我們德意志人比法蘭西人離未開化狀態更近——也許甚至，理查．華格納所創造的東西中最值得注意的部分，對於這整個如此遲暮的拉丁種族來說，將永遠而不止在今日是無可企及、無從感受、無法模仿的：事實上，西格弗里德[74]的形象，那種**非常自由**的人類的形象，對老邁而酥脆的文化種族的趣味而言，可能自由、強硬、暢快、健康德太過分，太過於**反正教**[75]了。他甚至可能是一樁有違浪漫派的罪，這個反浪漫派的西格弗里德：而今的華格納，在他陰沉的晚年，開始——率先採取一種此間已變為策略的趣味——用他特有的宗教上的澎湃[76]，即使沒有走上、也確實是在以布道勸人走上通向**羅馬**的大道，這時，他是綽綽有餘地結清那樁罪了。為了使人們不會因

73 據法伯爾，此指巴枯甯和蒲魯東，華格納年輕時曾閱讀後者。——譯注

74 西格弗里德，乃華格納歌劇及其所取材的中世紀傳說《尼伯龍根指環》中的男主角。——譯注

75 「正教」即通常所稱「天主教」者。——譯注

76 「——率先……」據打字稿：用他的帕西法爾以一種模棱兩可的甜蜜方式。——編注

為上面這些最後的話而誤解我，我想借助於一些有力的韻腳，雖然，只會有少數精細的耳朵能從中聽出我想說的東西——我**針對**這個「最後的華格納」和他的帕西法爾[77]音樂想說的東西。

——這可是德意志的？——
從德意志心靈中傳出的就是這般的悶聲尖叫嗎？
德意志肉體是這般對自己的去肉體化嗎？
德意志是教士們這般叉開雙手麼，
是這般聖香沁鼻的感性刺激嗎？
這樣的停滯、撲倒、踉蹌是德意志的麼，
這樣未知的咣當晃蕩？
是這樣的修女的眼波，是萬福鐘聲的叮噹，
是這樣完全虛迷假醉地登上天堂？
——這可是德意志的？——
好好想想！你們還站在入口：——
因為，你們聽到的，是**羅馬**——**羅馬無言的信仰**[78]！

77 帕西法爾，華格納最後一部同名歌劇的主角。可參見《尼采反對華格納》。——譯注

78 **無言的信仰**〕蓋根據孟德爾頌的《無言歌》。——編注

第九章　何為高尚？

257

「人」這個類型的每一次提高，迄今為止，都是某個貴族社會的作品——而且永遠都將如此：該社會信仰人和人之間有一條等級順序和價值差距的長長階梯，並且在無論何種意義上都以奴隸制為必需。倘若沒有**間距之激昂**[1]，沒有在融入血肉的等級差別中，經過統治種姓向臣僕和工具的長久眺望和俯瞰，經過對服從與命令、壓制與隔離的持久練習而生長起來的那種激昂，那麼，也將根本不可能生長出那另外一種更隱祕的激昂，不可能有那種期望，期望靈魂本身內部不斷有新的間距之擴張，不可能開成那種越來越高超、稀有、遙遠、舒展、廣博的狀態，簡而言之，就不可能有「人」這個類型的提升，不可能有——說句超道德意義上的道德套話——持續推進的「人類的自身克服」。誠然：關於貴族社會（即「人」這個類型的提高之前提）的產生史，人們不應該聽信任何人道的欺騙：真理是強硬的。讓我們毫不顧惜地說出來吧，迄今大地上的一切高等文化是怎樣**開端**的！其本性尚且本然[2]的人類，野蠻人（在這個詞一切可怕的意義上），還擁有未被破壞的意志力和權力欲的肉食人，他們撲向更虛弱、更有禮教、更和平、也許在經商或者畜牧的種族，或者撲向那些最後的生命力猶在精

1　「間距之激昂」，原文Pathos der Distanz。Pathos（激昂）源於希臘語，本義是「疼痛、痛切、激動」，在古語所謂「憯怛」與「慷慨」之間：在德語中指面對苦難（Leiden）時莊嚴激昂的情感狀態。「距離」（Distanz）則指「禮主別異」意義上的身分距離。——譯注

2　參見第239節「本性」譯注。——譯注

神與腐爛的光亮煙火中閃爍的老邁而酥脆的文化增之上。高尚的種姓在開端處總是野蠻的種姓：它的優勢首先還不在於生理力量，而在於靈魂的力量——那是些更完整的人（這裡所說的意思在一切層次上都相當於「更完整的野獸」）。

258[3]

腐蝕，表達了諸種本能內部正瀕臨無政府狀態，那種叫作「生命」的基本情緒構造正在坍塌：腐蝕，當其在某種生命構成上顯示出來之際，便是某種根本歧異的東西。比如，當一批貴族，像革命伊始的法國貴族那樣，帶著一種精巧的噁心，丟棄他們的特權，使自己成為他們過度的道德感的犧牲品，這樣就是腐蝕：——其實只是那個世紀的持續腐蝕的完結行動，這種持續腐蝕令他們一步一步地放棄了統治的權柄，把自己貶低為王國的官守[4]（最終竟貶低為王國的飾物和寶物）。可是，一種優秀健康的貴族的本質在於，他們並不覺得自己是（王國的或是公共體的）官守，而是覺得自己是它們的意義和最高的正當性守護者——因此，他們心安理得接受無數人的犧牲，後者因為其自身之故，必須被貶抑和降黜為不完滿的人，成為奴隸和工具。他們

3　準備稿（W I 3）：腐蝕對於一個統治種姓意味著某種對於僕從和臣屬種姓來說不同的東西。比如，在前者，腐蝕是洋溢著的溫和、意志能量的衰減。在後者腐蝕則是獨立性的增加比如歐根．杜林。法國革命那些有特權者就是腐蝕的一個例子。——編注

4　「官守」，原文為Funktion，原義為「功能、職能」，蓋影指法語詞「fonctionnaire」（政府官員）。——譯注

的基本信仰就必須是這樣的：社會**不是**因為社會之故而存在的，而只是作為下層建築和腳手架，以供某種被特選出來的造物朝他們更高級的使命、從根本上說是朝著一種更高等的**存在**攀登上去：可作比附的是爪哇島上那種向光的攀援植物——人們稱之為鬥牛士藤——它們用自己的枝條如此長久而頻繁地纏住橡樹，直到最終能夠既高過它，又靠它支撐，在自由的陽光下展開它們的花冠，炫耀它們的幸福。——

259

相互間禁制傷害、暴力、剝削，將自己的意志跟他人的意志設為平等：這在某種特定的、粗略的意義上，是能夠成為個人之間的好禮教的，如果具備這樣的條件的話（即他們在力量集合和價值尺度方面事實上的相似性，和單個群體內部的協調）。可是，一旦人們想把這個原理推廣開來，在可能的情況下甚至將之作為**社會基本原則**，那麼，它將立刻現出原形：它是**否定**生命的意志，它是滅絕原則和衰敗原則。在這裡，人們必須徹底從根本上來思考，抵制一切善感的脆弱：生命本身，**在本質上**乃是對陌生者和弱者的占有、傷害、制服，是壓迫、強硬、脅迫的特有形式，是吞併，最少最少也是剝削——可為什麼人們總是偏偏要這樣使用這些自古以來就夾帶著中傷之意的言辭呢？那樣的群體，如前面假設的那樣，其內部的單個部分皆以平等自處——在每一種健康的貴族制中都是這樣——的群體，如果是一個鮮活而非垂死的群體，則它裡面單個部分彼此禁制而不為的一切，也必然施諸另一個群體：它必將成為擁有肉身的權力意志，它將意願生長、進占、搶奪、贏得優勢——這不是緣於哪一種道德性或非道德性，而是因為，它活著，因為生命就是求權力的意志。然而，歐洲人的平庸意識在任何方面都不像在這一點上，那麼不願意接受教訓；現在，甚至是在科學的偽裝之下，人們到處癡迷於正在到來中的、應該不具有「剝削特徵」的社會狀況：——在我的耳朵聽來，這幾乎就像是有人許諾發明一種禁制一切有機功能的生命。「剝削」並非某種腐敗或者不完美的、原始的社會所專有：剝削，作為有機組織的基本功能，是有生命者的本質，是真正的權力意志、即生命意志的一個後果。假定，上述作為理論是一項革新——作為現實則是所有歷史的原事實：針對自己，人們就應該誠實到這個地步！

260

在一次漫遊中，穿越了迄今為止大地上曾經或還在統治的眾多或精細或粗糙的道德，我發現某些特色是有規律地一起重複出現並且彼此相關聯的：到最後有兩個基本類型向我顯露出來，一種基本差異亦豁然可見。有主人道德和奴隸道德；——我立刻補充，在所有較為高等和較為混合的文化中，調停兩種道德的嘗試也都很常見，更常見的則是兩者的混亂和相互的誤解，有時是緊挨著並存——甚至是並存在同一個人身上，在一個靈魂的內部。道德上的價值區分，或者是產生於一個統治者的種類，他們感覺良好地意識到自己跟被統治者的區別，——或者是產生於那些被統治者，各個等級的奴隸和附庸。在前一種情況下，如果定義「好」之概念的是統治者，那麼，它指的就是那些崇高自豪的、被感受為作出嘉許者和確定等級順序者的靈魂狀態。那些體現出這些自豪崇高狀態之反面的造物，高尚的人則把自己跟他們分開：他蔑視他們。人們馬上注意到，在第一類道德裡，「好」與「壞」的對立所意味的，就是「高尚」和「卑鄙」：——「善」與「惡」的對立則另有起源。受蔑視的是那些怯懦者、擔驚受怕者、小氣者、盤算微利者；同樣還有那些視線不自由的不信任者、自我貶黜者、任勞任虐的人中犬類、乞求的諂媚者，首先則是撒謊者：——一切貴族的基本信念是，平庸民眾是好撒謊的。「吾等真誠者」[5]——古代希臘的貴冑們如此自稱。這是一目了然的：道德上的價值標記在一切地方首先都是指人的，然後才偏離而指行為：因此，道德歷史學家把「為什麼同情的行為受到贊許」作為開端，是嚴重失算了。人類的高尚種類感覺到是自己在確定價值，他們並不一定要讓自己為人稱許，他們的判斷是「對我有害者即本身有害者」，他們知道說到底是自己才使事物值得尊敬，是他們在創作價值。他們尊敬他們在自己身上認識的一切。最顯著的是那種充盈感，想要湧溢的權力感，高度繃緊的幸福，對一筆財富的想要把它贈予和分發的意識：——高尚的人也會幫助不幸者，卻不是或幾乎不是出於同情，毋寧是出於權力之流溢所產生的某種欲求。高尚的人尊敬自己之中的有權勢者，即擁有對自己的權力的人，他既懂得談論也懂得沉默，樂於對自己施以嚴格和強硬並且首先敬事那些嚴格者和強硬者。「在我的胸膛中沃坦[6]放了一顆堅硬的心」，一個古老的斯堪地納維亞傳說唱道：從一個自豪的維京人的靈魂裡，是有權吟出這樣的詩句的。一個這樣種類的人所自豪的恰恰是，他不是為同情而造的：因此，傳說中的英雄添上一句警告「誰在年輕

5 引文參見《論道德的系譜》第一篇第五節。——編注

6 沃坦（Wotan）即北歐神話中的「奧丁」在日爾曼語之名。——譯注

時尚沒有一顆堅硬的心，他的心就永遠不會堅硬了」。這樣思考的高尚者和勇士，跟那種直接以同情或利他行為或不計利害[7]為有德者之標誌的道德，離得最遠；自己對自己有信念，自己對自己有自豪，對「無私」懷有某種根本敵意和反諷，對同感和「溫暖的心」時則有輕微的貶低和提防，這些都可以肯定地算作高尚的道德。——有權勢者是懂得尊敬的人，這是他們的藝術，他們在這方面卓有創見。在年歲和出身前的深深敬畏——這雙重的敬畏完全合乎道理——厚古薄今的信念和成見，是有權勢者道德的典型；相反，秉持「現代理念」的人類則近乎本能地相信「進步」和「未來」，越來越缺乏對年歲的尊重，由此便充分暴露這些「理念」的不高尚出身。對於當前的趣味來說，統治者道德最見陌生和齟齬之處在於它所秉持的基本法則之嚴厲，此法則認為，人們只對其同類負有義務，對於更低等級的造物，對於一切陌生者，則可以自行裁量或者「按照心靈的願望」行事，而且無論如何都已處於「善惡的彼岸」：對同情及諸如此類者，即當如此對待。有能力且有義務去長存感激和永誌復仇（二者皆只限於對同類），精細不苟地以直相報，對友誼把握得細緻入微，擁有敵人亦是一定的必需（彷彿是當作嫉妒好鬥狂妄等情緒的渲泄管道，——從根本上，則是為了

7 「不計利害」，原文為法語詞 désintéressement，德語中作 Desinteresse，更常用的意思是「缺乏興趣，無動於衷」。——譯注

能夠好好地友愛）：所有這些，都是高尚道德的典型標識，如前所示，高尚道德不是「現代理念」的道德，因此在今天是很難感同身受，也很難發掘和揭示出來。第二種道德類型，奴隸道德則是另一種情況。假定，那些被強暴者、受壓迫者、罹受苦難者、不自由者、於其自身無所知者和疲乏者在講道德；那麼該種類的道德價值評估會變成什麼樣呢？大概會表達出一種對於人類的整體境況的悲觀猜忌，也許是對人類連同其境況的一種譴責。奴隸的目光對於有權勢者的美德是忌憚的：對於那裡所尊敬的一切「好」，他持懷疑論、他有疑慮、他的疑慮亦精細不苟——他想說服自己，即使在那裡，幸福也不是真切的。那些有助於使罹受苦難者的此在變得輕鬆的品性，會被顛倒著抽取出來，打上光線：在這裡，同情、親切的樂於助人的手、溫暖的心、耐心、勤勉、謙恭、友善獲得了榮譽——因為在這裡這些是有用的品性，幾乎是承受此在壓力的唯一手段。奴隸道德本質上是有用性的道德。產生那一對著名對立物「善」與「惡」的病灶就在這裡：——權力和危險，某種特定的可怕、精細和強健，即那些不容蔑視的東西，被放到惡之中來感知。於是，根據奴隸道德，「惡人」激起恐懼；根據主人道德，則恰恰是「好人」在激起和想要激起恐懼，而「壞的」人則被感知為可蔑視者。這個對立最尖銳地表現在，按照奴隸道德的推論，即使是具有這種道德的「善人」也沾著一絲貶低的味道——儘管可能是輕鬆且好意的貶低——因為無論如何，在奴隸的思維方式裡面，善人必須是沒有危險的人：他好脾氣，容易騙，也許有點兒蠢，一個老好人[8]。奴隸道德占據優勢的一切地方，語言都展現出一種把「善」這個詞和「蠢」相互拉近的傾向。一個最終的根本區別：對自由的期盼，對幸福的本能，對自由感的精細區分，皆必然屬於奴隸道德和奴隸道德性，正如在敬畏和獻身方面的藝術與癡迷，是貴族的思維與評價方式的常規特徵。由此馬上可以理解，為什麼作為激情的愛——這是我們歐洲的特產——肯定有著更加高尚的出身：眾所周知，其發明可追溯至普羅旺斯的騎士詩人，那些張揚誇誕深通「樂旨」[9]的人，歐洲有這麼多方面、幾乎連它本身都得歸功於他們。

261

一個高尚的人也許最難以領會的事物當中，就有虛榮：他將試著偏要在另一個種類的人想要伸出雙手抓住虛榮的場合去拒絕它。他很難設想，會有些造物試圖喚起別人對自己抱有一種他們自己本身並不抱

8 「老好人」，原文 bonhomme，出於法語，字面義為「善良的人」，在德語中亦見用，而轉有「老實敦厚」之意。——譯注

9 「樂旨」，原文為 gai saber，蓋普羅旺斯方言，表示「作情歌的技藝」，英譯作 gay science（字面義為「快樂的科學」）。——譯注

有（因而也不「配」擁有）的好評，隨後竟然相信了這個好評。在他看來，這樣做一半會顯得對自己如是此無趣和不敬，另一半則顯得如此巴洛克式和非理性，以至於他喜歡把虛榮認作例外，並在大部分人們談到它的情況下心持懷疑。比如他會說：「我可能弄錯我的價值了，而另一方面，我又期望我的價值就是我所設定的這麼一回事情，也期望被其他人所承認——這可不是虛榮（而是自慊[10]，或在更常見的情況下，是所謂「謙恭」亦稱為「謙遜」者）。」抑或：「我可能出於許多理由對他人的好評感到高興，也許是因為我尊敬和愛他們，樂他們之所樂，也許是因為他們的好評是認同而且鼓勵我對自身所持好評的信念，也許又是因為，即使沒有得到我自己的贊同，他人的好評對我仍然有用，或可以預計是有用的——這一切可都不是虛榮。」高尚的人必然首先有所拘束地、尤其是借助於歷史學予以申明，從鴻蒙太古以來，在無論哪一種依附性的民眾階層中，平庸的人都只是他被當作是的東西：——他根本不習慣自己設定價值，在主人所量度賦予的之外（創作價值乃是真正的主人權利），他也不曾為自己量度其他價值。即使現在，常人也還總是首先等待某個對自己的評判，然後本能地自行屈服於它，這一點，可姑且當作一種陰森難測的返祖遺傳的結

10　「自慊」，原文為Dünkel，慊讀若愜，表示「（自）足」；通譯「驕矜、自大」。從上下文考慮，尼采當是就此詞的淵源而用之：Dünkel源於dünken（思忖、（自）以為）。他亦常常用「鄙意以為」（es dünkt mir）來同時表達一種合乎禮教的自謙與精神上的自負，且暗示自己思考時的「誠意」。——譯注

果吧：但這決不僅限於「好」評，而還包括壞的和不合情理的評價（比如，想想女士們從告解神父那裡、說到底是篤信的基督徒從他的教會那裡學來的絕大部分自我評估和自我低估）。事實上，那種原本高尚稀有的渴求，即渴求自己根據一個價值對自己作出認定，把自己「想成好的」，隨著民主制的事物順序（及其原因，主奴混血）的逐漸形成，如今相應地越來越受到鼓舞和推廣：可是，這種渴求在任何時候都包含著一種更古老、被更廣泛也更徹底地同化於其中的反對自身的傾向——在「虛榮」這個現象中，那種較古老的傾向淩駕於較年輕者之上。虛榮者對所聽到的關於自己的**每一**個好評都感到高興（完全不考慮這個評價的有用性，亦不論其真假），而對每一個惡評也同樣感到難過：因為他屈服於這兩者，出於他身上發作的那種最古老的屈服本能，他**感覺**自己已屈服於它們。虛榮者在血脈中是「奴隸」，是奴隸刁鑽習氣的殘餘——而現在，比如在女人身上，還殘留著多少「奴隸」成分呵！——這個奴隸會尋求去**誘導**[11]出對自己的好評；同樣，事後立即在這些評價面前跪倒，彷彿自己不曾把它們召喚出來似的，這樣的人也是奴隸。——再說一次：虛榮是一種返祖遺傳。[12]

11　「誘導」，原文為 verführen，兼有「引誘」與「誤導」之義。——譯注

12　**感覺**……）準備稿（N VII 2）：尋求誘導出對自己的好評，從而之後再誘使自己相信這個好評：——這就是不高尚的種類。——編注

262

一個種類產生了，一個在跟諸般本質上相同的不利條件的長期戰鬥中變得堅固而強健的類型。反過來，人們從培養者的經驗中知道，得到太豐足養料的、說到底就是受到過多保護和照料的品種，則很快以最劇烈的方式偏向該類型的變種，盛產奇才和畸形（以及畸變的惡習）。且把一個貴族公共體，就比如一個晚期希臘城邦，或威尼斯，看作一次自願或不自願地以培育為目標的謀劃：正是在那裡，意願奮力顯達其種類的人類會互相指教並且依靠自己，大多數是因為，他們必須使自己出人頭地，不然就以一種可怕的方式遭受被滅絕的危險。有利於變種的那種厚愛、那種過度、那種保護，在這裡是沒有的；這個種類亟需自身成為種類，在跟鄰邦、跟造反或有造反威脅的被壓迫者的持久戰鬥中，成為某種恰因其強硬和嚴整、因其形式的渾一而使自己得以顯達得以賡續的東西。形形色色的經驗教導他們，他們，無論諸神或人類如何，居然還在那裡，居然總是得勝，這首先要感謝哪些特性：這些特性他們乃命名為美德，對這些美德他們乃專門培育壯大。他們做這些時是強硬的，他們甚至意願強硬；每一種貴族道德都是峻厲的，在對青年的教育上，在對女人的支配上，在婚姻禮教方面，在年長者與年少人的關係上，在刑法上（刑法只關注那些變異者）：——他們把峻厲本身歸為美德，列在「公正」的名下。一個特色不多然而非常鮮明的類型，一個嚴厲、善戰、守默、團結而木訥的人類品種（並由此而對於社群[13]的魔力和細小層次體認入微），透過這種方式，超越於世系變遷而穩固下來；如前所述，跟總是相同的不利條件的持續戰鬥，是一個類型變得堅固和強硬的原因。不過，有朝一日終於出現一個太平世道，巨大的緊張消釋了；也許鄰邦中再無敵手，生活用品、甚至是生活享受都過於豐盛了。一朝之間，古老培養的約束和強制一下撕裂了：它感到自己不再是必需的了，不再是此在之條件——倘若它要繼續存在，就只能作為一種奢侈形式、作為擬古的趣味而繼續存在。變種，或為變異（變為更高等者、更精細者和更稀有者），或為蛻變和畸形，突然間盛大雲集登場，單個者亦敢於單個存在，與眾不同。在這個歷史的轉捩點上將看到，某種壯麗而駁雜的、原始森林般蓬生和潮湧的東西，某個在生長競賽中踏著熱帶節奏的品種，一股趨於末路和自蹈絕境的大潮，相互並列，常常又相互交錯糾纏，這又多虧了那些狂野地相互對衝、彷佛要炸開來的唯我獨尊的行徑，它們「為了太陽和光線」而相互搏鬥，再也不知道從此前的道德中能舉出什麼界

13 「社群」，原文為 Societät，今譯為「社會」，然舊時本指特定領域或階層的社團、協會等組織，尤其是基於特定權利關係所形成的市民社會組織，參見《布羅克豪斯百科全書》二〇〇四年版。——譯注

限、羈絆、顧惜。那種道德本身是在把那股張弓欲射的力量累積得陰森叵測：——現在，它是、它被「活過去」[14]了。那個危險而陰森叵測的時刻來到了，更偉大、更駁雜、更廣闊的生命此時越過舊道德活**開去**了；此時「個體」的處境是，被迫作一次自己的立法，被迫使出自己特有的那些保存自己、提高自己、解救自己的技藝與狡詐。嶄新的「何為」，嶄新的「何以」[15]，再也沒有共同的程式，誤解和輕視互相結合，衰頹、腐敗和那些最高的欲念駭人地勾纏在一起，種族的天才從所有盛滿優與劣的豐饒角中漫溢出來，春與秋厄運般同時出現，充滿新的刺激和新的朦朧，專供年輕的、尚未耗竭尚未疲倦的腐敗享用。危險再次降臨了，這位道德之母，偉大的危險，這一次轉而來到個體，來到親信和朋友，來到小巷，來到各自特有的童年，來到各自特有的內心中，來到一切最本己和最隱祕的願望和意志中：那些應時而生的道德哲學家們，現在會為這些東西作怎樣的布道呢？他們，這些尖銳的觀察家和徜徉於角落者，發現這些將很快結束，他們周圍的一切都腐敗了或者被弄得腐敗了，沒有東西能捱到後天，除了一個人類品種：無可救藥的**中等**人。唯獨中等人有前途，可以繼續前進，繼續繁殖——他們是未來的人類，是唯一活過去的；「跟他們一樣吧！變得中等！」

---

14 「活過去」，原文為 überlebt，通譯為「倖存」；「是活過去了」表示其本身之倖存；「被活過去了」表示它已為生活本身或活著的人所越過（即下句所說的「活開去」（hinweg lebt））。——譯注

15 「何為」「何以」對應著兩個疑問詞 wozu（為什麼）、womit（憑什麼），即對目的和手段的發問。——譯注

今後，那個僅存的尚有意義、尚有人聽的道德會這樣叫道。但是，要為它布道很難，這個中等程度的道德！它甚至從來不允許坦白它是什麼東西、它意願什麼東西！它必要談論適度和尊嚴和義務和博愛——它不得不，把**反諷藏起來**！——

263

有一種**對等級的本能**，它比一切都更是一個高等級的標記；有一種細分敬畏之幽微變化的**樂趣**，它透露出高尚的出身和習性。當有一種位列第一等級、不過尚未受到權威所引發的那些顫慄的保護、還不免遭到唐突和粗俗的冒犯的東西：某種尚未被標記、未被揭示、嘗試性的、也許是被隨意遮掩和偽裝著的東西，像一塊活的試金石那樣移動，當它從一個靈魂邊上經過，此靈魂的精細程度，它的質地和高度，便受到重大的考驗。這樣一種藝術，如果有誰的使命和練習在於探究靈魂，準會以種種形式去運用它，以確證一個靈魂的最後價值，確證它所從屬的那個不可動搖的天生等級順序：他會根據此靈魂的**敬畏本能**來考驗它。差別產生憎恨[16]：無論怎樣一種神聖的容器，一件曾密藏於聖匣的寶物，一部載有偉大命運的文字的書，凡當其經過之處，總

16 原文為法語，Différence engendre haine，實引自司湯達，《紅與黑》上卷第27章，於連到貝桑松神學院後對生平遭際的一個總結。——譯注

會有某些本性，其卑劣如污水般突然潑出；而另一方面，則有一陣不由自主的默然，一時目光的屏營，一切手勢的肅然止息，它們表明，靈魂感覺到最可崇敬者在臨近。歐洲迄今為止總體上在聖經面前秉持敬畏的情形，也許是它在禮教之教養和精細化方面最好的一部分，此則歸功於基督教：此等包含深度和最終要義的書籍，需要某種權威的外來霸權的保護，以贏得窮究和徹悟這些書籍所必需的數千年的賡續。如果大量的群眾（一切淺薄褊急的品種）竟養成那種感覺，感到並非一切皆可觸碰，感到在有些神聖的體驗面前要脫掉鞋子，把不乾淨的手拿開，這就相當不錯了——這就差不多是他們朝向人道的最高進階了。相反，那些所謂的有教養者、那些「現代理念」的信徒們身上最讓人犯噁心的，也許莫過於他們的缺乏羞恥，他們的手和眼的恬然無忌憚，一切都被他們這樣碰著、舔著、品嘗著；今日，在民眾當中，在低等的民眾中，尤其是在農民中，比起那個讀著報紙的精神風月場，比起那些有教養者，倒還越來越多見出相對而言的趣味之高尚與敬畏之得體。

264

一個人的祖先最喜好和最持久做過的事情，是很難從他的靈魂中被抹掉的：他們或者曾經是某種孜孜不倦的蓄積者，與寫字臺和錢箱為伴，在欲念方面，他們是謙遜的和資產階級的，在美德方面也同樣謙遜；或者曾經在生活中慣於從早到晚下命令，扛著[17]粗野的娛樂，同時也許也一道扛著更加粗野的義務和責任；或者，作為懷有一種無情而細膩的良知（它在一切中介面前臉紅）的人類，他們終於在某個時候一舉犧牲了出身和財產上的古老特權，去向著他們的整個信仰——他們的「上帝」——生活。一個人的血肉中沒有他父母和祖輩的品質與喜好，是根本不可能的：即使可能與外表印象相反。這是種族問題。假定，人們對父母有所認識，那麼對子女亦可得出論斷：父母若有某種悖逆的不節制，或是某種陰慝的嫉妒，或是某種粗笨的自身辯解——在一切時代，都是這三樣共同造就了真正的群氓類型——則同樣，這些必將準準地落到子女身上，就像被玷污的血一樣；借助於最好的教育和教化也只能達到，隱瞞這樣的遺傳。今日的教育和教化還有別的企圖麼！在我們這個非常符合民眾口味的、可以說是群氓的年代，「教育」和「教化」本質上必須是隱瞞的藝術，隱瞞起源和在身體與靈魂

注 17 「扛」，原文為英語「hold」。——譯

中遺傳的群氓。一個教育者，若今日還首先對真誠性進行布道，對他的培養對象持續地叫道「要真實！要自然！是個什麼樣子，就拿出什麼樣子！」甚至這樣一頭頗顯美德和心地純良的笨驢，也會在不久之後就學著抓著賀拉斯[18]的那柄叉子，要趕跑自然：後果是什麼呢？「群氓」總會回來。——

265

冒著惹惱無辜聽眾的危險，我還是要撂下這些話：利己主義乃高尚靈魂的本質，我指的是那種不可移易的信念，相信其他造物從本性上必定要臣屬於一種「我們這樣」的造物，不得不為我們犧牲。高尚的靈魂接受他的利己主義這一事實要件，沒有表示任何疑問，也沒有給人一種強硬、強制和專斷的感覺，毋寧是像接受一種可以在事物的元法則中找到根據的東西：——若要為此找一個說法，那麼他或許會說「這是正義本身」。在有些情況下，他會稍微猶豫一下，坦承有跟他被賦予同等權利者；一旦他對這個等級問題有了認同，他便憑藉在羞恥和在細膩的敬畏方面（他在自己與自己的交往中即擁有這些）的同等熟練，在上述那些同類和被賦予同等權利者中間活動——按照一種所

18 賀拉斯」語出《書信集》（第一卷，第十封信，24）。——編注

【譯按】所引賀拉斯原文作：「你可以用一柄叉子把自然趕跑，但它總會回來，而且不知不覺獲得勝利，打破人們不恰當的憎惡。」賀拉斯講的是人對自然環境的整治；叔本華在談到同性戀愛（叔氏以為亦屬自然之本意）時亦曾引用之（《作為意志和表象的世界》第二卷44節附錄）。——譯注

有星體都熟諳的與生俱來的天體力學活動。這毋寧是他利己主義的一部分，這種跟同類交往中的精細與自律——每個星體都是這樣一個利己主義者——：他在他們之中、在他向他們所提供的權利中尊敬著自己，他不懷疑，對尊敬與權利進行交換，作為一切交往的本質，同樣也是事物的合乎自然的狀態。出於激烈而敏感的報答本能，這高尚的靈魂照他所收取地給予，他的本能的基礎便是報答。「恩典」[19]這個概念，於同儕之間是沒有意義的，也沒什麼好聲聞；讓饋贈從上往下彷彿是掉到自己頭上的，一點一滴地去渴求接飲，這些可能有精巧的方法能做到：不過，對於這種技藝和作態，高尚的靈魂毫無靈巧。他的利己主義在這裡妨礙著他：他根本不喜歡朝「上」望——而是要麼向自己的前方平展舒緩地、要麼向下望：——他知道自己在高處。——

266

「人們只可能真心敬仰那種自己於自己無所尋求的人。」——歌德致施羅塞爾諮議[20]

19 恩典，原文為Gnade，亦可譯為「仁慈」，在基督教中特指人需信靠的上帝的恩典。——譯注

20 施羅塞爾（Johann Georg Schlosser），歌德妹夫。——譯注

267

中國人有個母親從小就教給孩子的習語：小心[21]，「把你的心弄小！」這是晚期文明的真正基本傾向：我不懷疑，一個古代希臘人從我們今日之歐洲人身上也會首先認出這種自行渺小化，——在他看來，僅憑這一點我們就「有悖於趣味」[22]了。——

268

說到底，平庸是什麼呢[23]？——言辭是概念的音調符號；概念卻或多或少是特定的圖像符號，以標記經常反覆出現和彙聚的諸感知及感知群（Empfindungs-Gruppen）。使用同樣的言辭尚不足以達成相互理解：人們必須將同樣的言辭也用於同樣類別的內在體驗，人們最終必須擁有平庸[24]經驗。因此，單一民眾的人之間，比從屬於多群不同民眾的人之間，相互理解得更好，即使後者運用同一門語言；或更進一步說，當人們在諸種相似的（氣候、土壤，危險，需求，勞動）條件下長期共同生活過之後，便會產生[25]一種「自身理解」的東西，一族民眾。在所有靈魂中，都有數目相同的經常反覆出現的體驗占據上風，壓倒比較少出現的體驗：根據這些體驗，人們很快理解自身，並且越

---

21 「小心」，原文為 siao-sin，當為中文原詞的音譯。據《尼采頻道》，參見伊波利特．丹納，《大革命：革命的政府》，載於《當代法國的起源》，巴黎，一八八五年，第128頁：「在中國，道德的原則是完全不同的：在困境中與困難中，中國人總是說『小心』，也就是說，把你的心變小。」並參見212節「靈魂之偉大」譯注。——譯注

22 參見第5節「好趣味」譯注。——譯注

23 「平庸」，原文為 Gemeinheit，兼有「普通」與「卑鄙」之義；尼采於此固意指雙關，然當時此詞實以「普通」為首義（參見《皮埃爾辭典》一八五九年版及《邁耶爾辭典》一九〇七年版）。其源出於「gemein」，本義為「共同」，後乃轉而為「普通」，轉而為「平庸」，進而乃以「卑鄙」為主要義項（類於漢語「庸俗」「卑鄙」之轉義）。——譯注

24 此處與下處加重點號的「平庸」當在「普通」的意義上理解。——譯注

25 「產生」，原文為 entstehen，與下文

來越快——語言史就是一個簡縮進程的歷史；人們根據這些快速理解相互聯繫得越來越緊密。危險性越大，快速而方便地就亟需之事達成一致的需求就越大；在危險中不誤解，這是人類在交往中絕對不可或缺的。他們現在還在每一段友誼或愛情中做著這種試驗呢：人們一旦明白，對於同樣的言辭，雙方中某一方所感到、認為、嗅出、盼望、恐懼的，與另一方不同，此類情誼即無以為繼。（對「永恆的誤解」的恐懼：這個熱心的守護神，是它讓不同性別的個人們避免了感官和心靈所勸導的倉促聯繫——而不是什麼叔本華說的「種屬守護神」[26]！）靈魂內部是哪些感知群最快有所警覺、握住言辭、給出命令，是這一點決定靈魂對諸般價值所排的總體等級順序，並最終確定它的財富表。一個人的價值評估透露出的是他靈魂的構造（Aufbau），靈魂正是在這裡見出它的生命條件，它真正的迫切需要。現在假定，迫切需要向來只是讓那樣一些能夠以相似記號表示出相似需求和相似體驗的人們相互接近，那麼從整體上就導致了迫切需要的高度可傳達性，最終從根本上說也就是，對於僅是平均和平庸的體驗的體驗，必然成為迄今支配人類的一切暴力中的最強暴者。曾經和現在總是最相似、最平常的人類占先，而更精選、更精細、更稀有和更難以理解的人類，則始

「（自行）理解」（verstehen）的詞根皆為stehen（立，站）。——譯注

26 「『種屬守護神』」（Genius der Gattung），叔本華認為個體間的性吸引力原於種屬繁衍的自然意志，即種屬守護神，見《作為意志和表象的世界》第二卷44節。——譯注

終容易孤獨，因其獨來獨往而容易受挫於意外事故，罕得繁衍。人們必須傾盡全部對抗力量乃能頂住這個自然的、太自然的 progressus in simile（相同者之演進），頂住人類朝向相似者、平常者、平均者和群盲之物——朝向平庸者——的繼續成形。

269

一位心理學家——一個天生的、命定做這一行的心理學家和靈魂猜測家，——越是轉向那些更為特出的個例和人，他在同情中窒息而死的危險就越大：他比其他人類更加必需強硬和明朗。更高等的人類、長得更陌生的靈魂，他們的腐敗和毀滅乃是規律：一再目睹這樣的規律令人恐怖。揭示了這種毀滅的心理學家，率先揭示出、並且貫穿整個歷史幾乎總是在反覆揭示更高等人類這種總體和內在的「無可救藥」、揭示這種在一切意義上的永恆的「太遲了」的心理學家，他所遭受的重重磨難——也許有朝一日將成為原因，導致他惱怒地反對他自己的運數，並嘗試摧毀自己——好讓他自己「腐敗」。在每一個心理學家跟日常生活中安居樂業的人的交道中，幾乎總是可以感受到他所暴露出來的某種嗜好和樂趣：這透露出，他總是有待治療，需要一種逃避和遺忘，逃開和忘掉那種叫他去看穿和切入自己的良知、去對它做些「手工活」的事情。這種面對自己記憶的恐懼是他所特有的。在他人的判斷面前，他很容易陷入默然：他帶著一張不動聲色的臉聆聽，在他所見之處，崇拜、驚歎、熱愛和潤飾是怎樣發生的——他或者還通過明確同意這種或那種前臺意見來掩藏他的靜默。也許，他境況之悖謬已到了如此駭人的地步，就在他學習大蔑視及大同情的地方，群眾、有教養者、癡迷者從他們那邊學習的是大崇拜——對「偉人」和奇人的崇拜，人們因為這些人物而向祖國、大地、人類尊嚴和自己致福並敬拜，用他們來指引和教育青少年……而誰又知道，是不是迄今在一切偉大的個例中都發生了全然相同的事情：群眾向一個神禱拜——而這個「神」只是一個可憐的犧牲！成功總是最大的說謊者——「作品」本身是一種成功；偉大的治國者、征服者、揭示者被裝扮包裹進他的諸種創造，直至成為無從認識之物；而「作品」，藝術家的作品，哲學家的作品，首先杜撰出了它們的創作者和據說的創作者；那些「偉人」[27]，按照他們所受的崇拜，是事後的小氣而低劣的撰述（Dichtungen）；在歷史價值的世界裡是假貨在統治。至如拜倫、繆塞、愛倫坡、萊奧帕迪、克萊斯特、果戈里這樣的偉大詩人——就像他們

27 偉人，原文 großen Männer，其中「人」（Männer）專指「男人」。——譯注

現在一度成為、也許必然成為的那樣：是活在瞬間的人，激動、感性、傻氣、輕率而突然去信任或不信任；其靈魂，通常總是有某種缺陷有待掩飾；常用他們的作品報復某種內在污點，常在某個過於忠實的記憶面前揮動羽翼尋求遺忘，常迷失而踏上並且幾乎愛上泥沼，直到有如沼澤周圍的迷火[28]並迷離[29]而為星辰——民眾於是多稱其為理想主義者——常跟一種長久的噁心戰鬥，跟一個反覆重現的無信仰的幽靈戰鬥，這幽靈使人發冷而迫使他們苦苦追求gloria（榮耀）並從微醺的諂媚者手中吞食「信仰自身[30]」：——這些偉大的藝術家、這些說到底是更高等的人類，對於一舉猜中了他們的那個人來說，是怎樣的磨難[31]！相當可以理解的是，恰恰是從女人——她們在苦難的世界中有尖銳的視力，可惜卻又以遠遠超出她們力量的方式尋求著說明和拯救——那裡，他們那麼容易經驗到漫無限制的、獻身最徹底的同情的爆發，對於那些爆發，群眾，尤其是崇拜時的群眾是不能理解的，他們用好奇和取悅自己的解釋將之淹沒掉。那種同情照常總是對它的力量虛張聲勢；女人想要相信，愛使一切可能——這是她們真正的信仰。哈，那個知心者是猜中了，連最好的、最深切的愛，也竟是多麼貧乏、愚蠢、無助、虛妄、失察，摧毀它竟比拯救它更容易！很有可能，在耶穌平

---

28 「迷火」，原文為 Irrlicht，通譯「鬼火」或「磷火」；字面義為「錯誤的光」，與「誤入」（verirrt）同根。——譯注

29 「迷離」，原文 sich verstellen，兼有「佯裝」與「（錯誤地）移置」之義。——譯注

30 「信仰自身」（Glauben an sich）可作二解：對自己的信仰或自在之信仰。——譯注

31 「磨難」，原文 Marter，與下文的「殉道」（Martyrium）同根。——譯注

生聖跡和偽裝之下，藏著一個最令人痛心的個案，犧牲對愛的知曉以殉道的個案：犧牲最無辜、最渴盼的心靈以殉道，那種不滿足於任何人類之愛的殉道，它要求愛、被愛，此外別無所求，並用強硬、用瘋狂、用可怕的爆發來反對那些拒絕給它以愛的人們；一個沒被餵飽過也餵不飽的愛之貧乏者，他必將發明地獄，把那些不願意愛他的送進去——而最終，在對人類的愛有所知道的同時，他必將發明一個上帝，祂完全就是愛，完全就是愛的能夠——祂憐憫人類之愛，因為後者是如此貧乏，如此無知！而那個感覺到這一點的，那個以此方式知道了愛的——便去尋求死亡。不過，為什麼要沉湎在這些痛苦的事情裡呢？假定，此並非人們所必須者。——

270

每個罹受過深重苦難的——能夠罹受深重到何等地步的苦難，這差不多確定了人的等級順序——他在精神上的高傲與噁心，那種把他徹底浸染了的毛骨悚然的確知，確知自己因為苦難而知道更多，多於那些最聰明和最明智者所能知道的，確知自己熟悉許多遙遠而恐怖的世界，並且一度以這些「你們一無所知」的世界為「家」……罹受苦難者這種精神上的靜默高傲，經遴選而得認識者、「與聞者」[32]、幾近被犧牲者的這種自負，認為必須極盡一切偽裝的形式，以保護自己擋開那些糾纏的同情之手，歸根到柢是擋開所有不像他們那樣疼痛的東西。深重的苦難造就高尚；它在區分。偽裝形式中最精細的一種，就是伊比鳩魯主義，和一種特別的趣味上的勇敢，這種事後乃裝模作樣的勇敢會輕率地接受苦難而抗拒所有的悲愴和深沉。有些「明朗的人」，他們利用明朗，因為他們將因此受到誤解：——他們願意成為受誤解者。有些「科學的人」，他們利用科學，因為科學提供一種明朗的外觀，因為科學之性質就是要推斷出人類是膚淺的[33]：——他們願意誤導向虛假的推論。有些不羈也不忌憚的精神，他們想要隱瞞並否認他們就是破碎、自負、無救的心靈；有時呆傻本身是面具，用來蓋住某個不祥的、過於確知的知識。由此可見，更精細的人性是「在面具前」有敬畏，而不是在錯誤的地方發揮心理學和好奇心。

271

把兩個人最深切區分開來的，是對純淨程度的不同感受和量度。一切老實和互利，一切禮尚往來的善良意願，又有何用：最終他們依

32 「與聞者」，原文為 Eingeweihten，化自動詞 einweihen，義為「允許其知曉某種祕密的人」，其詞根 Weih 在古德語中表示「神聖」，故此詞亦有「得到祝聖（的人）」的意思。——譯注

33 關於「膚淺」一詞可參見59節「表皮」注。——譯注

然——「聞不得彼此的味道[34]！」對純淨的這種最高本能，使陷入其中者奇異而危險地塊然獨處，成為一位聖徒：因為這就是神聖——即對上述本能的最高精神化。對於沐浴之幸福的無可言喻的充實的每一種知情，在把靈魂持續從黑夜驅趕到白晝、從陰沉和「陰慘」[35]驅趕到明亮、閃耀、深邃與精細中去的每一種發情和飢渴——：作為這樣一種**偏好**——這是一種高尚的偏好——這種本能強烈**彰顯著**，也同樣強烈**區分**著。聖徒的同情是對那些人性、太人性之事的**污濁**的同情[36]。而在有些量度和高度上，這種同情本身又被聖徒感受為不純潔和污穢……

272

高尚之標誌：從未想到要把我們的義務降低為每個人的義務；不願意讓度和分攤出自己特有的職責；將特權和對特權的行使算作他的**義務**。

273

一個致力成為偉人的人，把途中所遇的每個人，要麼當作手段，要麼當作延誤和阻礙——要麼當作暫時的臥榻。唯有當他處於他的高度

---

34 「聞不得彼此的味道」，原文為 können sich nicht riechen，有二解：「受不了彼此的味道」（即討厭彼此）或「聞不出彼此的味道」（猜不透彼此）。——譯注

35 「陰慘」，原文為 Trübsal，指久而深的哀傷。為 trüb（陰沉）加上尾碼 -sal，它多表達不幸、傷害之意，故「陰慘」又可解作長久「陰沉」造成的「哀、傷」；詞源學上以為「-sal」後又發展出另一個尾碼「-selig」，表達祝福、救治之意（見《杜登詞源辭典》「-sal」條下）。此是否亦為尼采所暗指，則不得而知。——譯注

36 這裡的「同情」原文皆為 Mitleiden，可解作「共同罹受」，參見第202節「同罹苦難」譯注。——譯注

並在此高度進行統治的時候，才可能有對同儕的那種自成一格、著意培養的**善意**。那種不耐心和對自己注定要鬧成喜劇才甘休的意識——因為甚至戰爭也是一齣喜劇，隱藏著一齣喜劇，就像每一種手段隱藏著目標——腐蝕了他的一切交道：這個品種的人認得孤獨，認得孤獨所具有的最毒的成分。

274

等待者的問題。——必需有運氣，有多種不可預期之事，一個更高等的、其懷中正沉睡著某個問題的解決之道的人，才會碰到一個恰當的時間去行為——或許可以說是，去「爆發」。一般說來這**不會**發生，大地上一切角落中皆坐著等待者，他們幾乎不知道要等到什麼時候，而更不知道他們是徒勞等待。時而，也有喚醒的呼聲、也有「允許」行為的偶然事件姍姍來遲，——而這時用於行為的最好的青春和力量，早已為靜坐所耗盡；正如有的人恰恰在他要「躍起」的時候驚恐地發現肢體已麻木、精神已過於沉重！「太遲了」——他對自己說，對自己不自信起來，從此一蹶不振。在天才的王國中，「無手的拉斐爾」[37]（按照最廣義的理解）莫非也許不是例外而是常規？天才也許

37 萊辛，《愛米麗雅．迦洛蒂》第一幕第四場；參見科利版第12卷，1［172］。——編注

劇中畫家孔蒂說道：「唉！可惜我們不能夠直接拿眼睛去繪畫！在從眼到臂再到筆的長長過程中失落了多少東西呀！——但是，正如我所說的，我知道，這兒失落了什麼，怎樣失落的，為什麼不得不失落：這讓我感到驕傲，比那些我沒有讓它失落的地方更讓我感到驕傲。因為從前者比從後者更能讓我認識到，我真的是一個偉大的畫家，不過我的手卻不總是偉大的。……倘若拉斐爾不幸一生下來就沒有手的，難道他就不是最偉大的繪畫天才了嗎？」——譯注

根本不罕見：只是五百雙手都必需那個 καιρός（時機）、「恰當的時間」——去行霸道，去一把抓住那個偶然事件。

275

誰若不願意看見一個人的高度，就會越來越苛細地注視這個人身上那些低下的、居於前臺的東西——並由此把他自己暴露出來。

276

儘管有各種各樣的傷害和損害，更低等和更粗糙的靈魂卻更優勝，優於較為高尚的靈魂：後者面臨的危險必定更大，基於他們生命條件的多樣性，遭遇不幸和毀滅的概率甚至高得嚇人。失去腳趾蜥蜴會出重新長出：人類不會。

277

——真夠糟糕！古老的歷史又重現了！房子建造完畢之後人們注意到，自己不經意間學會的是那些在——開始——建造之前本來早就必須知道的東西。永遠的令人難受的「太遲了」！——一切製造[38]的

38 「製造」，原文為 Fertigen，義為「製造、生產」，源於 fertig（了結）。——譯注

憂鬱！……

278

——漫遊者啊，你是誰？我看見你走著你的道路，沒有嘲笑，沒有愛，唯有猜不透的雙眼；我看見你潮濕而悲傷，猶如鉛錘，反覆探測每一個深度，永不饜足——它在下面找什麼呢？——，唯有不嘆息的胸膛，隱忍噁心的雙唇，尚且緩慢抓握的手：你是誰呢？你在做什麼呢？在這裡休息吧：在這個好客的地點——恢復一下吧！你還想成為誰呢：現在什麼會讓你愉悅？什麼能幫你恢復？儘管說：我有什麼就給你什麼！——「恢復？恢復？哦，你這個好奇的人啊，你在說什麼哪！但是給我吧，我請求——」是什麼？是什麼？說出來啊！——「再給我一張面具！再一張面具！」……

279

有著深沉的悲傷的人，在幸福的時候就暴露了自己：他們有一種抓握幸福的方式，彷彿他們出於嫉妒而想要把幸福碾碎和悶死——哈，他們太明白了，幸福是會溜走的！

280

「糟了！糟了！怎麼！他不是在——後退嗎？」——是的！但是你們這樣抱怨是對他莫大的誤解。他是像每個想要做一次大跳躍的人那樣後退的。——

281

——人們會相信我嗎？可是我要求他們相信我：就自己、關於自己我總是思考得很壞，只有在極為罕見的情況下、只是被強制著去思考，我總是沒興趣「說正事」，就準備著要從「我」這裡離題，總是不相信體驗，多虧了一種從未被制服過的對自身認識之可能性的疑慮，它已經把我引得那麼遠，甚至在神學家們擅自提出的「直接認識」這個概念上，我都察覺到一個形容詞矛盾：以上這一串事實，差不多是我關於自己所知道的最可靠的東西了。在我這裡，一定有某種不情願，不情願相信關於自己的某種確定之事。這裡也許藏著一個謎？大概吧；但是幸運的是，我自己是咀嚼不出來的。也許這個謎透露了我所屬的那個物種？但是沒有向我透露：這正合的我意。——」

282

「你到底遇上什麼了？」「我不知道，他猶豫地說道；也許是那些哈耳庇厄[39]從我的桌前飛過吧。」有時會有這樣的事，一個溫和、適度和謙退的人突然發火，打碎碟碗，掀翻餐桌，大吵大鬧，向整個世界叫罵——最後又走到一邊去，羞愧，對自己發怒——他要到哪裡去？要做什麼？為了走到邊上挨餓嗎？為了在他的回憶裡窒息嗎？誰若懷有高等而挑剔的靈魂所具有的那種欲望，並且很少覺得自己可以好好吃一頓，那麼他在一切時代都是個很大的危險：不過，今天這危險不比往常。被拋進一個嘈雜的群氓年代，無法從這個年代的大碗裡分口飯吃[40]，他很容易因為飢餓和乾渴——即或總算有所「分攤」也將因為噁心——而毀滅。大概，在那些不該我們坐的餐桌邊上，我們已經把飯全吃下去了；而恰恰是我們中最精神性、最難被供養的那些人，認識到那種危險的消化不良，它生於對我們的膳食以及同桌共餐者們的某種突然的洞察和失望——那種**飯後噁心**[41]。

283

假定人們根本上願意讚美，那麼，總是只在**不受**贊同的地方去讚美，

39 「哈耳庇厄」（Harpyien），希臘神話中會帶來風暴的鷹身女妖。——譯注

40 「從……大碗裡分口飯吃」，原文作aus Einer Schüssels essen，是個成語，比喻共同從事一項事業；對應於下句「分享」（zugreift，既有「取用食物」之意，也有「干預、出一份力」之意）。——譯注

41 「飯後噁心」（Nachtisch-Ekel）蓋有雙關：既指「生於飯後的噁心」也指「像是飯後甜點的噁心」。——譯注

乃是一種精細的同時也是高尚的自製（Selbstherrschung）——在其他情況下人們或確實也會自己讚美自己，但那有悖於好趣味：誠然，這種自制也為持續地被人誤解提供了一種得體的動機和動力。為了允許自己饕餮這種趣味和道德上的真正奢靡，人們可不能生活在精神蠢貨之中，毋寧要活在那些還會因為其精細而被誤解和失算給逗樂的人們之中——要不然必將付出昂貴的代價！——「他讚美我了：可見他認為我是對的」——這種蠢驢推理敗壞了我們這些隱修士的一半生活，因為它讓蠢驢成了我們的鄰居和朋友。

284

以深不可測的自負鎮定生活著；始終立於彼岸。隨意發作他的情緒，隨意順從和悖逆，並隨時跟著情緒和順悖而變動：乘著它們，猶如乘馬，常如騎驢：——然則人們須知道把他們的愚蠢當他們的火氣一樣充分利用。保護好他的三百重前臺；保護好那副黑眼鏡：因為有些情況下，任何人都不許看我們的眼睛，更不許看我們的「根基」[42]。為了社會交往需要選擇那種無賴而明朗的惡習，選擇禮貌。始終作他的四種美德的主人，即勇氣、洞見、同感[43]、孤獨。因為在我們這裡，孤獨，

42 「根基」原文為「Gründe」，與「前臺」（Vordergründe）同根。——譯注

43 「同感」（Mitgefühl，通譯「同情」）此處蓋指對他人感覺的體察。——譯注

作為對純淨的一種精妙的偏好與渴求，乃是一種美德，它透露出，人與人的接觸——在「社會」[44]裡——是怎樣一定不可避免地被弄得不純淨。無論以何種方式，在何時何地，每個共同體都造成——「平庸」[45]。

285

最偉大的事件和思想——最偉大的思想就是最偉大的事件——最遲才被把握：與之同時的世系體驗不到這些事件——他們以之為生而不自知。有如發生在星空中的情形。最遙遠的星光最遲才照臨到人類；在它未曾來臨之前，人類否認那裡——有星體。「一種精神被把握需要多少個世紀呢？」——這也是一個尺度，人們由此也制定出一套等級順序和儀軌，一如這些都是必需的：對於精神和星辰而言。——

286

「在這裡，眼界自由，精神崇高。」卻有另一種相反種類的人，他們也在高處，眼界也是自由的——不過卻在向下望。

---

44 「社會」，原文為Gesellschaft，此處既指通常所謂「社會」，更指「社交」「夥伴」。——譯注

45 此處「平庸」（gemein）當兼有「卑汙」解，參見268節譯注。——譯注

287 ——何為高尚？「高尚」這個詞在今天對我們還有何意味？群氓統治伊始，在這片沉重的、命定的天穹之下，一切皆陷於混濁灰暗，在何處會透露、又在何處能認出高尚的人類呢？——證明他的不是行為，行為總有多種意義，總是不可測度的——；也不是「作品」。今日的藝術家和學者中間可以見到足夠的此類東西，他們通過作品所透露的是，一種對高尚的深深貪婪在怎樣推著他們走：恰恰是這樣一種*向*[46]著高尚的需求，卻從根本上有別於高尚靈魂本身的那些需求，簡直可以說就是那些需求之缺乏程度的確然而危險的標誌。不是作品，而是*信念*在這裡起決定作用，在這裡穩固樹立了等級順序，從而在一種新的、更深刻的知性中重新採納一種舊的、宗教性模式：採納無論是哪一種根本確知，一個高尚靈魂不會自己在自己身上尋找、發現、也許也不會喪失的根本確知。——*高尚的靈魂對自身持有敬畏*[47]。——

288 有些人以一種無可避免的方式擁有著精神，即使讓他們隨心所欲地扭轉翻騰，並用手擋住有所暴露的雙眼（彷彿雙手就無所暴露似的）：

46 「向」，原文為 Nach，作為介詞同時還有「在……之後」。——譯注

47 據考夫曼，此句當與亞里斯多德《尼各馬可倫理學》（1169a）參見：「如若人人都競相行為高尚，努力做最高尚的事，共同的東西就可以充分實現，每個人也就可以獲得最大程度的善，因為德性即是這樣的善。所以，好人必定是一個自愛者。」——譯注

最終也總會表明，他們擁有某種他們隱藏的東西，也就是精神。而為了至少盡可能長久地欺騙並且成功地裝得比人們更蠢，有一個最精細的手段——它在平庸生活中就像雨傘那樣經常叫人期盼——叫作**激動**[48]：再附加上一些附屬之物，比如美德。因為，正如肯定知道這一點的加里安尼所說：美德是熱烈的[49]。

289 [50]

從隱修士的文字中人們總是聽出荒野的回響，孤獨中的微吟和怯然四顧；在他最強健的言辭中，甚至在他的呼喊中，響起的依然是一種新的危險的沉默和隱瞞。誰若年復一年，夜以繼日，唯獨與他的靈魂在私密的紛爭和攀談中對坐，則在他的洞穴中——可能是一個迷宮，也可能是金礦井——他將變成穴居的熊或者掘寶者或者護寶者和地龍：他那些概念本身最終會包有一層特有的暮光之色，帶有一種既深邃且黴腐的氣味，某種不願傳達和不情不願的東西，那種在一切暫時之物上冷冷吹拂的東西。隱修士不相信，一位哲學家——假定哲學家總是首先是一位隱修士——會在書裡表達他真正和最後的想法：寫書難道不恰恰是為了隱藏人們自己所懷藏的東西嗎？是的，他會懷疑，

48 「激動」原文為「Begeisterung」，與「Geist」（精神）同根，字面意思為「被精神貫注」（mit Geist erfüllen）。——譯注

49 「美德是熱烈的」（vertu est enthousiasme），引自加里安尼《致德．皮納夫人的信》（Lettres à Madame d'Epinay）2，276。——編注

50 準備稿（N VII 2）：人們怎麼能只相信，曾經有某個哲學家把他真正的想法表達在書裡呢？我們寫書，為的是隱藏〈我們〉自己所懷藏的東西。——編注

一位哲學家究竟是否能夠擁有「最後的和真正的」想法，在他這裡，莫非在每一個洞穴後面都是且必須是一個更深的洞穴——位於某塊地表之上的一個更廣博、更陌生、更豐富的世界，莫非在每一個基礎後面、每一次「奠基」下面，是且必須是深淵[51]。——每種哲學都是一種前臺哲學——隱修士所作的判斷是：「他這裡停下，回望，環顧，他在這裡放下了鏟子，沒有再向深處挖，這種情形有些隨意之處，——也有些不可信的地方。」每一種哲學都還隱藏著一種哲學；每一個想法都還是一種藏法，每一番言辭都還是一張面具。

290

每一個深刻的思想家都怕被理解甚於怕被誤解。被誤解，苦的也許是他的虛榮；被理解，苦的則是他的心、他的同感，它要說：「啊，為什麼你們也想要跟我一樣，如此沉重呢？」

291

人，一種多層次、好說謊、造作而混濁的動物。相形於其他動物，人，與其說是因為以其力量不如說是因為其狡詐和聰明，顯得陰森叵

51　「基礎」（Grunde，亦有「論據」「根據」之義）、「奠基」（Begründung，亦有「論證」之義）和「深淵」（Abgrund，字面義是「離開—基礎」，亦有「失足、墮落」之義）三個詞同源。——譯注

測，他發明了好良知，以享受自己的靈魂之簡單；而整個道德都是一次決心已下的漫長偽造，端的藉此偽造，人們才得以享受靈魂所呈現的景象。在此視角之下，「藝術」這一概念中所包括的東西，也許比人們通常以為的要多得多吧。[52]

292

一位哲學家：這是一個持續在體驗、看、聽、猜測、希望和夢想著超常事物的人；他被他自己特有的思想有如從外部而來、從上方和下方而來那樣擊中，就像被他那個種類的事件和閃電擊中；也許他本人就是一場雷雨，孕育著新的閃電；一個運途多舛的人，周身所及總是轟鳴、炸響、開裂和陰森叵測之狀。一位哲學家，啊，一種經常從自己這裡逃離、經常面對自己而恐懼的造物——而又太過好奇，總是止不住一再地「回到自身」……

293

一個男人說：「我喜歡這個，我把它據為己有，我要保護它，在所有人面前保衛它。」一個能夠履行一件事情、貫徹一個決定、對一個

---

52 這段中，「多層次」（vielfaches）與「簡單」（einfach，字面義為「單一層次」）同根而相對，「造作」（künstliches）與「藝術」（Kunst）同根，亦源自藝術的早期含義：人工製作的、非自然的東西。——譯注

思想保持忠誠、固守一個女人、懲罰和擊倒一個莽漢的男人；一個帶著他的怒和劍的男人，弱者、罹受苦難者、困厄者還有動物們皆樂於歸附他，自然地從屬於他，簡言之，這麼一個自然就是**主人**的男人——如果這樣的男人懷有同情，那麼，**這種**同情有價值！但這跟對那些罹受苦難者的同情有什麼相干呢？跟那些簡直拿同情布道的人的同情有什麼相干呢！今日之歐洲幾乎處處皆有一種病態的對疼痛的善感和敏感，同時又有一種悖逆的在控訴時的不節制，一種想借宗教和哲學雜碎[53]得到妝點拔高的柔化——處處皆有一種形式上的苦難祭禮。在這樣的癡迷者圈子中被命名為「同情」者，給人的第一印象，我以為，總是它**毫無男子氣概**（Unmännlichkeit）。人們必須有力地徹底摒棄這個最新種類的壞趣味；針對它，最後我希望，人們要將「樂旨」[54]這個好護身符置於心懷——「快樂的科學」，這樣說德意志人就能明白了。

294

奧林匹斯的惡習。——為了跟那位哲學家作對，他作為地道的英格蘭人，試圖在所有會思考的頭腦面前，對笑作一番惡意的中傷——「笑是人類本性的一種醜惡缺陷，每個會思考的頭腦都會去努力克服它。」

53 「哲學雜碎」連讀，與「宗教」並列。——譯注

54 參見260節同條譯注。——譯注

（霍布斯）——我甚至不憚於依照哲學家的笑的等級定出他們的等級順序——居最上位者有能力發出金色的哄笑。而且，有好些推論逼著我假定，諸神也做哲學——那麼我並不懷疑，他們在這方面也知道以一種超人的、嶄新的方式去笑——而且知道揮霍一切嚴肅事物地笑！諸神樂於嘲弄：好像，甚至在神聖的行為中他們也笑個不休。

295

心靈的天才，正如那個偉大的隱藏者所具有的，那個蠱惑之神和天生的良知捕鼠人，他的聲音知道怎麼鑽入靈魂的下界，他說出的每一句話語，望來的每一次目光，無不包含誘引的顧盼和曲衷，他的高明在於，他懂得怎樣顯得像[55]——不是顯得像他所是的那樣，而是顯得像在他的追隨者看來所是的那樣，即更多是一種強制，強制那些追隨者越來越接近他，越來越內在和徹底地追隨他：——心靈的天才，他使一切叫嚷者和自喜者默然傾聽，他整飭粗礪的靈魂，給他們品嘗一種新的期望——把他們如一面鏡子放平，上面映照出深沉的天空——心靈的天才，他教會笨拙和急躁的手躊躇而溫柔地抓握；他從晦暗厚重的冰層下猜測出被隱藏和遺忘的寶物，猜測出點滴的善意和甜美的

---

55 「顯得像」（scheinen）就是「給出顯像、假裝」的意思。——譯注

精神狀態，他是探叉，可以探出長年湮沒禁錮在泥沙中的每一粒金晶；心靈的天才，經他觸碰之後，每個人在繼續上路時都會更加富有，而且不是受了恩賜或者震撼，不是像為了意外之財而慶幸或者緊張，而是自己自在地富有了，自己比之前更新鮮了，被打開了，在解凍的風中披離蕩漾，也許更不安穩了，更加輕柔、更加脆弱和零碎，但滿是希望，那些尚且莫名的希望，滿是新的意志和奔流，新的異志[56]和回流……但是我在做什麼呀？我的朋友們？我在跟你們說誰呢？難道我如此忘我，竟然還從來沒有向你們提過他的名字嗎？要不就是，你們還未曾自己猜出來，這個想要得到這般讚美的可疑的精靈和神祇是誰。跟任何一個從孩提學步時起就一直在途中和異邦行走的人一樣，我在這條路上遇到的，也是一些稀有而不無危險的精靈，而首先是這個我剛剛提到的，我反覆碰見的，不錯，不是別的神，就是狄奧尼修斯神，那個偉大的歧異者，和蠱惑之神，我當年，正如你們所知道的，盡一切隱祕和敬畏把我的處女作貢獻給他——作為，在我看來，最後一個向他貢獻犧牲者：因為我沒有發現任何人理解我當時的所為。從那以後，關於這位神祇的哲學，我又另外學習了許多、簡直是太多的東西，而且，正如我說過的那樣，是口口相傳地學的——我，狄奧尼修斯神

56　「異志」，原文為 Unwillens，通譯「不滿」或「反感」。——譯注

最後的弟子和入室傳人（Eingeweihte）：或許最終會有一天，我會讓你們，我的朋友們，在允許的範圍內，品嘗一點點這種哲學吧？我照理說得小聲一點：因為這裡關係到好些隱祕的、新穎的、陌生的、奇異的和陰森叵測的東西。狄奧尼修斯竟是一位哲學家，也就是說，諸神是做哲學的，這在我看來是件不無棘手的新鮮事，也許恰恰是在哲學家中會引起疑慮——在你們這裡，我的朋友們，這件事本來就沒有那麼悖謬，要不就是，它來得太遲，而且來得不是時候：因為，如同我在人旁所揣知的那樣，你們今天不喜歡信仰上帝和諸神。也許，我還必須再進一步，比你們那些習氣深重的耳朵向來愛聽的更加坦率地陳述下去？十分肯定的是，我所說的這位神在諸如此類的對白中比我走得更遠，遠得多，向來都領先我好幾步……是啊，倘若允許的話，我或須按照人類的習俗，加贈他美麗莊嚴的盛大頭銜和美德的名目，多方讚美他作為研究者和發現者的勇氣，無畏的正直、真誠和對智慧之愛。但是，一位這樣的神祇豈會不知道拿所有這些華而無實的尊榮來做什麼。「收著這些吧」他或將說：「給你和你的同類以及其他需要的去用吧！我——沒有理由遮蓋我的裸體！」人們猜：也許這一類的神靈和哲學家缺乏羞恥吧？他有一次這樣說道：「有些情況下，我愛人類。」這裡他暗指當時在場的艾瑞阿德妮[57]——：「對我來說，人是一種可愛、勇敢而善於發明的動物，在大地上無與倫比，他在所有迷宮中都找得到路。我跟他處得很好：我經常考慮，怎樣提升他，使他比他所是的更強健、更邪惡和更深刻。」「更強健、更邪惡和更深刻？」我驚恐地問道。「是的，」他又說了一遍：「更強健、更邪惡也更深沉；也更美」說著，這位蠱惑之神展開他那阿爾庫俄涅般靜穆[58]的笑容，彷彿他剛剛吐出的是一句迷人得體的話。這裡人們立刻看到：這位神靈不只是缺乏羞恥——說到底有很充分的理由揣測，在某些小節上，這些神祇可能全都在我們人類這裡學習過。我們人類——更有人性……

296

哈，你們到底是什麼呢，我所書寫和描畫的思想！這並不是很久以前的事，那時你們還如此斑斕、年輕和險惡，布滿棘刺，散發祕香，讓我打著噴嚏而笑——而現在呢？你們的新鮮已經消褪了，你們中有些，我擔心已然成為真理：它們看起來已然如此不朽，如此令人心碎地正派，如此乏味！難道不是從來都一樣的嗎？我們究竟抄寫描摹了些什麼東西呀，我們這些拿著中國毛筆的官人[59]，我們這些使那些讓

57 艾瑞阿德妮（Ariadne），希臘神話中克里特國王的公主，初愛上要進迷宮殺牛怪的忒修斯（Theseus），助之走出迷宮，後被忒修斯留在納克索斯島（Naxos），委身於酒神。——譯注

58 「阿爾庫俄涅般靜穆」，原文為halkyonisch，希臘神話中，風神之女阿爾庫俄涅（Alcyone）得知丈夫凱克斯（Ceyx）遭遇海難後，投海殉情，雙雙化為冰鳥，每年冬日孵卵之時，風神會為他們停風七日；作形容詞亦表「靜穆」。尼采在此或有以她的忠貞與忒修斯的變心對舉之意。——譯注

59 「官人」，原文為Mandarin，出自梵語，原義為「下命令者、顧問」（見《布羅克豪斯百科全書》二〇〇四版），十六世紀西洋人對中國高級官員的稱呼，在現代德語和英語中又指「官話」；通譯「滿大人」，然易誤解為與「滿清」相關。——譯注

自己被書寫的事物得以永恆的人，我們唯一能夠描摹的是些什麼啊？哈，永遠只是那些將欲枯萎、氣味漸淡的東西！哈，永遠只是消歇殆盡的雷雨和遲暮枯黃的感覺！哈，永遠只是倦飛而迷失的、讓自己被一手逮住的鳥——被我們的手！我們使之永恆的，是再也不能長生和高飛的東西，只是些疲乏、酥軟的事物！此刻只是你們的午後，我書寫描畫的思想，唯獨為這個午後我才使用顏色，也許用了許多，許多斑斕的輕柔，五十種黃、灰、綠和紅：——但是沒有人能從我這裡猜到，你們在你們的早晨是個什麼樣子，你們，我的孤獨所生的火花和奇蹟，我的老情人——惡劣的思想！

自高山上[1]

終曲[2]

哦，生命的正午！莊嚴的時刻！
　哦，夏日花園！
佇立、張望和等待中不安的幸福：——
我等著朋友，日日夜夜隨時等候，
朋友們，你們在哪裡？來吧！時間到了！時間到了！

不正是為了你們，灰茫的冰川
　今天妝點了玫瑰？
奔湧的溪流也在尋找，滿懷對你們的懷想，
今天，風和雲激盪著升入更高的蔚藍，
向著你們，在最遠的地方監守，鳥瞰，

---

1 作於一八八四年秋天，標題為《隱修士懷想》，一八八四年十一月底寄給德國哲學家施泰因（Heinrich von Stein），作為對西爾斯-馬里亞（Sils-Maria）的紀念，二人在一八八四年八月二十六日到二十八日曾共遊此地；參見年譜。最後兩節是尼采後來（一八八六年春）加上的。出自第一稿的異文本標記為《隱》（=《隱修士懷想》）。參見科利版第11卷，28[26、31]。亦參見卡爾·佩斯塔洛齊的闡釋，載於《抒情性自我的誕生》，柏林，1970，第198～246頁。——編注

2 「終曲」（Nachgesang）指古希臘悲劇中在一對應答詩節（Strophe und Gegenstrophe）後的格律與之不同的詩節，由整支歌隊演唱。此詩每節格律循古典頌歌體，均為ABBAA式，唯漢譯難以體現。——譯注

在最高處，我的桌子已為你們鋪好：—
　是誰，住得離群星這般切近，
是誰，竟住在幽渺的深淵般的遠方？
我的國度—哪一個國度拓展得如此廣大？
而我釀的蜜—誰曾經把它品嘗？……

—朋友們，你們**到了**！—苦啊，你們願意要拜訪的
　卻不是**我**？
你們猶豫、驚嚇—哈，你們倒挺愛咕嚷！
我—不再是那個我了？你們認錯了手？步伐？面孔？
你們的朋友，那個我所是的**什麼**—現在不是我了？

我是不是另一個人？是不是對自己也變陌生？
　是不是從自己這裡躍出？
一個摔角手，太經常地自己把自己扳倒？
太經常地用自己的力頂住自己，
用自己的勝利把自己扭傷，扼倒？

我是在尋找風最刺骨的地方嗎？
　我正學習住在
無人居住的地方，北極熊荒涼的冰原？
關於人與神，詛咒和祈禱，我已經全然忘卻了吧？
我是變作幽靈，從冰川上走過嗎？

—老朋友們！看看！現在你們的目光蒼白
　充滿愛和驚駭！
不，走吧！不要憤怒！這裡—你們不能安家⋯
這裡，在最遙遠的冰和岩的國度之間—
這裡，居住者必須成為獵手，像羚羊一樣。

我已成為一個惡劣的獵手！—看哪，我的弓
多棒，繃得多緊！
放出那樣的一擊的，正是最強健的那個——⋯
可是苦啊！危險的，是那支箭，

無與倫比—就從這裡射出！射向你們的救治！……

你們轉身要走了嗎？—哦，心啊，你承載得夠多了，
　你的希望還是強健的：
讓你的門朝新朋友打開！
讓老舊的走開吧！讓回憶走開！
倘若你一度年輕過，現在—你就更加年輕！

那個向來纏在我們身上的東西，一條希望的繃帶，—
　誰還在讀那些記號，
那些曾經被愛所灌注、而現在變得蒼白的記號？
我用它來校讀那張忌用手抓的羊皮紙，
—它彷彿變得又黃又暗，彷彿正被點燃。

不再有朋友了，那些—我怎麼稱呼他們來著？—
　只是與我為友的幽靈！
它們在夜裡還在敲擊我的心和我的窗，

來看望我並且說：「我們以前難道不是這樣的嗎？」—
—哦，枯萎的言辭，曾經一度芬芳！

哦，對青春的懷念，誤會自己的懷念！
　那些我所懷想的人們，
那些我誤以為跟我有親緣並伴隨我變形的人們，
他們變舊了，這一點就使他們被祛散：
只有自行變化者，才始終與我有親緣。

哦，生命的正午！第二個青春時代！
　哦，夏日花園！
不安地，幸福在佇立，在張望，在等待！
我在等待朋友們，日日夜夜隨時恭候，
那群新朋友們！來吧，時間到了，時間到了！

* * *

此歌已終，—對甜蜜歡叫的想往
　已在口中死去：

一位術士，適時到來的朋友，完成了這些，
正午的朋友—不！別問他是誰—
正午，正是從一變為二的時分……

現在我們慶祝，堅信一致的勝利，
　慶祝節日中的節日：
歡迎友人查拉圖斯特拉，客人中的客人！
現在世界歡笑，灰幕已經拉開，
光明與幽暗[3]的婚禮，已經到來……

3　「幽暗」，原文為 Finsterniss，蓋出自《舊約．創世記》開篇路德譯文（和合本作「黑暗」）。——譯注

譯者後記

此譯本所對應的簡體字版與《論道德的系譜》同屬於孫周興教授主編、商務印書館出版的《尼采著作全集》第五卷。商務印書館簡體字版經孫周興教授校對，在此基礎上，譯者又進行了加工潤色，並依據台灣地區的閱讀慣例在專用譯名和行文上做了調整。編注和參考文獻亦有所增刪，所以此譯本與商務印書館的簡體字版會略有不同。

譯本所據底本科利版固為坊間最善本，譯者吸收最新的各種校譯成果，對編注進行了補充，並兼顧中文讀者的閱讀需要，對相關文義做了詮解，這些工作都表現在「譯注」和「譯按」中，敬請讀者批評指正。

此譯本首先要感謝孫周興師多年的教導提攜，他對譯文的審校也保障了譯文的質量。部分譯本有幸得到翟三江和汪麗娟的更正；所涉法語及神學相關的譯解多依賴謝華紓困；涉及義大利語、拉丁語及音樂術語部分嘗求教於徐衛翔教授；梵語和印度學相關問題得到楊嵋和羅鴻的指點，在此一併恭致謝忱。最後還要感謝大家出版社宋宜真主編和相關責任編輯耐心細緻的工作。

譯者從以上各位獲益良多，然而文責自負，若譯文有錯舛之處，當是譯者的責任。

趙千帆　二〇一五年十一月　上海同濟大學

附錄

尼采手稿和筆記簡寫索引

（據科利版《尼采著作全集》第14卷24～35頁的尼采手稿簡寫索引（Sigelverzeichnis），此處僅列出本卷編注中出現的尼采手稿和筆記的編號。）

M系列：作於一八七六年至一八八二年間的手稿

M Ⅲ 1

大八開本。160頁。《快樂的科學》的稿本。構思，片段。一八八一年春至秋。對應於科利版第9卷：11。

M Ⅲ 4

大八開本。218頁。《快樂的科學》和《善惡的彼岸》的稿本。計畫，構思，片段，摘錄。一八八一年秋。一八八三年春夏。對應於科利版第9卷：15和第10卷：7。

Z系列：查拉圖斯特拉時期的箚記，作於一八八二年至一八八五年間

Z Ⅰ 1

四開本。58頁。《人性的，太人性的》（第一部分）的稿本。格言集。《查拉斯圖特拉》第一部和《善惡的彼岸》的稿本。詩歌。（第一部分：一八七八年秋）。對應於科利版第10卷：3。

Z Ⅰ 2

四開本。122頁。格言集。《查拉斯圖特拉》第一部和《善惡的彼岸》的稿本。構思和片段。一八八二年十一月至一八八三年二月。一八八五年八至九月。一八八五年秋。對應於科利版第10卷，第11卷：39．43。

W系列：所謂價值重估階段的�記，作於一八八四年至一八八九年間

W I 1

四開本。166頁。《查拉圖斯特拉如是說》的稿本。計畫，構思，片段，摘錄。一八八四年春。對應於科利版第11卷：25。

W I 2

四開本。168頁。計畫，構思，片段，摘錄。《查拉圖斯特拉如是說》第4部的稿本。一八八四年夏秋。對應於科利版第11卷：26。

W I 3

四開本。136頁。計畫，構思，片段。《善惡的彼岸》的稿本。一八八五年五至七月。對應於科利版第11卷：35，第12卷：3。

W I 5

四開本，片段。168頁。計畫，構思，片段。《善惡的彼岸》的稿本。一八八五年八至九月。對應於科利版第11卷：41。

W I 6

四開本，80頁。記錄人：露易絲．羅德－維德霍爾德女士。經尼采校訂補充。片段。部分作為《善惡的彼岸》的稿本。一八八五年六至七月及秋天。對應於科利版第11卷：37．45。

W I 7

四開本，80頁。片段。《善惡的彼岸》的稿本。一八八五年八至九月。一八八六年初。對應於科利版第11卷：40，第12卷：3。

N系列：尼采的筆記本，一八七〇年至一八八八年

N VII 1

大八開本。194頁。計畫，底稿，片段，《善惡的彼岸》的稿本，偶記及書信稿。一八八五年四月至六月。對應於科利版第11卷：34。

N VII 2

大八開本。194頁。計畫，底稿，片段，《善惡的彼岸》的稿本，偶記及書信稿。一八八五年八月至九月。一八八五年秋至一八八六年春。對應於科利版第11卷：39，第12卷：1。

N VII 3
大八開本。188頁。計畫，底稿，片段，《善惡的彼岸》和《論道德的系譜》的稿本，偶記及書信稿。對應於科利版第12卷：5。

Mp系列：來源格式各異的散頁，一八七一年初至一八八九年初

Mp XVI 1
《善惡的彼岸》的稿本，一八八五年六至七月，一八八六年初至一八八六年春。對應於科利版第11卷：38，第12卷：3，4。

外文參考文獻

按：譯注及譯按所引文獻皆以中文於當頁出注；此為所涉及外文文獻的詳細西文資訊，以備查考。依作者姓氏的中文拼音排序。

1.　尼采同時代或之前的著作：

按：不包括科利版編注所標尼采所引文獻，亦不包括所引《聖經》《浮士德》等經典作品。伊波利特．丹納，《大革命：革命的政府》

Hippolyte Taine, "La Révolution. Le Gouvernement révolutionnaire." In: *Les origines de la France contemporaine*. Paris: Hachette, 1885, 128.

亨利．包德里亞，《杜爾哥頌》

Henri Baudrillart, *Éloge de Turgot : discours qui a obtenu la première mention dans la séance du 10 septembre 1846.* Paris, Joubert, 1846, frontispice.

歐根．杜林，《生命的價值：一種哲學考察》

Eugen Dühring, *Der Werth des Lebens: eine philosophische Betrachtung.* Breslau: Trewendt, 1865, 170-71.

福樓拜，《福樓拜通信集》第六卷（一八七一年十月四或五日致喬治．桑的信）

Flaubert, *Correspondance*, Bd. 6, S. 287.

法蘭西斯．加爾頓，《對人類機能及其發展研究》

Francis Galton, *Inquiries into human faculty and its development*, London: Macmillan and Co., 1883, p.45）

埃米爾．傑爾哈德，《南方研究．第一卷：義大利文藝復興的起源》

Émile Gebhart, *Études méridionales. Vol. 1: Les Origines de la Renaissance en Italie.* Paris: Hachette, 1879, S.268-269.

斯道爾弗．居斯蒂納，《記憶與旅行及書信雜編》

Astolphe Custine, *Mémoires et voyages, ou lettres écrit à diverses époques, pendant des courses en Suisse, en Calabre, en Angleterre, et en Ecosse.* 2 vols. Paris: Vezard, 1830, I, 187.

庫斯丁侯爵，《如此世界》

Marquis de Custine, *Le monde comme il est.* 2 vols. Paris: E. Renduel, 1835.

朗貝爾侯爵夫人，《給兒子的信》

Marquise de Lambert, *Avis d"une mère à son fils,* 1726.

路．奧．封．羅豪《現實政治原則》

Ludwig August von Rochau, *Grundsätze der Realpolitik. Angewendet auf die staatlichen Zustände Deutschlands*, Stuttgart, Verlag von Karl Göpel, 1859.

斯塔爾，《詹福的故事：生平與著作》

P. J. Stahl, *Histoire de Chamfort: sa vie et ses oeuvres.* Paris: Lévy, nd.:32.

伊萬・屠格涅夫，《怪人》

Iwan Turgenjeff, *Sonderlinge. Deutsch von Wilhelm Lange.* In: Vom fels zum Meer, Spemanns's Illustrierte Zeitschrift für das Deutsche Haus. Erster Band. Okt. 1881 bis zur März 1882 (Okt. 1881). Stuttgart: Spemann, 1881:228-241 (235).

席勒，《歌德席勒通信集》

Briefwechsel zwischen Schiller und Goethe, Erster Band, mit einem Titelbild und einem Brieffaksimile, Stuttgart.Verlag der J. G. Cotta'schen Buchhandlung.1881.

（佚名）《古代與近代關於丑角的禮俗》

[Anonym]: *Sitten, Gebräuche und Narrheiten alter und neuer Zeit.* Berlin 1806.

尤利斯・約里《東印度之旅・四・加爾各答》

Julius Jolly: "Eine Reise nach Ostindien. IV. Calcutta." *Deutsche Rundschau,* Bd. 40, Juli-Sept. 1884:107-127 (121).]）

2. 後世學者相關研究

瑪律庫斯・杜弗特，《佩特洛烏斯的夢詩》

Deufert Marcus, *Das Traumgedicht des Petron.* Überlegungen zu Text und Kontext von A.L. 651 : Hermes 124, 1996, 76-87.

卡爾・佩斯塔洛齊，《抒情性自我的誕生》

Karl Pestalozzis, *Die Entstehung des lyrischen Ich*, Berlin 1970, 198-246.

馬丁・斯廷格林，《尼采和利希滕貝格》

Martin Stingelin, Nietzsche und Lichtenberg, in Martin Stingelin, *Unsere ganze Philosophie ist Berichtigung des Sprachgebrauchs, Friedrich Nietzsches Lichtenberg Rezeption im Spannungsfeld zwischen Sprachkritik und historischer Kritik*, München 1996.

保羅・范・通葛爾等編《尼采辭典》

Paul van Tongeren, Gerd Schank, Herman Siemens ed.: *Nietzsche–Wörterbuch*, Berlin, New York (Walter de Gruyter) ,2005.

3. 辭典

(1) 以下皆檢索自芝諾數位圖書館（www.zeno.org）

《標準德語口語辭典》一七九八年版

Adelung, *Grammatisch-kritisches Wörterbuch der Hochdeutschen Mundart*, Leipzig 1798.

《皮埃爾辭典》一八五八年版

Pierer's Universal-Lexikon, Altenburg 1858.

《皮埃爾辭典》一八五九年版

Pierer's Universal-Lexikon, Altenburg 1859.

《皮埃爾辭典》一六八一年版

Pierer's Universal-Lexikon, Altenburg 1861.

《邁耶爾辭典》一九〇七年版

Meyers Großes Konversations-Lexikon, Leipzig 1907.

《邁耶爾辭典》一九〇八年版

Meyers Großes Konversations-Lexikon, Leipzig 1908.

(2) 以下檢索自杜登電子辭典（Office-Bibliothek 4.0．Bibliographisches Institut & F. A. Brockhaus AG, Copyright 1993-2005）

《布羅克豪斯百科全書》二〇〇四版

Der Brockhaus in Text und Bild 2004, Bibliographisches Institut & F. A. Brockhaus AG, Mannheim, 2004, Sat_Wolf, Bayern.

《杜登詞源辭典》

Duden Herkunftswörterbuch, Dudenverlag, Sat_Wolf, Bayern.

4. 德文其他版本及英譯本

本書所引德文其他版本及英譯本的注釋皆與所引網頁或書籍上的原文相對應，故不一一標明頁數。

《尼采頻道》

The Nietzsche Channel（http://www.thenietzschechannel.com/）

朗佩特注釋本

Laurence Lampert, *Nietzsche's Task. An Interpretation of Beyond Good and Evil,* Yale University Press, New Haven / London,2001.

法伯爾英譯本

Beyond Good and Evil, trans. by Marion Faber, Oxford University Press, Oxford / New York, 1998.

考夫曼英譯本

Beyond Good and Evil, trans. by Walter Kaufmann, New York: Random House, 1966.

諾爾曼英譯本

*Beyond Good and Evi*l, edited by Rolf-Peter Horstmann, trans. by Judith Norman, Cambridge University Press, 2002.